KB071438

꿈을 찾아가는 포트폴리오

진로탐색과 생애설계

황매향 · 김연진 · 이승구 · 전방연 공저

학지사

진로탐색과 생애설계(3판)

-꿈을 찾아가는 포트폴리오-

3판 머리말

　어느덧『진로탐색과 생애설계: 꿈을 찾아가는 포트폴리오』의 3판을 내게 되었다. 이렇게 오랫동안 교재로 사용되고 있다는 것에 감사하고 기쁜 마음이다. 처음 개정판(2판)을 준비할 때는 조금 더 쉽게 쓰고 진로탐색의 순서대로 내용을 재배치하는 것에 치중했다면, 이번 개정판(3판)을 준비하면서 가장 많이 노력했던 부분은 그동안의 사회적 변화를 반영하는 것이었다. 그리고 나머지 내용들은 기존의 내용을 유지하면서 그간 수업을 하는 동안 수집된 피드백과 관련 학문 영역에서의 새로운 발견을 보완하는 작업을 수행했다. 가독성을 높이기 위해 문장을 손질하고, 보다 최신 사례를 추가하고 참고자료를 새롭게 업데이트하는 작업이 모든 장에 걸쳐 이루어졌다. 독자들의 이해를 돕기 위해 이전과 크게 달라진 장의 내용을 살펴보면 다음과 같다.

　첫째, 진로는 그 어느 영역보다 사회적 변화의 영향을 많이 받은 삶의 영역으로 이번 개정판(3판)에서는 지난 10년간의 사회변화를 반영하기 위해 노력했다. 제6장 '4차 산업혁명과 미래 직업세계'에는 4차 산업혁명에 관한 담론을 추가하는 등 내용이 많이 달라졌다. 최근 사회변화의 담론에는 항상 4차 산업혁명이라는 단어가 포함된다. '4차 산업혁명 시대'라는 명칭의 출발은 2016년 1월 스위스 다보스에서 열린 '세계경제포럼'에서 이 포럼의 창시자이자 회장인 클라우스 슈밥(Klaus Schwab)이 '4차 산업혁명'을 주요 의제로 채택한 것이라고 할 수 있다. 더구나 같은 해 3월에 구글에서 개발한 인공지능 프로그램인 알파고와 우리나라 바둑기사 이세돌 간에 대국이 이루어지면서 우리나라에서 4차 산업혁명 시대에 대한 논의가 더 활성화되었다. 현 정부는 대통령 직속 '4차산업혁명위원회'를 두고, 4차 산업혁명 시대를 이끌어 갈

비전을 세우고 있다. 인공지능, 빅데이터 등 디지털 기술로 촉발되는 초연결 기반의 지능화 혁명으로 알려진 4차 산업혁명 시대의 직업세계는 어떤 모습일 것으로 예상되는지 그리고 어떻게 대비해야 하는지에 관한 내용을 중심으로 제6장의 내용을 대폭 수정했다.

둘째, 이 책으로 공부할 대학생들이 졸업 이후 진입할 노동시장의 변화를 반영하기 위해 노력했다. 제7장 '직업정보의 효과적 탐색'과 제11장 '구직자를 위한 가이드'는 그간 변화된 직업정보 탐색 및 구직과정의 내용을 반영해 많은 내용이 달라졌다. 직업정보의 종류도 달라졌고, 직업정보의 제공처와 제공방식이 달라졌으며, 기업의 채용방식도 달라졌기 때문에 이런 부분들을 반영해 제7장과 제11장의 내용을 수정하고 보완했다. 특히 제12장 '변화와 혁신의 기회, 창업과 창직'은 이번 개정판(3판)에서 새롭게 추가된 장으로, 최근 강조되고 있는 창업과 창직에 대한 내용을 다루고 있다. 극심한 청년실업난과 낮아지는 고용지표 개선을 위해 제안된 창업과 창직은 현재 우리나라 노동시장에서 가장 활발한 움직임을 보이는 분야다. 창의성을 발휘하여 스스로 일자리를 창출하는 과정으로서의 창업과 창직에 필요한 역량에서부터 창업과 창직에 도달하는 과정과 직업윤리까지 다양한 주제를 다루어 급변하는 미래 노동시장에 진입하는 대학생들에게 도움이 될 것으로 기대한다.

많은 내용이 추가되거나 바뀌긴 했지만 이 책이 어떻게 활용될 것인가 하는 처음의 기대는 그대로 보존했다. 따라서 이 책의 효과적인 활용이나 세부 내용에 대한 설명은 초판의 머리말을 참고하면 될 것이다. 마지막으로 이전판과 마찬가지로 이번 개정판(3판)도 많은 사람의 도움 없이 출판되기는 어려웠으므로 이 분들에게 깊은 감사의 마음을 전한다. 누구보다 『진로탐색과 생애설계: 꿈을 찾아가는 포트폴리오』의 내용으로 강의를 해 주신 선생님들과 강의를 들었던 학생들에게 감사의 마음을 전한다. 그분들의 피드백이 내용 수정에 가장 좋은 밑거름이 되어 주었음은 말할 것도 없다. 또한 초판의 기획에서부터 현재 개정판(3판)의 출판에 이르기까지 지속적으로 많은 도움을 주고 있는 학지사에 깊이 감사드린다.

2020년 2월
저자 대표 황매향

1판 머리말

꿈이라는 말은 듣기만 해도 가슴 설레는 말이다. 그러나 현실이 허락하지 않는다는 이유로 자신의 꿈을 저버린 채 살아가는 사람들이 많다. 대학에서 학생들을 가르치고 상담실을 찾는 학생들과 상담을 하면서, 자신의 꿈을 일찌감치 포기하고 해야 하는 것들에 매달려 힘겨워하는 학생들을 많이 만나게 되었다. 이들에게 자신의 잃어버린 꿈을 되찾아 주고, 좀 더 신나게 자신의 삶을 살아갈 수 있도록 도와줄 수 있는 방법이 무엇일까라는 공통된 고민을 가지고 우리 여섯 사람이 공부를 시작한 것이 벌써 2년 전의 일이다.

우선 우리는 미국 미주리대학 통신 프로그램 중의 하나인 Career Planning이라는 교과목의 교과서부터 공부하기 시작했다. 이 과목은 교과과정 이수에 실패한 부적응 고등학생들이 통신교육을 통해 학점을 받는 과정으로, 필자가 미주리대학 커리어센터에서 일할 때 조교를 맡았던 과목이기도 하다. 이 책을 공부하면 할수록 우리나라 학생들도 이런 과정을 통해 자신의 진로를 개척해 보면 도움이 많이 될 것이라는 확신이 강해졌고, 실제 '진로 및 경력개발'이라는 교양과목 시간에 활용해 보면서 그 효과를 확인할 수 있었다. 그래서 Career Planning의 활동 내용들을 살리면서 이 책을 쓰기 시작했다. 가능한 한 우리 실정에 맞는, 특히 진로문제로 고민이 많은 우리나라 대학생들이 꼭 알아야 하고 생각해 보아야 할 내용을 담기 위해 노력했다. 우리는 초기의 원고를 함께 읽으면서 계속적으로 내용을 수정하고, 최종적으로는 현장의 진로 및 직업지도 전문가와 대학 재학생들의 피드백을 받아 내용을 확정했다.

이 책『진로탐색과 생애설계』는 그 이름에서도 짐작할 수 있듯이 하나의 작품을 만들어 가는 과정으로 이루어져 있다. 각 장은 해당 주제에 대해 설명을 한 다음, 관련된 문제에 대해 생각해 보고 답해 볼 수 있는 연습문제를 제공하고 있다. 이 과정을 계속 따라가면서 연습문제들의 답을 채워 나가다 보면, 이 책이 곧 진로를 준비해 나가는 자신만의 포트폴리오가 되고, 이후 취업에 유용한 자료로 활용할 수 있다.

이 책은 총 12장으로 진로탐색 및 생애설계와 관련된 여섯 가지 주제를 다루고 있다. 한 가지 주제를 2개의 장에 걸쳐 다루고 있는데, 먼저 '자신이 살고 싶은 삶'이 어떤 삶인가라는 주제부터 시작된다. 여기에서는 자신이 진정으로 원하는 삶은 어떤 것인지, 현재 그것에 얼마나 다가가고 있는지, 나아가 자신의 진로에서 가장 중요하게 고려해야 하는 가치가 무엇인지를 발견하게 된다. 두 번째 주제는 '자기이해'로, 자신의 흥미, 적성, 능력, 성역할 등 다양한 측면에서 자신을 조망해 보고, 어떤 진로가 자신의 특성을 가장 잘 살릴 수 있을까에 대해 답해 본다. 세 번째 주제인 '직업세계 이해'에서는 직업세계의 전반적인 특징과 변화의 방향을 이해하고 스스로 어떻게 대비할 것인가에 대해 생각해 본 다음, 자신이 원하는 직업들에 대한 구체적인 정보를 바탕으로 잠정적인 의사결정을 하게 된다. 네 번째 주제인 '생애 계획하기'에서는 자신이 선택한 직업을 갖기 위해 무엇을 할 것인지 계획하고, 나아가 전 생애에 걸친 장·단기 목표를 세운다. 다섯 번째 주제인 '목표 성취하기'는 앞에서 세운 목표를 이루기 위한 실천 전략을 배우고, 실행에 옮기는 과정이다. 목표 성취의 과정에 동반되는 스트레스 관리, 신체적 건강관리, 심리적·영적 자기관리 등에 대해 안내함으로써 목표의 실천가능성을 높이고 있다. 마지막으로 '취업에 성공하기'에서는 취업을 가로막는 장벽들에 대비하고, 이에 대한 극복방안을 생각해 보며, 성공적인 취업을 위한 구직기술을 실습을 통해 익힌다.

 이 책은 세 가지 서로 다른 장면에서 활용할 수 있도록 구성하였다. 먼저 진로를 고민하고 취업을 준비하고 있는 개인이라면 누구라도 혼자서 해 볼 수 있도록 내용을 쉽고 구체적으로 설명하였다. 이 책에 나와 있는 내용들을 1장부터 차근차근 읽고, 연습문제를 지시에 따라 해 나가다 보면, 자신과 세상에 대해 점차 명확한 이해를 하게 되고, 실제적으로 더욱 열심히 취업을 준비하는 생활로 나아가게 될 것이다. 또한 이 책은 대학의 취업 관련 교과목의 교재로 활용할 수 있을 것이다. 대학의 취업 관련 교과목들은 일주일에 1시간부터 3시간까지 다양한데, 일주일에 1시간씩 하는 강좌라면 내용보다는 연습문제 위주로 이 책을 사용해 보라고 권한다. 그리고 일주일에 2시간 강좌인 경우, 내용에 대해 강사가 설명하고, 연습문제를 학생들 스스로 풀어 보는 방식으로 수업을 진행할 수 있다. 일주일에 3시간씩 할애된 강좌라면 가장 효과적으로 이 책을 활용할 수 있을 것으로 기대한다. 1시간은 내용에 대한 설명, 1시간은 연습문제, 1시간은 다섯 명 내외로 조를 이루어 연습문제에 대한 응답 내용을 서로 나누는 활동을 하는 시간으로 구성해 보기 바란다. 자신의 생각을 다른 친구들과 나누어 보는 시간을 통해 학생들은 기대 이상의 수확을 얻을 수 있을 것이다. 마지막으로 진로탐색 프로그램의 일부로 각 장의 내용을 활용할 수 있을 것이다. 이 책의 1장부터 12장까지의 내용을 차례대로 해 나갈 여건이 아니라면, 각 장의 내용을 순서에 관계없이 독립된 활동자료로 사용해도 된다.

 이 책을 읽을 대상은 주로 대학생이 될 것으로 예상하는데, 1학년부터 4학년까지 자신의 진로에 관심이 있는 학생들이라면 누구라도 활용해 볼 수 있다. 저학년들이라면, 1장부터 8장까지의 내용에 좀 더 비중을 두고, 고학년들이라면 5장부터 12장까지의 내용에 좀 더 비중을 두라고 권하고 싶다. 또한 고등학교나 대학을 졸업하고 취업을 준비하고 있는 청년층이나 수능을 보고 나서 대학과 학과 선택을 고민하는 고등학생들에게도 많은 도움이 될 것이다.

마지막으로 이 책을 시작할 수 있도록 미주리대학에서 일할 수 있는 기회를 주었던 메리 J. 헤프너 박사에게 고마운 마음을 지면을 빌려 전하고 싶다. 무엇보다 2년이라는 긴 시간 동안 함께 공부하고, 글을 쓰고, 내용을 다시 읽고, 고치는 과정을 이끌어 온 '씨앗은 무엇이 되고 싶을까'의 여섯 명의 팀원들이 자랑스럽고 감사할 따름이다. 또한 '진로 및 경력개발' 수업에 열심히 참여하고 좋은 피드백을 주었던 한국기술교육대학교 재학생들과 원고의 이해도 검증을 위해 애써 주신 분들께도 감사의 마음을 전한다. 끝으로 이 책의 출판을 도와주신 학지사 김진환 사장과 편집부 여러분께 깊이 감사드린다.

2005년 여름
이 책을 엮은 황매향

차례

제1장

행복한 삶과 진로

1. 행복의 특성
2. 자기인식과 정체감
3. 자기실현의 과정으로서의 진로

개요

　　이 장에서는 전 생애를 통해 추구하는 진로의 최종 목표인 행복의 특성이 무엇인지 검토하면서, 행복을 이루는 구성요소인 통제와 몰입에 대해 알아볼 것이다. 그리고 행복에 이르는 핵심 요소인 자기인식과 정체감에 대해 살펴보고, 진로실현을 이끌어 가는 내적 원동력이 무엇인지 검토할 것이다.

제**1**장

행복한 삶과 진로

1. 행복의 특성

우리가 일을 하는 궁극적 목표가 행복해지기 위해서라는 주장에는 누구나 동의할 것이다. 많은 사람이 재산이나 건강이나 명예를 바라는 것은 그 자체가 좋아서라기보다 이런 것들이 행복을 가져다줄 것이라고 기대하기 때문이다. 그러나 단순히 이런 것들을 좇는다고 행복에 도달할 수 있는 것도, 복권에 당첨되듯 그저 우연히 행복이 찾아오는 것도, 처음부터 타고나는 것도 아니다. 누구나 행복해지고 싶지만 어떻게 해야 행복해지는지 잘 알지 못한다. 자기 자신보다 다른 사람이 더 행복해 보이기도 하지만 그 사람들을 따라 한다고 해서 행복해지는 것도 아니다. 과연 어떻게 해야 행복해질 수 있을까?

한평생 행복을 연구한 미하이 칙센트미하이(Mihaly Csikszentmihalyi)는 인생의 중요한 부분들을 스스로 결정할 수 있다는 통제감과 자신이 하고 있는 일에 온전히 몰두하는 몰입, 이 두 가지 요소가 행복에 필수적이라고 본다. 그의 주장을 그대로 옮겨 보면 다음과 같다.

"사실 행복은 개개인이 개별적으로 준비하고 개발하여 지켜 나가야 하는 것이다. 내적 경험을 통제하는 것을 배운 사람들은 그들의 삶의 질을 통제할 수 있으며, 이는 우리를 행복의 상태로 더욱 가까이 이끌어 줄 수 있다."

―미하이 칙센트미하이(1997)

그렇다면 자신의 삶 속에서 통제감을 갖고 자신이 하는 일에 몰입하기 위해 우리에게 필요한 것은 무엇일까?

1) 내적 경험의 통제

대부분의 사람은 많은 시간을 무기력감을 느끼며 보낸다. 우리가 중요하다고 여기는 많은 것은 우리들의 통제 밖에 놓여 있다. 예를 들어, 부모나 출생시간을 선택할 수 없고, 키가 얼마나 클지 또는 타고난 재능을 결정할 수도 없으며, 전쟁, 불경기, 자연재해도 막기 어렵다. "삶은 늘 그랬던 것처럼 계속 흘러가기만 하고 형편없이 나쁜 방향으로 지속된다."라는 조지 오웰(George Orwell)의 말이 옳은 것처럼 여겨지기도 한다.

이러한 외부의 힘을 모두 통제할 수는 없지만 우리는 삶의 중요한 부분을 통제할 기회와 능력을 가지고 있다. 자신의 행동을 통제하는 존재로서 희열을 느끼거나 적어도 그 순간만큼은 자신이 운명의 주인이라고 여긴다. 이러한 희열은 삶의 중요한 부분을 통제함으로써 맛볼 수 있는 행복의 가장 기초적인 요소다.

사람은 마치 무엇을 하고 누구와 같이 있고 어디에 있는가에 따라 영향을 받는 수동적인 대상인 듯하지만, 궁극적으로 중요한 것은 외부 조건이 아니라 그것을 스스로 어떻게 이용하는가다. 어떤 사람은 무심코 지나치는 가로수의 새순을 보며 그날 하루를 힘차게 생활할 활기를 얻는가 하면, 또 어떤 사람은 복잡한 전철에서 발이 밟힌 사소한 일에 화가 나 하루를 불쾌한 기분으로 보내기도 한다. 근사한 음식점에서 좋은 음식을 대접받으면서도 이것저것 꼬투리를 잡으며 투정을 부리는 사람이 있는가 하면, 갑자기 끼어든 차 때문에 사고가 났지만 그런 실수는 누구나 한다며 오히려 상대방을 위로하는 사람도 있다. 어떻게 마음을 먹느냐에 따라 혼자 사색에 잠기면서, 새로운 것을 학습하면서, 주어진 일을 의욕적으로 하면서, 이성과의 대화에 푹 빠져들면서 얼마든지 행복감을 맛볼 수 있다. 즉, 행복은 결국 무엇을 하는가가 아니라 어떻게 하는가에 달려 있다.

2) 몰입의 즐거움

행복에 관한 두 번째 열쇠는 자신이 현재 하고 있는 일에 대한 몰두 또는 온전한 몰입이다. '몰입'이란 삶이 고조되는 순간에 현재 하고 있는 행동이 물 흐르듯 자연스럽게 이루어지는 느낌을 표현하는 말이다. 적절한 대응을 요구하는 일련의 목표가 앞에 있을 때 몰입할 가능성이 높다. 바둑, 축구, 컴퓨터 게임 등을 할 때 몰입하기 쉬운 이유는 목표와 규칙이 명확히 설정되어 있어 무엇을 어떻게 해야 하는지 고민하지 않고 참여할 수 있기 때문이다.

몰입활동의 또 다른 특징은 피드백 효과가 빨리 나타난다는 것이다. 몰입활동은 작업이 얼마나 순조롭게 이루어지는지를 말해 준다. 직장에서든 집에서든 우리는 단서가 주어지지 않으면 지금 하는 일이 잘 되는지 못 되는지 모른 채로 한참을 지낼 때가 많지만 몰입 상태에서는 대체로 그것을 알 수 있다. 목표가 명확하고 활동 결과가 바로 나타나면 정신을 체계적으로 집중할 수 있다.

몰입은 모든 정신에너지를 요구하므로 몰입 상태에 빠진 사람은 그 일에 완전히 몰두하게 된다. 잡념이나 불필요한 감정이 끼어들 여지는 티끌만큼도 없다. 사람들은 화초 가꾸기, 볼링, 요리 등 무엇이든 간에 자기가 좋아하는 일을 할 때 몰입을 경험한다. 또한 운전을 할 때, 친구들과 이야기를 나눌 때, 직장에서 자신의 일을 하고 있을 때도 자주 몰입을 경험한다고 한다. 그러나 TV를 보거나 그냥 휴식을 취할 때처럼 수동적으로 임하는 여가활동에서는 좀처럼 몰입을 경험하지 못한다. 명확한 목표가 주어져 있고 활동의 효과를 곧바로 확인할 수 있으며, 과제의 난이도와 실력이 알맞게 균형을 이루고 있다면 어떤 활동에서도 몰입을 맛보면서 삶의 질을 끌어올릴 수 있다.

확실히 통제와 몰입은 모두 자신의 내면에서 일어난다. 이러한 특성들은 자신의 삶을 규정짓는 사건이나 경험을 해석하거나 이해하는 개인적인 방식에서 비롯된다. 사람들은 장애를 극복해야 할 도전으로 인식하기도 하고, 피해야 할 재난으로 인식하기도 한다. 자신의 자원과 능력을 통제할 수 있다고 여기거나, 잔인하고 무자비한 세상에 속거나 희생된 존재로 인식하는 것과 같이 여러 가지 방식으로 문제를 규정할 것이다. 인생에서 경험은 단지 외부 사건에 의해 형성되는 것이 아니다. 그보다는 개인이 그 사건을 어떻게 해석하고 이해하는가, 직면한 상황, 기회, 도전에 어떤 의미를 부여하는가에 달려 있다. 이 책을 통해 여러분이 자신의 삶을 스스로 인식하고, 계획한 대로 만들어 갈 수 있으며, 자신이 여행하는 삶의 방향과 거리를 조절할 수 있다는 가능성을 발견하기 바란다.

2. 자기인식과 정체감

1) 자기인식과 정체감의 중요성

우리는 매일 겪는 주변의 사건이 어떤 의미인지에 대해 어떤 목소리를 듣게 되는데, 그것은 무의식 속에 저장된 메시지와도 같다. 그러나 이런 많은 메시지는 어릴 때 부모나 교사 그리고 권위적인 타인들이 만든 것으로, 자신을 세우는 데 도움이 되기보다 그들의 세계관에 나를 묶어 두게 만든다. 때때로 이 메시지들은 우리의 정체성을 규정해 버리고, 우리가 누구인지 운명지어졌다고 생각하게 만든다. 그러나 누구도 외부에서 들려오는 목소리로 자신을 가둔 채 살아가는 것을 원치 않는다. 자신이 누구인지도 모른 채 타인들의 목소리로 자신이 규정되어 가는 것을 원하는 사람은 없을 것이다.

누구나 하나의 온전한 성인으로 살아가면서 자신의 경험과 욕구 및 재능을 통해 내면세계를 보며 명확한 정체감을 갖고 싶어 한다. 정체감은 다른 것과는 구별되는 자신만의 독특하고 특별한 것들로 이루어진다. 다른 사람이 규정한 내가 아닌, 진정한 내가 누구인지에 대해 자신을 들여다보는 용기를 갖게 되길 바란다. 그것을 통해 여러분이 원하는 곳을 향한 여행의 방향을 선택하고 그 거리를 자유롭게 조절할 자유를 얻게 될 것이다.

2) 변화를 통한 정체감 발달

자신의 정체감을 분명하게 하기 어려운 이유 중 하나는 사람은 누구나 환경과 더불어 끊임없이 변화하기 때문이다. 우리는 자신과 주위의 변화를 적극적으로 받아들이고, 내면을 새롭게 바꿔 나가야 한다. 이를 위해 삶, 경험, 발달단계 속에서 자기 내부의 목소리에 귀를 기울이는 것이 효과적이다.

정체감의 정립은 자신을 이해하는 것에서 시작된다. 먼저 자신을 이해하기 위해서는 인간발달의 일반적인 과정을 이해하는 것이 필요하다. 삶에 중요한 방향 전환을 가져오는 다양한 사건과 변화가 생애주기 속에 있다. 이러한 변화는 자신과 세계에 대한 기본 가정을 바꾸어 놓는다. 일상생활 속에서 생각하고 느끼고 행동하는 방식에 일치하는 방향으로 자신에 대한 인식 내용을 변화시켜 나가는 것이다. 결국 발달적 변화와 사건들은 자신이 누구인지의 개념을 변화시킨다.

대부분의 사람은 살아가는 동안 겪게 되는 변화에 대응해 나가는 과정에서 환경과의 조화를 깨뜨리지 않으려고 노력한다. 적당한 성과와 최소한의 휴식이라는 익숙한 방법으로 발달과정의 문제를 다룬다. 때로는 어떤 변화가 발달상의 위기를 초래하기도 하는데, 이 발달상의 위기는 한 개인의 삶을 혼란스럽게 만든다. 이러한 위기로 인해 강한 스트레스를 느끼게 되고 심지어 고통을 느끼기도 한다. 그러나 이러한 위기는 실제로 더 성장하기 위한 전환점이나 기회일 수도 있다. 발달적 위기를 해결하고 더 앞으로 나아가는 것이 바로 자기실현의 과정이 되는 것이다. 즉, 자신의 무한한 잠재력을 실행하는 과정이라고 할 수 있다. 따라서 발달적 위기를 피하려고 하기보다는 이를 해결하고 발전의 계기로 삼아야 하며, 이 과정을 통해 자신이 누구인지에 대한 내면의 정체감을 새롭게 만들어 나가야 한다.

3) 위기극복을 통한 정체감 재정립

발달적 위기는 예측할 수 있는 위기와 예측할 수 없는 위기로 분류할 수 있다. 예측할 수 있는 위기들은 생애주기를 이동함으로써 직면하게 되는 피할 수 없는 변화들이다. 예를 들면, 다음과 같은 위기들을 생애주기에 따라 경험하게 된다.

- 졸업을 앞둔 어떤 여대생은 결혼과 대학원 진학을 병행하는 것이 가능할지에 대해 걱정한다.
- 이제 막 대학을 졸업한 청년들은 치열한 취업 대열에 합류하고, 대학원 입시에서 불합격한 졸업예정자들은 실망할 것이다.
- 어떤 어머니는 내일 입대하는 막내아들의 모습을 걱정스럽게 지켜본다.
- 어느 교사는 은퇴연령에 들어서면서 점점 더 두려움을 느끼게 된다.

그러나 이와는 달리 전혀 예측할 수 없는 위기들이 있다. 어떤 상황들은 쉽게 예측하고 준비하기 어려울 것이다. 예를 들면, 다음과 같은 위기들은 예측하지 못한 상태에서 찾아오기도 한다.

- 어떤 대학생은 집안의 갑작스러운 경제적 위기로 어쩔 수 없이 휴학을 하게 된다.
- 사고로 갑자기 부모님을 잃게 된다.
- 프로 농구선수가 부상으로 더 이상 선수생활을 할 수 없게 된다.
- 20년 동안 일했던 회사에서 갑자기 해고당한 중견간부가 구인광고를 찾아 나선다.

이러한 예측 가능한 위기와 예측 불가능한 위기를 어떻게 극복하게 되는가? 위기의 출발은 그렇게 드라마틱하지 않을 때도 있다. 어떤 사람들은 단순히 자신의 현재 상황을 평가하기 위해 잠시 멈추고, 그때 자신의 흥미와 가치들이 변화되었다는 것을 처음 발견하고, 그것들을 실현하기 위해 큰 전환을 시도하게 된다. 또 어떤 사람들은 다른 사람이 대신 세워 준 계획이 얼마나 공허한 것인지 깨닫는다. 다른 사람들의 기대와 열망에 대한 부담감이 너무 커서 도저히 도달할 수 없었다고 생각한다. 그래서 이제 그들은 대학, 전공과목, 친구, 심지어 배우자에 대한 잘못된 선택을 깨닫고 이를 재검토한다. 어떤 사람들에게는 성공과 성취가 곧 새로운 도전이 된다. 이들은 리더십과 책임감을 요구하는 지위로 올라가지만, 막상 거기에 도달하자 충분히 준비되지 않았다고 느낀다. 또한 이들은 심지어 자신의 가치관에 대한 재평가와 자신의 정체성에 대한 재검토를 하게 될지도 모른다. 이렇게 위기와 그 극복과정을 통해 자신에 대한 새로운 발견을 하게 되고 정체감의 내용을 새롭게 만들어 간다.

4) 위기로 인한 실패 충격

앞에서 살펴본 바와 같이 발달적 위기들은 여러 방식으로 발생한다. 예측할 수 있든 예측할 수 없든 대부분의 위기는 한 개인의 통제 밖에 있다. 예를 들면, 죽음, 이혼, 장애를 초래하는 질병 또는 부상 등은 우리의 삶을 갑작스럽게 변화시킨다. 사업실패, 실업, 전쟁, 경기침체는 온통 우리의 삶의 방식을 혼란시키는 결과를 낳을 수 있다. 이런 갑작스러운 위기에 직면하면 대부분의 사람은 상실감, 실패감, 거절당했다는 느낌 등을 뼈저리게 느끼게 된다. 이와 같이 원하지 않았거나 예상하지 못한 생애 변화에 대한 깊은 정서적 반응이 실패 충격이다.

불행히도 실패 충격은 종종 자기존중감의 저하, 성취동기의 저하, 위험감수에 대한 회피, 상호관계의 왜곡 등을 초래한다. 실패 충격에 있어서 가장 큰 위험은 실패 충격이 우리의 에너지와 낙관성을 약화시킨다는 것이다. 또 앞으로 나아가고 성장하는 데 있어서 필요한 정확한 계획능력을 약화시키며, 우울과 자기연민에 빠지게 만드는 무력감의 덫이라는 위험에 처하게 한다.

그러나 발달적 위기가 닥치더라도 그것이 기회가 될 수 있다는 점을 잊어서는 안 된다. 발달적 위기는 종종 새로운 시작, 새로운 출발, 도전과 미래에 대한 통제권 회복에 선택권을 준다. 이러한 위기는 대학생활 동안을 비롯하여 생애 전 과정에서 일어나고, 한편으로는 어느 시기에서든 기회를 제공한다. 그것은 표류하는 것을 멈추게 하는 하나의 기회이며, 한 번 더 자신의 삶을 똑바로 나아가도록 하는 기회가 될 수도 있다.

3. 자기실현의 과정으로서의 진로

정체감이 현실로 드러나는 과정이 바로 진로다. '진로'란 직업보다 폭넓은 개념으로, 직업만이 아니라 삶 전반에 걸친 모든 일과 관련된 과정을 포함한다. 진로라는 개념의 핵심적인 내용은 앞으로 더 나아가고 더 나아지는 것이다. 따라서 정적이고 관념적이기보다는 역동적이다. 사람들은 수년에 걸쳐 어떤 진로를 적극적으로 추구하고 거기에 종사하는데, 그 과정에서 다양한 직무와 직위를 수행하게 된다. 진로는 이 과정에서 일어나는 일과 여가, 개인발달, 가족에 대한 헌신 등을 모두 포함한다.

1) 개인의 진로유형

진로는 자신을 세상에 드러내는 과정이므로 기본적으로 심리적이다. 진로를 더 활기 있게 하는 요인은 개인적인 욕구, 포부, 동기 등의 심리적인 요인이다. 사람들은 다양한 이유로 특정한 시간에 특정한 일을 하게 된다. 진로를 선택할 때 임금, 시간, 일하는 조건, 기회를 포함하여 많은 요인을 고려하지만, 그 양상이 자신의 정체성과 생활양식에 관련되기 때문에 자신의 고유한 진로유형을 추구하게 된다.

이러한 개인의 진로유형은 기본적으로 성격의 산물이다. 그리고 개인의 생활양식처럼 복잡하고 다양하다. 따라서 모든 개인에게 적용되는 '표준적'이거나 바람직한 진로유형이란 없다. 지금까지 전형적이라고 여겨 왔던 진로유형, 즉 고등학교를 졸업하고 또는 보다 전문적인 교육을 받기 위해 대학에 진학하고, 그에 맞는 직업을 선택하며, 정해진 경로를 통해 높은 지위로 올라가는 직선적 과정의 진로유형은 끊임없이 변화하는 지금의 세계에서는 오히려 비전형적일 수 있다. 오늘날 우리는 끊임없이 확장되는 기회, 발전하는 기술, 변화하는 사회적 관습, 다른 큰 영향력 등이 존재하는 세계에 살고 있다. 수많은 사람은 자신들이 고등학교를 다닐 때는 존재하지도 않았거나, 몇 년 전까지는 부적절하다고 여겨졌거나, 한 번도 손길이 미치지 않았던 일에 종사하고 있다.

'진로' 또는 '생애설계'란 삶에 구조와 의미를 부여하는 모든 역할과 관계를 아우르는 생활양식을 구축하거나 그것을 향해 나아가는 데 쓰는 수단이다. 그것은 글자 그대로 '내 삶의 주인 되기'다. 가장 나다운 것을 찾아가는 과정이 바로 생애설계의 과정이 되어야 한다. 여러분이 누구이고 진정으로 이루고자 하는 것이 무엇인지에 대한 질문을 던져 보기 바란다. 〈연습문제 1.1〉은 죽기 전에 꼭 하고 싶은 일의 목록을 적어 보는 것이다. 이 목록 작성을 통해 나의 가장 강한 욕구를 상기해 보면서, 다른 사람이나 세상의 잣대로부터 벗어나 내가 누구인지에 대해 자유롭게 생각해 보자.

2) 진로실현자

어떤 삶의 형식이나 진로유형을 검토하는 데 중요하게 고려해야 할 점은, 그 진로유형이 진로발달의 관점에서 볼 때 개인적인 욕구와 포부 충족, 독특한 재능과 잠재력의 실현, 보편적인 사회 선(善)에 기여하는 능력 등을 어떻게 촉진하는가 하는 것이다. 위기를 기회로 전환시킨 사람들을 진로실현자라고 부른다. 진로실현자가 되는 데 중요한 요소는 개인이 소중히 여기는 목표를 위해서 계획을 세우고 조직하고 전념해 나가는 것이다.

진로와 직업은 동의어가 아니다. 직업을 통해 자신의 진로를 실현하는 사람들도 있지만 그렇지 않은 경우도 적지 않다. 어떤 진로실현자들은 성공적인 진로계획을 세우는 데서 그들의 직업, 곧 규칙적으로 돈을 버는 일을 전체 삶의 중심에 두지 않는다. 그들은 다른 흥미나 몰입하고자 하는 것들, 다른 포부를 위해 내면적으로 만족스럽지 않은 직업을 받아들이고 유지해 나가는 쪽을 선택하기도 한다. 그런 사람들에게 진로실현화는 더 많은 시간과 에너지 자원을 중요한 사회적 명분 또는 종교활동에 쏟아붓는 것을 의미할지도 모른다. 직업보다 더 열중하면서 더 의미 있게 여기는 여가, 취미, 혹은 특별한 관심사를 중심으로 자신의 심리적인 생활을 조직하는 것이다. 이때의 진로실현화에서 직접적으로 긍정적 보상이 없는 음악적·예술적 재능에 초점을 맞추게 될 때 바로 우리가 활동하는 것과 관심거리들을 식별할 수 있고, 정말로 '우리를 사로잡는' 활동, 흥미, 요소가 무엇인지 알 수 있다. 그리고 이를 통해서 인간 행복의 핵심 요소인 통제와 몰입을 경험하기 시작한다. 급여를 받는 직업 안에서든 밖에서든 이러한 요소를 발견할 때 계획과정을 시작할 준비가 되는 것이다.

3) 자기실현의 원동력

자기실현을 위해 노력하게 하는 힘은 어디에서 오는 것일까? 개인이 가진 내적 성장력은 모든 발달단계, 심지어 모든 문화에 걸쳐 인간을 형성하도록 만든다. 이 힘은 재능과 잠재력을 충분히 실현할 수 있는 방향으로 이끌어 준다. 여기에는 지능이나 교육이나 가족과 같은 한 가지 특성만이 영향을 미치는 것이 아니라, 다음의 세 가지 내적 욕구가 중요하게 작용한다.

첫째, 세상을 합리적이고 일관된 방식으로 스스로 이해하고자 하는 자율성 욕구다. 인간은 개미와 같이 경직되고 기계적인 방법으로 행동하도록 프로그램되어 있지 않다. 인간의 DNA는 세상에 대해 한발 물러서서 다시 생각하고 알아내려고 하며 분석하고 이해하도록 촉구한다. 풀리지 않는 문제와 설명이 되지 않는 모순을 불편해하는 것이 인간의 모습이다. 따라서 자신과 자신을 둘러싼 환경을 납득하고 이해하고자 하는 욕구의 충족이 필요하다.

둘째, 능력을 향상시키고자 하는 유능성 욕구다. 능력이란 사람들이 환경을 통제하고 숙달하고자 하는 욕구를 반영한다. 산을 오르는 것은 단지 거기에 산이 있기 때문이 아니라 산을 오를 수 있는 능력을 확인하고 향상시키고 싶기 때문이다. 우주를 향한 추구도 마찬가지다. 바로 자신의 능력을 향상시키고자 하는 열망이 인간의 중요한 욕구다.

마지막으로, 타인과 정서적으로 지속적이고 친밀한 관계를 맺고 싶어 하는 관계성 욕구다. 사람들은 이러한 관계를 통해 자신에 대해 더 많이 알게 된다. 무엇보다 인간은 인지적으로나 정서적으로 성장하면 할수록 점점 더 많이 베풀게 되고 이를 통해 가장 큰 만족감을 얻게 된다.

현재의 자신은 완벽하지 못했던 어린 시절의 상처에 지나지 않는다는 자신에 대한 생각은 발달과정의 여러 고통을 이겨 내는 동안 서서히 치유되고 변화된다. 개인의 내면세계는 자신의 삶의 의미를 이해하고 싶어 하고, 인생 여정의 방향과 거리를 어느 정도 스스로 결정하고 싶어 하며, 지속적이고 만족스러운 인간관계에 도달하고자 하는 욕구와 포부로 채워져 간다. 자기실현이란 이러한 발달적 욕구를 깨달으며, 이를 통해 우리의 삶이 더 많은 힘을 얻게 되는 것이다. 이것이 바로 생애설계를 통한 삶의 촉진과정이다.

지금까지 행복에 이르는 자기실현과 생애설계에 관한 기본 개념과 원리들을 살펴보았다. 전 생애를 통한 발달과정은 끊임없이 변화하는 세상 속에서 장애와 위기를 초래할 것이다. 그러나 이러한 장애는 새로운 시작과 방향 제시로 바꿀 수 있는 기회가 된다는 것도 알게 되었다. 자신이 참여할 수 있는 흥미진진하고 의미 있는 일이 무엇인지를 찾게 된다면 행복으로 가는 진로를 성취할 준비가 된 것이다.

■ 참고자료

1. 『연금술사』(파울로 코엘료 저, 최정수 역, 문학동네, 2018)

2. 『삶의 의미를 찾아서』(빅터 프랭클 저, 이시형 역, 청아출판사, 2017)

3. 『잃어버린 나를 찾아가는 천직 여행』(포 브론슨 저, 김언조 역, 물푸레, 2009)

4. 『몰입의 즐거움』(미하이 칙센트미하이 저, 이희재 역, 해냄출판사, 1997)

5. 영화 〈라라랜드〉

6. 영화 〈코코〉

연습문제 1.1 버킷리스트

버킷리스트는 '죽기 전에 꼭 하고 싶은 일'의 목록을 의미합니다. 2007년 헐리우드 영화 〈The Bucket List〉가 상영되면서 우리에게 더 친근한 용어가 되었습니다. 여러분의 버킷리스트를 작성해 보면서, 지금 여러분이 원하는 것이 무엇인가를 보다 명료화하는 시간을 가져 보기 바랍니다.

영역	하고 싶은 일	이유	언제 할 수 있을까?

연습문제 1.2 내적 성장 나침반 사용하기

♣ 다음을 얼마나 자주 해 왔는지 '전혀' '가끔' '자주'에 표시하세요.

	전혀	가끔	자주
1. 결과에 상관없이 순간적으로 하고 싶다고 느낀 것을 한다.	___	___	___
2. 마음속 깊은 생각과 느낌을 거리낌 없이 다른 사람에게 이야기한다.	___	___	___
3. 다른 사람들이 해야 한다고 하는 것이 아니라 '스스로 원해서' 무엇인가를 한다.	___	___	___
4. 다른 사람의 충고와 상관없이 내가 옳다고 생각하는 것을 한다.	___	___	___
5. 오래된 문제에 대해 창의적인 새로운 방식을 시험해 본다.	___	___	___
6. 대다수의 의견에 직면해서 확고하고 분명하게 소수 의견을 표현한다.	___	___	___
7. 나의 확고한 종교적 신념이나 철학적 신념에 관해 다른 사람에게 피력한다.	___	___	___
8. 다른 사람과 의논하지 않고 중요한 결정을 즉각적으로 행동으로 옮긴다.	___	___	___
9. 나의 삶을 결정지을 나의 행동을 중시한다.	___	___	___
10. 불공평하게 대우받는다고 느낄 때 분명하고 강력하게 나의 생각을 주장한다.	___	___	___
11. 오랜 친구들과의 관계를 다지면서 새로운 친구도 사귄다.	___	___	___
12. 과거에 받은 교육이나 경험과는 다른 전혀 새로운 수업을 듣는다.	___	___	___
13. 흥분, 호기심, 자기계발을 위해 한 번도 가 보지 않은 곳을 여행한다.	___	___	___
14. 30분 이상 상상력을 자유롭게 펼치는 환상 여행을 한다.	___	___	___
15. 어느 누구도(자신까지 포함하여) 내가 할 것이라고 예상하지 못했던 일을 한다.	___	___	___
16. 내면의 소리를 듣기 위해 하던 일을 멈춘다.	___	___	___
17. 원하는 것을 얻기 위해 손해를 각오하고 모든 것으로부터 떠난다.	___	___	___
18. 기쁨, 분노, 두려움, 슬픔, 배려와 같은 감정을 아무 생각 없이 자유롭게 표현한다.	___	___	___

♣ 여기에 제시된 질문들은 모두 여러분이 자신의 내면세계에 얼마나 주의를 기울이고 있는가를 묻고 있습니다. 이 질문들에 '자주'라고 답한 항목이 많다면, 여러분은 내면세계에 충실한 삶을 살아가고 있고 그만큼 행복할 것입니다. 그러나 대부분의 질문에 '가끔' 또는 '전혀'라고 응답했다면, 자신의 내면세계에 주의를 기울이지 못하고 있는 것입니다.

♣ 여러분의 응답 내용은 어떤가요? '가끔' 또는 '전혀'에 응답한 항목이 많다면, 이 항목들을 따로 표시하고 앞으로 좀 더 실천하도록 노력해 보세요.

제2장

생애가치와 직업가치

1. 내적 욕구와 외적 욕구
2. 끝없는 완성의 욕구
3. 욕구위계
4. 내면지향적 삶의 가치

개요

　　이 장에서는 개인이 자신의 삶을 살아가면서 중요하다고 여기는 생애가치 및 일과 관련해 중요하다고 여기는 직업가치에 대해 알아볼 것이다. 특히 삶에서 위험을 감수할 만하고, 일할 만하며, 노력하여 얻거나 희생할 가치가 있는 것이 무엇인지 알아볼 것이다. 삶의 의미를 부여하게 되는 여러 가지 욕구와 동기에 대해 살펴보면서, 내면지향적 삶의 가치에 대해 설명할 것이다. 그리고 자신이 추구하고 있는 가치가 어떤 것인지 구체화해 볼 것이다.

제**2**장
생애가치와 직업가치

모든 사람이 건강, 돈, 인기, 여가 등을 똑같이 원하는 것처럼 보인다. 그러나 실제 사람들이 바라는 것은 더 다양하고 또한 바라는 것의 내용도 사람마다 다르다. 자신의 삶에서 스스로 애써서 얻으려 하는 것, 위험을 감수할 만한 것, 수년 심지어는 평생을 바칠 만한 것을 생애가치라고 한다. 이 중에서도 직업을 통해 이루고자 하는 것을 직업가치라고 하는데, 이러한 생애가치와 직업가치를 찾지 못하고 방황하는 사람들이 많다. 이들은 인생에서 자신이 정말 하고 싶은 것이 무엇인지가 명확하지 않은 사람들이다. 직업만족도를 가장 크게 예언하는 것은 바로 그 직업을 통해 자신의 직업가치와 생애가치를 얼마나 실현하고 있는가다. 즉, 직업을 선택하기 이전에 자신의 생애가치와 직업가치에 대해 잘 알아야 만족스러운 삶을 살아갈 수 있다고 하겠다.

진정으로 원하는 것을 알고, 모든 정열을 쏟아 헌신하는 일에서 불행감을 느끼는 사람은 없다. 그러나 많은 사람이 만족감이나 실질적인 행복을 가져오지 못하는 지위, 권력, 돈을 좇는 데 삶을 허비한다. 성공의 상징으로 여겨지는 것들 중에서 온 마음을 다해 평생 동안 시간과 에너지를 쏟을 가치가 있는 것은 거의 없다. 자신이 무엇을 추구하고 있는가를 아는 것도 중요하지만 무엇을 추구하고 있는가 그 자체의 내용도 중요하다. 즉, 만족스러운 삶을 살기 위해서는 자신이 어떤 삶을 살아가기를 원하는지 알아야 하고, 그렇게 원하는 삶의 내용은 외부세계로부터 온 것이 아니라 자신의 내면세계에서 찾은 것이어야 한다. 제1장에서 다루었듯이 스스로 삶의 주인이 되어야 하고, '내 삶의 주인 되기'는 개인적인 욕구, 동기, 목표를 알고 기꺼이 이를 실천하려고 노력하는 것을 의미한다. 자신의 내면의 소리에 귀를 기울이고, 그것을 따라 행동할 때 풍성한 삶을 경험할 수 있다.

1. 내적 욕구와 외적 욕구

어떤 것을 하고자 하는 동기는 인간이 가진 기본 욕구에서 나온다. 욕구는 우리 삶의 원동력이 되고, 에너지를 집중시킬 목표, 목적, 의미를 제공한다. 그러나 때로 서로 경쟁하는 동기들을 갖게 되어 혼란과 마음의 동요를 경험하게 된다. 즉, 어떤 한가지에 일관되게 지속적으로 몰두하는 것이 어려워진다. 어떤 면에서 삶이란 외부세계에 관여하고 그 속에서 노력함으로써 내적 욕구를 충족시키는 여정이다. 제1장에서 자아실현을 이끄는 내적 욕구 세 가지를 살펴보았다. 즉, 인간에게 중요한 내적욕구에는 세상을 합리적이고 일관된 방식으로 스스로 이해하고자 하는 자율성 욕구, 능력을 향상시키고자 하는 유능성 욕구, 타인과 정서적으로 지속적이고 친밀한관계를 맺고자 하는 관계성 욕구 등이 포함된다.

내적 욕구 충족을 위해 외부세계에 참여하면서 또 다른 유형의 외적 욕구를 느끼게 되는데, 즉 물리적 욕구, 힘의 욕구, 탐색의 욕구 등이다. 이러한 욕구는 일상 속에서 실천하고자 하는 목표와 동기를 이끌어 낸다. 대부분의 사람은 이러한 욕구의충족을 당연한 것으로 여기지만 어떤 위험에 처하게 되면 그 중요성을 의식하게 된다. 또한 이러한 욕구가 충족되지 않을 때 우리는 불만족스럽고 불안하고 억압되는느낌을 갖게 된다. 내적 욕구를 추구하는 과정이 위협받게 되고 충족되지 못한 외적욕구에 집착하게 될 수 있다.

그러나 직업에 대한 만족도와 삶에서의 행복은 외적 욕구가 아닌 내적 욕구가 채워졌을 때 가능하다. 따라서 '왜 일을 하는가, 일은 어떤 의미를 갖는가, 일에서 가장 중요한 것이 무엇인가'라는 내적 욕구에 대한 질문을 스스로에게 계속 던지면서 진로탐색에 임해야 한다.

2. 끝없는 완성의 욕구

사람들이 추구하는 내적 욕구 중 대표적인 욕구는 끝없는 완성에 대한 욕구다. 도전의 수준을 꾸준히 높이는 활동에 많은 사람이 매우 강력하고 적극적으로 매달린다. 이렇게 하는 것은 사람들의 끝없는 완성에 대한 욕구 때문이다. 인간이 할 수 있는 어떤 종류의 활동도 이러한 동기를 일으킬 수 있다. 어떤 활동이든 완성의 수준이 계속해서 향상될 기회만 제공되면 된다. 열심히 노력하여 완성의 수준에 도달하면 다시 노력하여 도달할 완성의 수준이 나타나고, 이를 위해 노력하여 그 수준에 도달하면 또다시 도달할 새로운 완성의 수준을 만나게 된다. 그렇게 끊임없이 새로운 목표를 향해 나아가는 것이다. 어떤 일에 종사하든지 대부분의 활동은 이러한 특성을 가지고 있다. 볼링, 바둑, 피아노, 탁구, 골프, 컴퓨터 게임 등의 여가활동, 혹은 건축가, 바리스타, 작가 등 직업에 일생을 바치는 사람들에게 최우선이 되는 것은 끝없는 완성이라고 할 수 있다.

끝없는 완성에 대한 동기도 발달과정을 통해 성장하는 것으로 이를 통해 사람들은 보다 구조적인 삶을 살아가게 된다. 끝없는 완성을 추구하는 삶은 제1장에서 언급했던 행복의 필수요소인 통제감과 몰입을 느끼게 해 준다. 반면에 그러한 동기가 발달하지 못하면 안정적이고 만족스러운 일상생활이 힘들어지고, 일시적 유행이나 열정을 좇아다니느라 허둥대거나 실패하고 만다. 따라서 진로탐색에서 끝없는 완성을 추구할 수 있는 꿈 또는 목표를 찾는 것이 중요하다.

3. 욕구위계

사람들은 누구나 항상 무엇인가를 원하는 욕구를 가지고 있고, 그 욕구가 행동을 결정한다. 그런데 그런 욕구에는 좀 더 절실한 욕구가 있고, 상대적으로 덜 절실한 욕구가 있다. 사람들은 누구나 가장 절실한 욕구를 충족시키기 위해 행동하게 되는데, 보다 절실한 욕구가 충족되어야 덜 절실한 욕구가 행동을 결정할 수 있는 힘을 갖게 된다. 인본주의 심리학자 매슬로우(A. H. Maslow)는 어떤 위계를 가진 욕구들을 하나하나 충족시키기 위해 동기가 발생한다고 보았다. 매슬로우는 인간의 기본 욕구를 크게 다섯 단계로 구분했다. 그리고 인간에게 동기를 부여할 수 있는 욕구가 5개의 계층을 형성하고 있으며, 인간의 욕구는 낮은 단계의 욕구에서부터 시작하여 그것이 충족됨에 따라 차츰 상위 단계로 올라간다고 보았다.

- 1단계: 생리적 욕구(physiological needs)
- 2단계: 안전 욕구(safety needs)
- 3단계: 소속감과 애정 욕구(belongingness and love needs)
- 4단계: 자존감 욕구(esteem needs)
- 5단계: 자기실현 욕구(self-actualization needs)

가장 기본이 되는 욕구는 생리적 욕구로, 이 욕구는 오직 신체적 생존을 유지하기 위한 것들이며 그 어떤 것보다도 우선된다. 춥고 배고프고 겁에 질린 사람은 자신의 생명을 보존하는 것 이외의 다른 일에 쏟을 에너지가 없다. 생리적 욕구, 안전 욕구, 소속감과 애정 욕구, 자존감 욕구는 결핍 욕구에 속하는데, 이 기본 욕구가 충족되기 전에는 더 높은 수준의 성장 욕구에 대한 동기가 거의 나타나지 않는다. 결핍 욕구가 충족되면 성장지향적이고 자기실현을 이루는 활동을 추구하고 싶은 마음이 생기기 시작한다. 인정, 수용, 칭찬, 사랑 등의 성장 욕구는 대부분 건강하고 좋은 대인관계에서 충족될 수 있는 것들이다. 그리고 인지적 갈망, 심미적 특성, 창의적 개성 등을 추구하는 자기실현 욕구는 가장 높은 곳에 위치해 있다. 자기실현 욕구는 자기 자신의 충만, 다시 말하자면 한 개인이 가지고 있는 가능성을 현실화하려는 경향의 욕구다. 자기실현은 개인적으로 보나 사회적으로 보나 중요한 의미를 지닌다. 자기실현이란 궁극적으로 한 개인의 인간화를 뜻하며, 자기실현자는 비자기실현자보다 창조적이고 생산적인 삶을 산다.

결핍동기가 지배적일 때와 성장동기가 지배적일 때 개인의 대인관계는 상당히 다르다. 결핍동기를 가진 사람들은 결핍 욕구를 채워 주는 타인에게 의존하게 된다. 이들은 타인을 그 당시 자신에게 가장 필요한 신체적 · 심리적 욕구를 충족시켜 주는 사람, 욕구 대상, 공급원으로 보게 된다. 상대방을 온전한 인간으로 보거나 복잡하고 고유한 존재로 보는 것이 아니라, 자신에게 얼마나 유용한가 또는 위협적인가를 그 사람의 전체라고 보게 된다. 그리고 사람을 사용하거나, 무시하거나, 내버리는 물건처럼 인식한다. 성장동기를 가진 사람들은 인생을 상당히 다르게 경험한다. 일단 결핍 욕구가 채워지면 사람들은 타인과의 관계에서 성장동기형으로 옮아가게 된다. 그리고 타인에 대해 그 사람이 제공할 수 있는 것이 무엇인가와 함께 그 사람 자체가 누구인가를 중요하게 여기게 된다. 서로 이 수준에 도달해야 보다 성숙한 대인관계가 가능해진다.

자신이 하는 일에 대해서도 어떤 심리적 욕구가 채워지고 있는가의 틀에서 이해할 수 있다. 생리적 안녕, 안전, 보안 등의 낮은 수준의 욕구가 충족되면 소속, 인정, 사랑 등의 사회적 욕구에 의해 동기화된다. 이 욕구가 충족되면 존경받고 싶고, 자신의 가치를 인정받고 싶으며, 높게 평가받고 싶고, 높은 지위를 갖고 싶은 욕구가 나타난다. 개인적 책임, 사회적 책임, 성취 수준이 높아지면서 이러한 욕구들이 나타난다. 마지막으로 욕구 충족의 최고 수준인 강력한 자기실현의 욕구에 도달한다. 자신의 능력을 인식하고 타인과 사회를 소중히 여기며 이를 위해 기여하는 것이다. 이러한 욕구야말로 완전히 기능하는 인간, 곧 자기실현하는 인간으로 개인을 성장시키는 욕구다. 긍정적인 성과와 이타행동을 통해 이러한 욕구를 충족시켜 주는 것이 바로 타인의 성장이나 자신의 성장을 돕는 방법이다.

4. 내면지향적 삶의 가치

사람들은 보다 높은 수준의 욕구를 추구하면서 보다 내면적인 것에 관심을 기울이게 된다. 내적 욕구에 더 관심을 갖게 되고, 끝없는 완성을 추구하고, 자기실현을 향해 나아가는 것이다. 이 과정에서 새로운 가치, 선호, 감수성이 형성된다. 이러한 가치관의 변화를 통해 더 많은 자율성과 자유를 가지게 된다. 따라서 다음과 같이 선택과 행동에 대한 책임감이 높아질 뿐만 아니라 보다 창의적으로 그리고 보다 독립적으로 살아가게 된다.

- 멀리 있거나 환상에 지나지 않는 가능성과 환영을 찾아 헤매기보다는 지금까지 얻은 것에 감사하고 이를 지키면서 보다 책임 있게 스스로 통제하고 절제하는 삶을 선호하게 된다.
- 열심히 장애를 극복하고 문제를 해결하는 과정을 통해 만족감을 얻는다.
- 내면적 생활에서 기쁨과 즐거움을 찾고 미학적 감상, 타인에 대한 감수성, 자기 인식의 증진에 높은 가치를 두게 된다.
- 휴식, 잠깐의 고독, 자연의 신비와 인간 존재의 의미를 생각해 보고 명상에 잠기는 기회 등 인생의 작은 기쁨에 높은 가치를 부여하게 된다.

이러한 변화와 함께 성장과 발달에 대한 포부에서도 변화가 생기면서 하루하루를 잘 기능하며 살아가기를 바라게 된다. 예를 들면 다음과 같다.

- 형식적인 가면을 벗고 '감정'에 충실하면서 가능한 한 개방적이고 솔직한 인간관계를 맺고 싶어 한다.
- 다른 사람들이 옳거나 그르고, 도덕적이거나 비도덕적이라고 판단할지라도 자신이 생각한 도덕 및 윤리적 판단과 결정에 따라 행동하려고 한다.
- 자신의 미래에 대해 타인을 기쁘게 하고 그들의 칭찬을 받으며 그들이 가치 있다고 생각하는 것에 매달리기보다는 진정한 자신을 위해 목표를 세우려고 한다.

이러한 내면지향적 삶의 가치 추구는 직업을 통해 추구하는 직업가치에도 반영이 된다. 보다 성숙할수록 외적 직업가치보다는 내적 직업가치를 추구하게 되고, 내적 직업가치의 추구를 통해 진정한 행복의 길에 도달할 수 있다. 〈연습문제 2.2〉를 통해 여러분이 내적 직업가치를 얼마나 추구하고 있는지 점검해 보자.

요약

　이 장에서는 진로선택을 위해 탐색해야 할 직업가치와 생애가치에 대해 알아보았다. 이를 위해 삶에 목표와 의미를 주는 인간의 다양한 욕구와 동기를 살펴보고, 내적 동기와 외적 동기에 대해 알아본 후에 끝없는 완성의 욕구와 자기실현의 욕구 등에 대해 알아보았다. 이를 통해 자신의 진로에서 진정으로 추구해야 하는 것이 무엇인가에 대해 생각해 보았다.

▣ 참고자료

1. 『갈매기의 꿈』(여러 출판사에서 출판된 책도 있고, 영화도 있음)

2. 『행복의 조건: 하버드대학교 · 인간성장보고서, 그들은 어떻게 오래도록 행복했을까?』(조지 베일런트 저, 이덕남 역, 프런티어, 2010)

3. 『사막의 꽃』(와리스 디리 저, 이다희 역, 섬앤섬, 2005)

4. 영화 〈닥터〉

5. 영화 〈죽은 시인의 사회〉

연습문제 2.1 **기본 욕구 충족**

여러분은 지금 기본 욕구를 얼마나 잘 충족시키고 있습니까? 아래에 열거된 각각의 욕구에 대해 현재의 만족 정도를 평가해 봅시다. 만족단계가 가장 높은 것은 6으로 표시하고, 가장 낮은 것은 1로 표시해 보세요. 해당하는 숫자에 ○로 표시합니다.

1. 생존과 안전 생존과 안전의 가장 기본적인 필요조건은 의식주다. 또한 거기에는 자신이 현재 지닌 육체, 재산, 본질적인 인간관계 안에서 안전하기를 바라는 것이 포함된다.	1 2 3 4 5 6
2. 질서와 확신 자신의 인생에 대해 어느 정도 구조를 가지고 예언할 수 있는 욕구다.	1 2 3 4 5 6
3. 성장과 발달 자신이 원하는 사람이 되는 과정 중에 있음을 느끼게 하는 욕구이며, 자신에게 가장 중요한 일에서 활동과 성취를 느끼는 욕구다.	1 2 3 4 5 6
4. 희망과 포부 자신의 미래와 세계에서 진정한 희망과 낙관을 가지는 욕구다. 어려움이 극복되면 얻어지는 것들이 있다는 희망을 포함한다.	1 2 3 4 5 6
5. 자유와 선택 자신의 일생에 걸쳐서 어느 정도의 통제감을 느끼는 욕구다. 어떤 것을 선택하고 그것을 수행하는 데 있어 자유로움을 느끼는 것을 포함한다.	1 2 3 4 5 6
6. 정체성과 헌신 자신만의 목표, 가치관, 일을 가지고 있으면서 다른 사람과 구별되는 사람이기를 희망하는 것으로, 어떤 것을 주장하고 그것을 위해 살아가는 것을 포함한다.	1 2 3 4 5 6
7. 보람 있는 일 다른 사람이 필요로 하고 중요한 사람으로 알아주기를 바라는 욕구다. 자신의 삶이 사회에 긍정적인 영향을 미치고 있음을 아는 것이 포함된다.	1 2 3 4 5 6
8. 만족스러운 가치체계 자신의 삶 속에서 가치를 추구하거나, 명분을 찾거나, 공헌하려고 하는 욕구다. 스스로 헌신할 가치가 있으며, 자신의 개인적이고 사소한 문제들을 희생해도 좋을 만큼 충분히 중요한 것을 갖는 것이다. 자신보다 더 크고, 더 중요한 어떤 것에 공헌하고 있다는 인식을 포함한다.	1 2 3 4 5 6
9. 사회에 대한 신뢰 사회가 중요한 목표 달성을 허락할 것이고, 합리적인 기회를 제공할 것이며, 공정하게 보상되는 희생과 노동을 허락할 것이라고 느끼고자 하는 바람이다.	1 2 3 4 5 6

1. 현재 여러분의 인생에서 가장 만족스러운 욕구는 무엇입니까? 만족 수준이 가장 낮은
   욕구는 무엇입니까?

   _____
   _____
   _____
   _____
   _____

2. 이 욕구들 중 여러분이 만족 수준을 가장 변화시키고 싶은 욕구는 어느 것입니까?

   _____
   _____
   _____
   _____
   _____

3. 지금부터 5년 후 여러분은 어떤 만족 수준에 있기를 바랍니까?

   _____
   _____
   _____
   _____
   _____

4. 이를 위해 지금 여러분은 무엇을 할 수 있습니까?

   _____
   _____
   _____
   _____
   _____

연습문제 2.2 내적 직업가치와 외적 직업가치

여러분은 직업을 통해 어떤 가치를 추구하고자 합니까? 아래 질문에 답해 봄으로써 내적 가치추구와 외적 가치추구의 경향성을 알아볼 수 있습니다. 각 문장을 잘 읽고 자신의 생각과 일치하는 정도를 ○표로 표시하세요.

	매우 그렇다	그렇다	아니다	전혀 아니다
1. 나 자신의 능력을 최대로 발휘할 수 있는 직업을 갖는 것이 중요하다.	4	3	2	1
2. 나는 내 직업 분야에서 인정을 받는 것이 가장 중요하다.	4	3	2	1
3. 나는 친구나 주위 사람이 가지고 있는 것을 내 가족도 가질 수 있기를 바란다.	4	3	2	1
4. 나는 내 직업 분야에서 주위 동료들보다 일을 더 잘하는 것이 중요하다.	4	3	2	1
5. 직업에서 성공하기 위해서는 얼마나 사람을 잘 만나는가가 중요하다.	4	3	2	1
6. 직업에서는 아무런 간섭 없이 자신의 소신대로 일을 진행해 나갈 수 있어야 한다.	4	3	2	1
7. 직업을 가져야 하는 중요한 이유 중의 하나는 친구를 만들 수 있는 기회를 가질 수 있다는 것이다.	4	3	2	1
8. 수입이 아무리 많은 직업이라도 사회에 유해한 직업이라고 생각한다면 다시 생각해 보아야 한다.	4	3	2	1
9. 내 직업에 대해 다른 사람으로부터 이렇다 저렇다 식의 간섭을 받으면서 지낸다는 것은 힘든 일이다.	4	3	2	1
10. 직업은 안정된 생활을 보장하는 것보다는 새로운 기회를 제공할 수 있어야 한다.	4	3	2	1
11. 흥미와 적성에 맞는 직업보다는 남이 보았을 때 반듯한 직업이 좋다.	4	3	2	1
12. 인생에서 성공하고자 한다면 돈을 버는 일에 관심을 가져야 한다.	4	3	2	1
13. 직업을 선택하는 데 있어 중요한 점은 승진할 기회를 가질 수 있는가 하는 것이다.	4	3	2	1
14. 나에게 있어 직업이란 생계 유지의 수단일 뿐이다.	4	3	2	1
15. 성공의 주요 관건은 얼마나 운이 따르는가 하는 것이다.	4	3	2	1
16. 때때로 자신의 일에서의 성공을 위해 친구를 잃어버린다 해도 어쩔 수 없다.	4	3	2	1

응답 내용 중 1번부터 11번까지는 여러분이 직업세계에서 내적 가치를 추구하는 정도를 나타내고, 12번부터 16번까지는 여러분이 직업세계에서 외적 가치를 추구하는 정도를 나타냅니다.

1) 내적 가치를 추구하는 정도(1번부터 11번까지의 합÷11)는 얼마입니까?

_____

2) 외적 가치를 추구하는 정도(12번부터 16번까지의 합÷5)는 얼마입니까?

_____

3) 여러분은 현재 내적 가치와 외적 가치 가운데 어떤 가치를 더 추구하고 있습니까? 그리고 그 이유는 무엇이라고 생각합니까?

_____

_____

_____

_____

4) 앞으로 여러분이 직업을 선택한다면 어떤 가치를 더 추구하고자 합니까? 그리고 그 이유는 무엇입니까?

_____

_____

_____

_____

5) 이 활동을 통해 느낀 점을 아래에 적어 봅시다.

_____

_____

_____

_____

연습문제 2.3 가치관 경매

1. 여러분이 중요하게 생각하는 순서대로 다음에 열거한 직업가치들의 순위를 매겨 봅시다.
2. 경매에 참여하기 위해 부여받은 돈을 각 항목에 얼마나 사용할 것인지 예상액으로 분배합니다. 자신의 상한가와 하한가를 예상하여 예산을 세웁니다.
3. 실제 경매에 참여하여 가치관을 사고, 내가 산 가치의 입찰액을 적습니다. 사지 못한 가치의 낙찰액을 각각 적습니다.

번호	가치관 항목	우선순위	예상액	입찰액	낙찰액
1	만족스러운 결혼				
2	원하는 것을 할 수 있는 자유				
3	진정한 사랑				
4	직업에서의 성공				
5	삶의 의미를 이해할 수 있는 깊은 지혜				
6	직장에서의 자유				
7	전적으로 즐길 수 있는 한 달간의 휴가				
8	아름답고 평온한 멋진 별장				
9	일생을 만족스럽게 살 수 있는 경제적 상태				
10	경건하고 만족스러운 종교적 신앙				
11	나라의 운명을 좌우할 수 있는 권력				
12	친구들과 후배의 존경				
13	병 없이 오래 살 수 있는 건강				
14	원하는 것은 모두 알 수 있는 지식				
15	부정과 속임이 없는 정의로운 세상				
16	모두가 평등하게 살아갈 수 있는 세상				
17	완벽에 가까운 아름답고 매력적인 외모				
18	친구들과의 변함없는 우정				
19	훌륭한 요리솜씨				

■ 나의 가치관 경매 결과는

    1) 나는 ＿＿＿＿＿＿＿＿＿＿＿＿＿을 가장 소중하게 생각한다.

    2) 나는 ＿＿＿＿＿＿＿＿＿＿＿＿＿을 그다음으로 소중하게 생각한다.

    3) 나는 ＿＿＿＿＿＿＿＿＿＿＿＿＿을 가급적이면 포기하지 않는다.

■ 사고 싶었지만 사지 못한 가치가 있다면

    1) 사지 못한 이유는 무엇인가?

    _____

    _____

    2) 앞으로 이 가치를 실현하기 위해 겪게 될 어려움은 무엇일까?

    _____

    _____

    3) 그 어려움을 어떻게 극복할 수 있을까?

    _____

    _____

■ 가치관 경매를 마치며

    1) 나에겐 별로 중요하지 않지만 다른 사람들에게 중요한 가치관이 있는가?

    _____

    _____

    2) 그들과 나는 어떤 점이 다른가?

    _____

    _____

    3) 중요하게 여겨지는 가치관이 새로 생겼다면 어떤 것들이고 그 이유는 무엇인가?

    _____

    _____

제3장

진로설계를 위한 흥미 탐색

1. 꿈의 지도
2. 직업적 흥미 탐색하기

개요

　　이 장에서는 진로목표를 탐색해 나가는 과정에 대하여 알아보고자 한다. 꿈, 흥미, 성격, 능력 등이 진로의 방향을 결정하는 데 어떤 영향을 줄 수 있다. 이 장에서는 진로선택과정에서 가장 큰 영향을 미치는 자신의 흥미를 탐색해 볼 것이다. 연습문제를 통해 이미 선택했거나 앞으로 결정을 내리는 데 영향을 주는 요인들을 평가할 수 있고, 앞으로의 진로탐색활동을 더욱 합리적으로 개선할 수 있을 것이다.

제**3**장

진로설계를 위한 흥미 탐색

진로와 관련된 탐색활동은 자신이 원하는 삶을 위한 진로계획을 세워 나가는 과정에서 반드시 필요하다. 진로계획이란 복잡하고 힘든 세상을 살아가기 위한 목표를 설정하기 위해서는 자신이 누구이며, 어떤 장점을 가지고 있고, 하고 싶은 것은 무엇인지 등(복잡하고 힘든 세상을 잘 살아가기 위한 목표를 설정하는)의 기본적인 문제를 다루는 것이다. 삶의 목표를 찾아가는 동안 방해가 되는 요소 중 하나는 자신에 대해서 충분히 알고 있지 못하는 경우와 방대한 직업세계에서 다양한 진로대안을 접하지 못하는 경우다. 삶의 목표를 설정할 수 있으려면 흥미, 가치관, 능력, 성격 등 자신의 특성을 잘 파악해야 한다. 즉, 내면에 잠자고 있는 잠재력, 선호도, 포부가 잘 발휘될 수 있도록 다양한 가능성을 발견하고 그것을 잘 다듬어 나가야 한다.

흥미는 진로선택에서 가장 흔하게 그리고 가장 중요하게 고려되는 요소 중 하나다. 따라서 많은 사람이 자신의 흥미에 맞는 진로를 찾고 싶어 하고 이를 위해 자신의 흥미 발견에 관심을 갖는다. 특히 특정 직업에 대한 흥미를 의미하는 직업흥미의 탐색은 진로계획에서 가장 우선되어야 할 과제다. 이 장의 〈연습문제〉와 가능성을 찾기 위해 실시하는 진로 관련 심리검사는 자신에 대해 만족하고 있고 가능한 기회와 상황에 대해 잘 알고 있다고 가정하고 있다. 그러나 아직 준비가 되지 않은 학생들도 종종 있다. 진로와 관련된 경험도 없이 가능성을 구분하기란 쉽지 않은 일이다. 따라서 자신에 대해 만족하지 못하거나 잘 모르고 있을 경우 자기 내면을 바라볼 자신만의 시간을 먼저 가져야 한다. 그리고 최상의 결정을 이끌어 내기 위해서는 다양한 경험을 통해 기회와 상황에 대한 이해를 넓혀 가야 한다. 중요한 결정과 선택을 지금 당장 하려고 하기보다는, 자신의 진로계획을 위해서 자기탐색에 초점을 두고 새로운 경험과 함께 자신의 선호를 꾸준히 알아 나가는 것이 바람직하다.

1. 꿈의 지도

꿈은 사람들이 어떤 직업을 선택하는가를 가장 잘 예측해 주는 것으로 알려져 있다. 일반적으로 꿈에 너무 많이 치중하지 않도록 권고하지만, 꿈이 강력한 영향을 준다고 입증하는 증거들은 적지 않다. 또한 이러한 꿈은 삶의 진정한 목표를 향해 나아가고자 하는 사람들에게 진로탐색의 출발점이 될 수 있다.

〈연습문제 3.1〉과 〈연습문제 3.2〉는 각각 꿈과 관련된 여러분의 가능성을 탐색하는 활동이다. 〈연습문제 3.1〉은 여러분이 어린 시절부터 지금까지 꿈꾸어 온 직업에 대한 모든 이야기를 적어 보는 것이다. 아주 어린 시절 기억의 첫 출발점에서 시작하여 지금까지 자신의 가슴 속에 품어 온 다양한 꿈에 대한 추억을 더듬어서 꿈의 지도를 그려 나가면, 여러분이 원하는 것이 무엇인가에 대한 내면의 소리를 듣게 될 것이다. 〈연습문제 3.2〉는 꿈의 예측성을 설명하고 있는데, 앞으로 갖기를 간절히 바라거나 과거나 현재에 흥미가 있다고 다른 사람들에게 말한 적이 있는 직업을 다섯 가지 정도 적어 보는 것이다. 직업의 가지 수에 구애 받지 말고 더 많이 적어도 무방하다. 예를 들어, 여러분이 꿈에 그리던 배우, 패션디자이너, 프로게이머, 가수, 변호사, 수의사, 교사, 파일럿, 간호사, 로봇공학자, 운동선수 등 다양한 직업을 적을 수 있을 것이다. 다음으로 현재 여러분이 가장 매력적이라고 생각하는 직업부터 우선순위를 매겨 본다. 실현가능성에 상관없이 마음껏 적어 본 이 꿈의 목록은 아주 순수한 꿈을 의미할 것이다. 즉, 그것이 현실적이지는 않더라도 완전한 행복을 가져다줄 수 있는 진정한 꿈이란 것을 여러분은 알고 있다.

2. 직업적 흥미 탐색하기   55

미국의 지질학자 프레스톤 클라우드(Preston Cloud)는 꿈을 돋보기로 종이를 태우는 것에 비유했다. 돋보기의 초점을 맞추고 햇볕을 한곳에 모은 다음, 종이가 탈 때까지 돋보기를 손에 꼭 쥐는 것처럼 우리의 꿈도 그것을 이루려면 끝까지 포기하지 않고 굳은 신념을 지켜야 한다는 것이다. 이처럼 꿈에 의미를 부여하기 위해서는 우선 자신의 꿈에 대해 면밀히 살펴봐야 한다. 여기에는 여러분이 직업으로 추구할지도 모르는 것에 대한 중요한 단서들이 포함되어 있을 것이다. 그러므로 자신이 작성한 꿈의 목록을 주의해서 살펴보는 것은 의미가 있다. 여러분이 간절히 원하는 직업을 고려하면서, 각각의 꿈이나 선택이 적어도 하나 이상의 중요한 단서나 의미를 포함하고 있다고 생각해 보라. 그 후에 여러분이 적은 각각의 직업에 대해 다음 질문에 스스로 답해 보라.

- 이것은 지금도 여전히 중요한 꿈인가, 아니면 어떤 이유로 인해 지금은 빛이 바랜 흥미로 머물고 있는가? 그렇다면 무엇이 꿈을 변화하게 했는가?
- 진정으로 나 자신을 위한 꿈인가, 아니면 부모님이나 다른 가족들의 바람이나 요구 때문에 강요된 꿈인가?
- 얼마나 현실적이며 실현 가능한 꿈인가?
- 만일 실현 가능한 꿈이라면 그 꿈에 다가가기 위해서 지금 무엇을 할 수 있는가?
- 꿈을 실현시키는 데 장애물이 있는가? 있다면 구체적으로 어떤 어려움이 있는가?

2. 직업적 흥미 탐색하기

많은 사람은 자신이 좋아하는 것을 직업으로 갖기를 원하고, 자신이 하고 있는 일에서 재미를 느끼는 사람일수록 직업에 대한 만족도가 높은 경우가 많다. 이런 점에서 여러분이 고려해 보아야 하는 것이 바로 자신의 흥미다. 흥미는 꿈보다 좀 더 쉽게 평가할 수 있는 경우가 많고 측정할 수 있는 심리검사도 다양하다. 여기에서는 직업카드 분류활동과 자기보고식 심리검사에 대해 알아볼 것이다.

1) 직업카드 분류활동

직업카드를 이용한 직업흥미 탐색은 다양한 방법과 흥미로운 활동으로 학생들의 연령에 따라 알맞은 카드를 선정하여 사용할 수 있다. 현재 시중에는 초등학생용, 대학생 및 성인용 학과카드 등 다양한 카드가 판매되고 있다. 직업카드 분류활동은 자신을 이해하는 데 도움을 줄 수 있으며, 직업세계를 이해하는 데도 도움을 준다. 또한 합리적인 의사결정과정을 연습하는 기회가 될 수도 있다. 그뿐만 아니라 개별 직업에 대한 구체적 정보를 제공해 진로에 대한 흥미를 가지게 되며, 그 과정에 몰입할 수 있도록 하는 장점이 있다.

〈연습문제 3.3〉에서는 직업카드를 활용한 직업흥미 탐색의 과정을 안내한다. 제시된 지시문을 따라 직업카드 분류활동을 실시할 수 있다. 직업카드 분류활동과정을 통해 여러분의 흥미는 더욱 분명해질 것이다. 지시문에 따라 직업카드 분류활동을 솔직하고 주의 깊게 시행했다면 좋아하는 직업과 싫어하는 직업의 목록은 여러분의 흥미를 확인하는 출발점의 역할을 하고, 그 직업들을 추구하도록 하는 계기가 될 것이다.

직업카드가 없을 경우 친구들과 함께 직업카드를 직접 만들어 직업카드 분류활동을 실시해 볼 수도 있다. 각자 자신이 알고 있는 직업을 최대한 많이 써서 각 직업카드를 친구들 수만큼 만든 후에 서로 교환하여 직업카드 세트를 만들어 보자. 이 직업카드 세트를 가지고 〈연습문제 3.3〉의 분류활동을 그대로 진행해 본다. 서로 직업카드를 교환하는 과정에서 자신의 직업에 대한 이해가 어느 정도인지 파악할 수 있고, 미처 알지 못한 직업에 대해 친구들로부터 배울 수 있는 기회도 된다.

2) 홀랜드 모형을 통한 직업흥미 이해

좀 더 포괄적인 흥미검사를 원한다면 홀랜드 검사, 스트롱 검사, MCI 다면적 진로탐색검사 등을 활용할 수 있다. 대부분 대학의 경력개발센터나 웹 사이트에서 검사를 받을 수 있고, 노동부 직업선호도검사는 인터넷을 통해 실시가 가능하다. 검사 시간은 약 30분 정도가 소요되고, 보다 많은 직업에 대한 흥미, 기술, 능력을 확인할 수 있게 해 준다. 가능한 한 다음 내용을 학습하기 전에 검사를 먼저 실시해 보는 것이 좋다.

진로에 대한 탐색을 시작하게 되면 누구나 진로에는 너무나 많은 가능성이 있다는 것을 느끼게 되고, 심지어 이에 따른 심각한 고민까지 하게 된다. 홀랜드(J. Holland)는 진로탐색의 범위와 관점을 좁히는 하나의 방법을 제공했다. 여섯 가지 성격유형과 그에 적합한 여섯 가지 기본적 직업환경을 제안한 홀랜드 이론은 다음의 네 가지 가정에 기초한다.

- 대부분의 사람은 여섯 가지 성격유형—현실형(Realistic), 탐구형(Investigative), 예술형(Artistic), 사회형(Social), 진취형(Enterprising), 관습형(Conventional)—으로 설명할 수 있다. 이를 줄여 RIASEC로 명명하기도 한다. 각각의 성격유형은 환경에 직면했을 때 문제에 반응하는 태도나 기술에서는 물론 직업활동과 여가활동에 대한 선호, 삶의 목표, 가치 등에서도 일련의 특징을 나타낸다. 한 사람이 순수하게 하나의 유형에만 속하는 경우는 드물며, 오히려 한두 가지의 유형이 두드러지게 우세하고 다른 유형들이 부차적으로 섞인 혼합형을 많이 볼 수 있다.
- 직업환경 역시 현실형, 탐구형, 예술형, 사회형, 진취형, 관습형 환경으로 분류될 수 있다. 이러한 환경유형은 개인이 그 직업에서 일하는 방식에 따라 결정된다.
- 사람들은 자신에게 맞는 환경을 찾는다. 즉, 자신의 기술과 능력을 발휘하고, 태도와 가치를 표현하며, 자신에게 맞는 역할을 수행할 수 있는 환경을 찾는다.
- 성격과 환경의 상호작용이 행동으로 나타난다. 개인의 성격유형과 적합한 환경유형을 알면, 진로선택, 근속기간과 직업전환, 성취, 직무만족과 같은 중요한 결과를 예측할 수 있다.

홀랜드 이론은 이러한 가정에 기초하고 있으므로, 검사결과 어떤 흥미유형(홀랜드 코드)인가에 따라 그에 맞는 직업환경을 선택할 것을 추천한다. 여섯 가지 홀랜드 코드의 주요 내용은 다음과 같다.

현실형 R

운동능력이나 기계적인 능력을 가진 사람들로 물건, 도구, 기계, 동식물과 함께 옥외에서 일하는 것을 더 좋아한다.

예) 건축업자, 경찰관, 농장경영자, 엔지니어, 직업군인, 프로운동선수, 항공기 조종사, 공학자, 중장비 기사, 원예사, 조경사, 경호원

탐구형 I

관찰하기, 배우기, 탐구하기, 분석하기, 평가하기, 문제풀기를 좋아한다.

예) 과학계열 연구자, 과학교사, 의사, 물리학자, 대학교수, 수의사, 수학자, 심리학자, 의료기술자, 화학자, 천문학자, 치과의사, 약사

예술형 A

예술적 · 개혁적 · 직관적 능력을 가진 사람들로 구조화되지 않은 상황에서 일하기를 좋아하며 상상력과 창의력을 지니고 있다.

예) 건축설계사, 리포터, 만화가, 예능교사, 배우, 사진작가, 실내장식가, 엔터테이너, 카피라이터, 조각가, 작가, 디자이너, 유튜브 크리에이터, 무용가

사회형 S

사람들과 함께 일하기를 좋아하고 정보를 교환하며, 다른 사람을 가르치고 도와주기를 좋아하며, 교육, 훈련 및 돌보는 일을 잘하고 언어능력이 뛰어나다.

예) 간호사, 상담교사, 물리치료사, 레크리에이션 강사, 보육교사, 사회사업가, 중 · 고등학교교사, 진로상담가, 특수교육교사, 초등학교교사, 청소년단체 지도자, 호스피스

진취형 E

조직의 목표와 경제적인 이득을 위해 설득하고 영향력을 행사하며 일을 수행하고, 지도력이 있으며, 경영을 잘한다.

예) TV 아나운서, 경매업자, 마케팅 책임자, 광고대행업자, 매장관리자, 변호사, 부동산 중개인, 세일즈맨, 여행사 직원, 정치인, 홍보담당자

관습형 C

자료를 가지고 일하기를 좋아하는 사람들로 경리능력이 있고 지시에 따라 일을 처리하며 세밀한 일처리를 잘한다.

예) 공인회계사, 매장판매원, 비서, 문서 작성 및 편집자, 사무관리자, 재무분석가, 제품관리자, 은행원, 컴퓨터 프로그래머, 의료기록원

어떤 사람들은 이 여섯 가지 유형 중에서 다른 유형과 비교할 때 어느 하나에 더 끌릴 수 있다. 홀랜드 코드를 알아보는 검사를 실시했다면 어느 한두 코드의 점수가 뚜렷하게 높을 것이다. 이 경우에는 진로탐색과정이 비교적 순조로울 것이다. 또한 이런 사람들은 직업카드 분류활동을 통해서도 일관된 주제를 발견했을 가능성이 크고, 그 흥미유형에 적합한 직업들을 중요하게 고려하면 된다.

　그러나 뚜렷하게 끌리는 것이 없거나 검사결과에서도 어느 한쪽의 흥미가 뚜렷하기보다는 여섯 가지 흥미가 거의 유사한 사람도 있다. 이런 사람들은 뚜렷한 직업흥미를 갖지 않아 진로탐색과정에서 흥미를 가장 중요한 요소로 두지 않아도 되는 경우다. 이들은 여러 영역에 걸쳐 두루 흥미를 가지고 있기 때문에 어떤 일을 하더라도 재미있게 할 수 있다.

　다음으로 자신을 강하게 끌어들였던 코드들이 육각형에서 얼마나 흩어져 있는가를 살펴보아야 한다. [그림 3-1]의 육각형을 살펴보자. 육각형에서 서로 인접한 코드는 유사하고 쉽게 넘나들 수 있는 영역인 반면, 육각형의 반대편에 있는 코드로의 전환은 쉽지 않다. 만약 자신의 2개 코드가 육각형에서 서로 인접한다면 보다 쉽게 자신의 특성들과 조화될 수 있는 분야를 발견할 것이다. 그러나 만약 그 유형들이 인접해 있지 않다면 진로탐색은 좀 더 힘들 것이다. 예를 들면, 사회형(S)과 진취형(E)은 모두 다른 사람들과 일하기를 원한다. 이 둘은 어떤 방식으로 사람들과 일

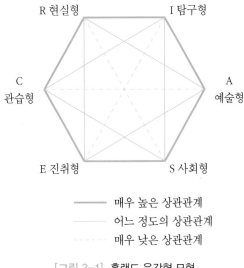

[그림 3-1] 홀랜드 육각형 모형

하는 것을 선호하는가에 따라 구분되는 것이다. 반면에 현실형(R)과 사회형(S), 또는 탐구형(I)과 진취형(E) 같이 서로 반대편에 있는 유형들은 서로 극단적으로 다르다는 것을 알 수 있다. 이렇게 서로 흩어진 영역에서 흥미를 갖는 경우는 인접한 흥미 영역에서 흥미를 보이는 경우보다 진로를 결정하기 어려울 수 있다. 흥미가 높은 유형들 중에 어느 것이 더 중요한지를 구분하기 어렵거나 두 유형을 통합하기 어려운 경우다. 두 유형 모두를 좋아할 수도 있겠지만 가장 중요한 하나를 선택해야만 한다. 어떤 사람들은 일 밖에서 추구하는 취미를 발전시킴으로써 반대 분야의 흥미를 만족시킬 수 있는 방법을 찾기도 한다.

요약　　어떤 진로가 앞으로 좋은 결과를 가지고 올 것인지 알기 위해서는 자신을 잘 아는 것에서 출발해야 한다. 개인이 가진 꿈, 흥미, 가치, 능력 등은 모두 앞으로 탐색해 나갈 진로의 방향에 대한 실마리를 제공한다. 이 장의 연습문제는 자신의 흥미를 보다 명확하게 알게 해 준다. 또한 자신을 아는 것과 함께 기회가 어디에 있는지도 알아야 한다. 다양한 진로정보를 통해 기회를 탐색하기 바란다.

▣ 참고자료

1. 『당신의 꿈은 무엇입니까: 김수영이 만난 25개국 365개의 꿈』(김수영 저, 꿈꾸는 지구, 2018)

2. 『당신의 파라슈트는 어떤 색깔입니까?』(리처드 넬슨 볼스 저, 조병주 역, 동도원, 2002)

3. 영화 〈옥토버 스카이〉

4. 영화 〈귀를 기울이면(耳をすませば)〉

5. 영화 〈화성아이 지구아빠〉

연습문제 3.1   내 꿈의 변천사

　지금부터 여러분의 어린 시절로 돌아가 보세요. 자신이 무엇이 되고 싶어 했는지 기억을 더듬어서 왜 그 일을 하고 싶어 했는지, 특별한 사건이나 영향을 준 사람이 있었는지, 있다면 함께 적어 봅시다. 초등학교, 중학교, 고등학교, 대학교 등으로 진학하면서 그 꿈은 어떻게 변화해 왔는지 타임머신을 타고 여러분이 가졌던 꿈을 탐험해 봅시다.

연습문제 3.2 **직업에 대한 포부**

1. 실현가능성에 상관없이 앞으로 자신의 직업으로 깊이 생각해 보고 싶은 직업 5개를 적어 보세요. 여러분이 꿈꾸었고 다른 사람과도 의논해 본 적이 있는 직업이면 더 좋습니다.

직업명	순위	4, 5, 6의 응답 내용

2. 위에 적은 직업 중 현재 가장 마음에 끌리는 직업부터 순위를 매겨 봅시다. 가장 강하게 매력을 느끼는 것에 '1', 다음으로 강한 것에 '2', 그다음에는 '3', …… '5' 순으로 순위를 표시하세요.

3. 부모, 절친한 친구, 배우자, 선생님, 친척 등 다른 사람들로부터 여러분이 잘할 것이라고 격려를 받거나 인정받은 직업들에 동그라미를 쳐 보세요.

4. 교육적으로나 금전적으로 또는 개인적인 사정 때문에 불가능해 보이는 직업에는 '불가능'이라고 표시하고 그 이유를 적어 보세요.

5. 현실적이지는 못하지만 재미있을 것 같은 여러분의 환상에 해당하는 직업에는 '환상'이라고 표시하고 그 이유를 적어 보세요.

6. 직업보다는 취미나 부업으로 더 알맞을 것으로 생각되는 직업에는 '취미'라고 표시하고 그 이유를 적어 보세요.

이러한 선택에서 나타난 주제를 다시 주의 깊게 살펴보고 싶을지도 모릅니다. 나중에 다시 사용할 수 있도록 이 목록을 잘 보관합시다.

연습문제 3.3   **직업카드 분류활동**

1. 직업카드를 한 장씩 살펴보면서 세 가지로 분류해 봅시다.

좋아하는 직업과 결정할 수 없는 직업 그리고 싫어하는 직업으로 분류하세요. 어떤 직업이 무엇을 의미하는지 잘 모를 때는 카드 뒷면에 수록된 간단한 설명을 참고할 수도 있습니다.

좋아하는 직업	결정할 수 없는 직업	싫어하는 직업
카드 개수: _____	카드 개수: _____	카드 개수: _____

2. 카드 분류를 마쳤으면 어떤 카드는 좋아하는 것으로, 어떤 카드는 싫어하는 것으로 분류한 이유, 즉 '주제'를 확인하는 단계로 넘어가 봅시다.

예를 들면, 아래에서 보는 것과 같이 그 직업을 가지면 좋아하는 아이들과 일을 할 수 있기 때문에 '유치원교사'를 비롯한 직업카드들을 좋아하는 직업으로 분류했을 수 있습니다. 이 경우에는 어떤 일을 할 것인가를 결정하는 데 있어서 '아이들(일의 대상)'이 중요한 주제가 된다는 것을 의미합니다. 이 외에도 그 일이 자신에게 '성취감'을 줄 것 같아서, '경제적인 보상'이 다른 직업에 비해 클 것으로 생각되어 좋아하는 직업으로 분류할 수도 있습니다. 좋아하는 직업에 대해서 주제별로 다시 분류해 보십시오.

	좋아하는 이유	직업명	주제
예	아이들을 좋아해서	유치원교사, 사회복지사, 간호사, 초등학교교사	아이들(대상)
1			
2			
3			
4			
5			
6			

같은 방법으로 싫어하는 직업에 대해서도 주제별로 다시 분류해 보세요. 예시로 제시된 것은 숫자를 싫어하거나 어릴 때부터 수학 성적이 좋지 않았기 때문에 '전자상거래전문가' 등의 직업카드를 싫어하는 직업으로 분류한 것입니다. 그렇다면 여기에서는 '숫자' 또는 '잘하지 못하는 일'이라는 주제가 확인됩니다.

	싫어하는 이유	직업명	주제
예	숫자를 싫어해서, 어릴 때부터 수학 성적이 좋지 않아서	전자상거래전문가, 손해사정인, 시장조사전문가	숫자(능력)
1			
2			
3			
4			
5			
6			

다음에 제시한 주제 목록은 다른 학생들이 이 연습문제를 통해 발견한 주제들입니다. 주제 목록을 만들 때 이 목록을 참고하여, 필요하면 자신의 목록에 포함시켜 보세요.

-성취	-경제적 보상	-감독	-직무
-진보	-새로운 일	-여행	-의미 유무
-자율성	-힘	-다양성	-스트레스
-이익	-지위	-가치	-구조
-도전	-책임감	-근무환경	-동물을 다루는 일
-요구되는 노력	-명확한 결과	-실외에서 하는 일	-숫자를 다루는 일
-재미	-안정성	-위치	-기계를 다루는 일

3. 자신에게 가장 중요한 주제에 대해 요약해 봅시다.

제4장

진로설계를 위한 능력과 재능 탐색

1. 능력에 대한 고려
2. 직업능력
3. 자기암시와 능력 신장

개요

　　진로선택을 위한 자기이해에서 중요한 부분 중 또 다른 한 가지 요소는 능력이다. 이 장에서는 직업을 구하는 데 필요한 능력의 의미, 능력 파악의 중요성, 다양한 종류의 능력 등에 대해 알아보고, 나아가 자신의 능력을 어떻게 신장시켜 나가야 할 것인가에 대해서도 생각해 볼 것이다.

제**4**장
진로설계를 위한 능력과 재능 탐색

능력이란 어떤 종류의 행동을 가능하게 하는 정신의 몇몇 고정적인 실체 또는 힘을 말하며, 오늘날의 심리학적 정의에 따르면 복잡한 운동능력이나 문제해결능력도 포함된다. 능력에는 일반적인 것과 특수한 것이 있다. 일반적 능력은 여러 종류의 개인에게 정도를 달리하여 나타나면서, 모든 종류의 작업에 일반적으로 영향을 준다. 특수 능력은 특수한 종류의 작업 또는 활동에만 관련되고 여러 가지 정도로 개인차가 나타난다. 진로선택에서는 능력과 유사한 개념으로 재능과 적성이라는 개념을 구분하여 사용하기도 하고 혼용하여 사용하기도 한다. 재능은 어떤 일을 하는 데 필요한 재주와 능력으로, 개인이 타고난 능력과 훈련에 의하여 획득한 능력을 아울러 이른다. 그리고 적성은 특수 능력을 일컫는 것으로, 어떤 직업 또는 직무수행에 필요한 특수한 능력을 뜻하며 직업과의 관련성에서 큰 비중을 차지한다. 진로에 필요한 역량으로는 직업기초능력, 직무수행능력, 구직기술이 대표적인데, 직업기초역량은 일반적 능력에, 직무수행능력은 특수 능력에 해당하고, 구직기술은 취업을 하기 위해 필요한 정보능력, 이력서 및 자기소개서 작성기술, 면접기술 등을 포함한다.

1. 능력에 대한 고려

진로탐색과정에서 사람들은 원하는 직업을 선택하기 위해 어떤 기술과 능력을 향상시키기도 하고, 이미 가지고 있는 능력과 기술을 발휘할 수 있는 진로를 선택하기도 한다. 어떤 분야에서 무엇인가를 향상시키려고 하면 어떤 일이든 쉬운 부분도 있고 또 어려운 부분도 있다. 대부분의 사람은 자신의 진로에서 잘하는 과제를 하고 싶어 하고 어려운 과제는 피할 것이다.

경영학의 아버지 피터 드러커(Peter F. Drucker) 교수가 주장하기를, 성과는 약점 보완보다는 강점을 강화하는 데서 산출된다고 했다. 사람은 누구나 남보다 잘할 수 있는 특정 분야의 재능을 가지고 있다. 그러나 필요한 재능을 다 갖출 수는 없다. 따라서 갖지 못한 재능을 갖추려는 노력보다는 자신이 가진 차별적 강점 강화에 더 많은 자원을 투자하는 게 보다 효과적이라 하겠다. 따라서 자신이 현재 가지고 있는 능력(또는 장점)이 무엇이고, 이를 가장 잘 발휘할 수 있는 직업이 무엇인지 찾아보는 것이 진로선택의 효율적 방법이다.

여러분이 무엇을 가장 잘하는지 스스로 알기 어렵기 때문에 객관적인 정보를 필요로 할 것이다. 대학의 경력개발센터나 웹 사이트를 통해 적성검사를 실시해 봄으로써 자신의 능력에 대한 정보를 얻을 수 있다. 또는 여기에 제시된 〈연습문제 4.1〉과 〈연습문제 4.2〉를 통해 자신의 능력과 강점에 대해 알아볼 수도 있다. 이런 능력에 대한 평가를 통해 여러 능력과 기술 가운데 자신이 잘하고 있는 부분을 확인하고 그에 맞는 진로대안을 찾아보기 바란다.

그뿐만 아니라 능력에 대한 평가는 부족한 부분에 대한 정보도 제공하기 때문에 더 보완할 부분에 대해서도 알 수 있다. 자신이 원하는 진로대안을 선택하기 위해 어떤 능력이 부족하고 어떤 능력을 더 보완해야 하는지에 대한 정보를 얻게 되는 것이다. 그러나 주의할 점은 자신의 약점을 보완할 때보다 강점을 강화할 때 성과가 더 잘 나타난다는 점이다. 대부분의 사람은 특정 분야의 재능을 가지고 있지만, 필요한 재능을 모두 갖출 수는 없다는 것을 알아야 할 것이다. 따라서 약점을 보완하는 과정에서도 자신이 가진 차별적 강점을 활용하고 동시에 강점을 신장시켜 나가는 노력을 기울여야 할 것이다.

2. 직업능력

직업을 선택하고, 일자리를 구하고, 거기에서 적응해 나가는 데 필요한 모든 능력을 일컬어 직업능력이라고 한다. 이러한 직업능력은 어떤 일에 종사하든지 공통적으로 필요한 직업기초능력, 특정 직무를 수행하는 데 필요한 직무수행능력, 자신에게 맞는 일자리를 구하는 데 필요한 구직기술로 크게 나눠 볼 수 있다. 자신의 능력을 탐색하거나 능력 함양을 계획할 때는 이 세 가지 영역 각각에 대해 알아보아야한다.

1) 직업기초능력

직업기초능력이란 직종이나 직위에 상관없이 대부분의 직종에서 직무를 성공적으로 수행하는 데 필요한 기본적인 지식이나 기술, 태도 등을 말한다. 피라미드 구조에서는 직급에 따라 차별화된 능력이 요구되지만, 다이아몬드 구조의 현대 사회는 다양한 직업기초능력을 요구한다. 예를 들면, 한국대학교육협의회(2015)에서는 국가직무능력표준(NCS)을 개발하여 〈표 4-1〉과 같은 다양한 직업기초능력을 정의하고 있다. 한국대학교육협의회에서는 대학생들이 갖추어야 할 직업기초능력의 하위 요소로 의사소통능력을 비롯한 열 가지 능력을 제시하고 각 능력을 보다 세분화하고 있다.

이와 같은 직업기초능력은 어떤 직업에서도 요구되는 매우 보편적인 능력이므로 진로선택이 완료되기 이전에도 충실하게 향상시켜 나가야 할 능력이라고 하겠다. 일반적으로 초등학교 시기부터 고등학교까지의 교육과정은 직업기초능력 함양에 초점을 맞추고 있으므로 주어진 교육과정을 충실히 따라가는 것이 직업기초능력 함양의 지름길이다.

표 4-1	직업기초능력의 영역별 정의 및 하위능력	
직무기초능력	정의	하위능력
의사소통 능력	업무를 수행함에 있어 글과 말을 읽고 들음으로써 다른 사람이 뜻한 바를 파악하고, 자기가 뜻한 바를 글과 말을 통해 정확하게 쓰거나 말하는 능력	문서이해능력, 문서작성능력, 경청능력, 언어구사능력, 기초외국어능력
수리능력	업무를 수행함에 있어 사칙연산, 통계, 확률의 의미를 정확하게 이해하고, 이를 업무에 적용하는 능력	기초연산능력, 기초통계능력, 도표분석능력, 도표작성능력
문제해결 능력	업무를 수행함에 있어 문제 상황이 발생하였을 경우, 창조적이고 논리적인 사고를 통하여 이를 올바르게 인식하고 적절히 해결하는 능력	사고력, 문제처리능력
자기개발 능력	업무를 추진하는 데 스스로를 관리하고 개발하는 능력	자아인식능력, 자기관리능력, 경력개발능력
자원관리 능력	업무를 수행하는 데 시간, 자본, 재료 및 시설, 인적자원 등의 자원 가운데 무엇이 얼마나 필요한지를 확인하고, 이용 가능한 자원을 최대한 수집하여 실제 업무에 어떻게 활용할 것인지를 계획하며, 이를 계획대로 업무 수행에 할당하는 능력	시간자원관리능력, 예산관리능력, 물적자원관리능력, 인적자원관리능력
대인관계 능력	업무를 수행함에 있어 접촉하게 되는 사람들과 문제를 일으키지 않고 원만하게 지내는 능력	팀워크능력, 리더십능력, 갈등관리능력, 협상능력, 고객서비스능력
정보능력	업무와 관련된 정보를 수집하고 이를 분석하여 의미있는 정보를 찾아내며, 의미 있는 정보를 업무수행에 적절하도록 조직하고, 조직된 정보를 관리하며, 업무수행에 이러한 정보를 활용하고, 이러한 제 과정에 컴퓨터를 사용하는 능력	컴퓨터활용능력, 정보처리능력
기술능력	업무를 수행함에 있어 도구, 장치 등을 포함하여 필요한 기술에는 어떠한 것들이 있는지 이해하고, 실제로 업무를 수행함에 있어 적절한 기술을 선택하여 적용하는 능력	기술이해능력, 기술선택능력, 기술적용능력
조직이해 능력	업무를 원활하게 수행하기 위해 국제적인 추세를 포함하여 조직의 체제와 경영에 대해 이해하는 능력	국제감각능력, 조직체제이해능력, 경영이해능력, 업무이해능력
직업윤리	업무를 수행함에 있어 원만한 직업생활을 위해 필요한 태도, 매너, 올바른 직업관	근로윤리, 공동체윤리

출처: 한국대학교육협의회(2015), p. 15.

2) 직무수행능력

　직무수행능력은 어떤 직업 또는 직무 수행에 필요한 특수한 능력을 뜻하며, 직업과의 관련성에서 큰 비중을 차지한다. 적성은 직무수행능력보다 조금 더 큰 범위의 능력을 지칭하는데, 특정 직무에만 특별히 필요한 기능이나 기술은 적성에 포함되지 않는다. 지능이 개인의 일반적인 능력이라면 적성은 특수한 능력에 속한다. 다른 조건이 동일할 경우 직업에 대한 적성이 높은 사람이 낮은 사람보다 직무수행을 더 잘할 수 있을 것이다. 개인의 적성은 언어능력, 공간지각력, 계산력, 추리력, 기계추리력, 척도 해독력, 수공능력, 기억력, 사무지각력, 형태지각력의 열 가지로 분류할 수 있는데, 직업을 선택할 경우 자신의 적성 요인들을 적절히 고려하여 신중하게 결정하여야 한다.

　자신의 적성을 알아보기 위해서는, 평소 자신의 소질을 이미 알고 있는 경우도 있을 것이고, 주변에서 특별히 재주가 있다는 말이나 칭찬을 받은 부분에 대해 자신의 적성을 주관적으로 이해하는 방법과 검사를 통해 객관적으로 이해하는 방법이 있다. 요구되는 적성에 따른 직업을 알기 쉽게 〈표 4-2〉와 같이 12항목으로 나눌 수 있고, 적성검사를 통해 자신의 적성을 확인할 수 있다. 또한 한 가지 직업에 한 가지 적성만 필요한 것은 아니다. 사회가 복잡해질수록 그리고 전문화될수록 다양한 적성과 재능이 요구되고 있으며, 복합적인 능력의 필요성이 대두되고 있다.

　적성보다 세밀한 능력은 특정 직무수행에 필요한 기능이나 기술이다. 특히 전문적인 기술이 요구되는 분야는 능력의 준거를 제시하는 자격증 제도를 두고 있다. 자격증을 취득해야만 진입할 수 있는 일을 하고 싶다면 무엇보다 자격증 취득이 선행되어야 한다. 따라서 자신이 하고 싶은 일에 필요한 자격증이 있는지 알아보고, 자격증이 필요한 경우 자격증 취득을 위한 조건을 확인하고, 자격증 취득에 필요한 능력 신장에 노력을 기울여야 한다. 자격증의 종류에 따라 다르지만, 자격증에 따라서는 특정한 교육기관을 거쳐야 하는 경우도 있고, 직업훈련과정이 마련되어 있는 경우도 있으므로 이에 대한 정보탐색도 필요하다. 우리나라 자격제도에 대한 정보는 한국산업인력공단에서 운영하는 자격증 포털 사이트인 큐넷(http://www.q-net.or.kr)에서 종합적으로 제공되고 있다.

표 4-2	적성별 직업
인문계열의 전문직	판사, 검사, 변호사, 공인회계사, 세무사, 평론가, 논설위원, 뉴스해설가, 방송기획원, 사법경찰관, 작가, 신문잡지편집원, 라디오 TV 편성원, 신문기자, 시나리오 작가
언어능력이 요구되는 사무직	공보담당자, 채용훈련 사무원, 카운슬러, 세일즈맨, 신용조사원, 서비스직 사무원, 접수 안내계 사무원
전문과학계열 전문직	자연과학 기술자, 자연과학 연구가, 의사, 항공기 조종사, 항해사, 전자계산기 기술자, 전자계산기 분해조작 기술자, 선박 기관사, 항공기 기관사, 위생 검사기사, 물리치료사
수리능력의 일반사무직	전문적 경리 사무원, 회계감시계, 회계계, 통계자료 기획분석 사무원, 부동산 평가계, 일반경리 사무원, 대부계, 펀드매니저, 검량원, 창고계, 수하계
기계적 사무직	속기사, 무선통신사, 카드분류기 조작원, 식자공, 제판공, 조판공
기계장치의 운전 및 공안직	자동차 운수수, 건설기계 운전수, 농업기계 운전수, 직업군인, 경찰관, 소방관, 해양경찰관, 철도공안원, 윤전기 인쇄공, 자동제어기계 조작원, 석유정제공, 가스정제공
일반적 판단과 주의력을 필요로 하는 직업	보건원, 조산원, 간호원, 비서, 여객전무, 항공기 안내원, 점원, 판매원, 가사 도우미, 관광버스 안내원, 우편배달부, 수위, 경비원, 철도경비원
설계제도 및 전기 관계직	설계자(토목, 건축, 선박, 항공기체, 기관차, 자동차 등 수송기계), 각종 장치, 기계기구, 제도공, 발전공, 배전공, 변전공, 송전공, 동력선 가설공, 전기공
제판 및 제화직	문선공, 사진제판공, 석판공, 제도공, 현도공
검사 및 선별공	검사공(전기기기, 기계조립, 음·식료품, 제사, 방직), 선별공
조형 및 손재치를 위주로 하는 직업	전기통신기, 조립공, 수선공, 전자기기 조립공, 수리공, 시계 수리공, 광학기계 조립공, 양복 봉제공, 귀금속 옥석 세공공, 가구공, 선반공, 기계 수리공, 항공기 조립 정비공, 자동차 수리공, 자동차 정비공, 판금공, 목공, 미장공, 도로 포장공, 건축석공
육체노동직	주형공, 주물공, 용접공, 자동차 조립공, 선박 도장공, 악기 제조공, 벽돌공, 타일공, 임업종사자, 어업종사자, 광부, 운반부, 가스공급인, 도장공, 포장공, 미싱공

3) 구직기술

취업을 하기 위해 필요한 능력을 구직기술이라고 한다. 구직기술은 취업을 위한 직업정보 및 구인정보 탐색에서부터 이력서 작성, 자기소개서 작성, 면접준비까지 취업의 전 과정에서 필요한 능력이다. 구직기술을 처음부터 갖추고 있는 사람들은 거의 없기 때문에 취업에 성공하기 위한 구직기술 습득은 필수적 과정이다. 이 책에서도 구직기술과 관련된 내용을 제7장부터 다루고 있으므로 차근차근 하나씩 학습해 나갈 수 있을 것이다.

3. 자기암시와 능력 신장

때로 능력의 신장 없이는 자신이 원하는 진로에 진입하기 어려운 경우도 있다. 이런 상황에서 어떤 사람들은 자신이 원하는 진로를 포기하지만, 어떤 사람은 능력 신장에 매진할 것이다. 자신이 원하는 진로에 대한 확신이 없거나 포기하려 한다면, 자신의 능력으로 진입 가능한 진로에 먼저 진입한 다음, 그곳을 발판으로 삼아 더 나아가는 방법을 생각해 보기 바란다. 그리고 능력 신장에 매진할 사람들은 모든 시간과 노력을 진입 자체보다는 능력 신장에 투자해야 한다. 이때 주의해야 할 점은 처음부터 너무 높은 목표를 설정하지 말고 성취하기 쉬운 작은 목표를 단계별로 설정하여 차근차근 목표를 성취해 나가야 한다는 점이다.

능력 신장을 위한 노력의 또 다른 측면은 그 가능성에 대한 스스로의 신념이다. 동양에서는 오래전에 일체유심조(一切唯心造)라 하여 마음이 모든 것을 지배한다고 믿었다. 내가 맘껏 창조하는 생각이 바로 내가 바라는 세상을 만들어 간다는 것이다. 같은 현상을 서양에서는 자성예언이론 또는 피그말리온 효과라고 명명하는데, 자신이 생각하는 대로 또는 믿는 대로 어떤 일의 결과가 나타나는 현상을 말한다. 온 우주를 통틀어 가장 고귀한 존재는 바로 '나'라는 사실을 상기하면서 매사에 할 수 있는 능력에 대해 스스로 한계를 짓지 말아야 한다는 교훈을 주는 이야기들이다. 사람에게는 확실히 할 수 있는 일과 할 수 없는 일이 있다. 그러나 '적성에 안 맞는다.' '타고난 재주가 없다.' '실력이 안 된다.'라는 이유로 스스로 울타리를 세우고 그 안에 갇혀 있는 경우도 많다. 어쩌면 '할 수 없는' 이유를 열심히 찾아 헤맨 끝에 나중에 '할 수 없었다'고 변명하려는 것인지도 모른다. 지금까지 '할 수 없다'고 생각하고 '하지 않았던 일' 가운데 '할 수 있는 일'이 많았을 것이다. 때로는 그런 관점에서 자신의 생활방식을 다시 바라볼 필요가 있다. 여러분이 '여기까지'라고 생각하는 한계는 결코 진짜 한계가 아니다. 타고난 유전자는 겨우 3%밖에 영향을 미치지 못하므로 무슨 일이든 '할 수 있다'고 마음먹고 도전해 보기 바란다.

요약

현대 사회는 인재전쟁이라는 신조어가 생겨날 만큼 인재에 대한 광범위한 수요와 함께 각 개인의 특별한 재능을 원한다. 재능 있는 개인은 입직할 때는 물론 그들의 직장생활에 대한 기대치를 단계적으로 증가시킬 수 있는 협상력을 가지게 된다. 따라서 자신이 원하는 일자리에서 요구하는 능력이 무엇인지 파악하고 그 능력을 신장시킬 수 있도록 갈고 닦는 노력은 진로탐색에서 가장 집중해야 할 일이다. 기존의 능력에 대한 단순한 개념을 넘어 대인관계기술, 협상기술, 조직력, 유머감각 등 우리 생활에서 요구되는 능력의 종류는 다양하다. 하나씩 계획을 세워 차근차근 필요한 역량을 키워 나가기 바란다.

▣ 참고자료

1. 『아주 작은 습관의 힘: 최고의 변화는 어떻게 만들어지는가』(제임스 클리어 저, 이한이 역, 비즈니스북스, 2019)

2. 『4년제 대학 NCS 활용 가이드』(한국대학교육협의회, 2015)

3. 『아웃라이어: 성공의 기회를 발견한 사람들』(말콤 글래드웰 저, 노정태 역, 김영사, 2009)

4. 영화 〈블라인드 사이드〉

5. 영화 〈위플래쉬〉

6. 직업훈련포털 HRD넷(http://www.hrd.go.kr)

연습문제 4.1 능력과 기술 평가하기

여기에 제시된 능력과 기술은 6개의 홀랜드 흥미유형 및 직업 영역과 관련됩니다. 아래의 열두 가지 능력 또는 기술은 홀랜드 유형의 R‒I‒A‒S‒E‒C 순서대로 나열되어 있습니다.

- 각 영역의 능력이나 기술을 얼마나 많이 가지고 있는지 표시해 보세요. 해당 능력이나 기술이 '상' 수준이라면 3에, '중' 수준이라면 2에, '하' 수준이라면 1에 표시합니다.
- 응답을 마치면 각 영역별로 점수를 합산하여 총점란에 적습니다.
- 홀랜드 검사결과란에는 여러분이 받아 본 홀랜드 검사결과 나타난 홀랜드 코드의 순위를 적습니다.
- 능력과 기술의 홀랜드 코드와 검사에서 얻은 여러분의 흥미 코드를 비교해 보세요.
- 두 코드가 일치한다면 능력과 흥미의 영역이 일치하여 진로결정이 순조로울 것입니다. 그러나 두 코드가 일치하지 않을 경우에는 능력과 흥미의 차이를 진로결정과정에서 어떻게 다루어 나갈 것인지에 대해 생각해 보아야 합니다.

능력 · 기술	3	2	1	총점	홀랜드 코드	홀랜드 검사결과
1. 기계를 다루는 기술					R	
2. 손으로 하는 기술						
3. 과학적 능력					I	
4. 계산능력						
5. 예술적 재능					A	
6. 음악적 재능						
7. 가르치는 능력					S	
8. 다른 사람을 이해하는 능력						
9. 영업능력					E	
10. 경영능력						
11. 서기능력					C	
12. 일반 사무능력						

연습문제 4.2 **나의 강점 평가하기**

다음은 여러분이 스스로의 강점을 열네 가지 영역에서 찾아 나가는 평가지입니다. 각 문항을 읽고 여러분의 강점 또는 잠재력에 대해 '전혀 없다' '거의 없다' '조금 있다' '매우 많다'로 응답합니다. 각 문항에 기술된 강점을 얼마나 가지고 있는지 생각해 보고, 각 문항의 해당란에 ○표 하세요. 또한 앞으로 강점을 지닐 수 있는 가능성에 대해 생각해 보고, 그 정도에 해당하는 란에 △표를 하세요. 어떤 문항에 대해서는 ○와 △를 같은 란에 적을 수도 있습니다.

어떤 강점 항목에 대해서는 반드시 구체적인 정보를 적어야 합니다. 각 영역마다 여러분이 강점이라고 알고 있거나 앞으로 그 가능성에 대해 생각하는 것을 적는 공간이 있으니 거기도 채워 보세요. 여러분을 잘 알고 있는 사람과 함께 이 평가지를 완성하는 것도 좋은 방법입니다. 이때 함께하는 사람은 여러분의 강점에 대한 판단 내용을 다른 색깔로 표시하면 됩니다.

1. 운동능력

1) 적극적으로 참여하거나 즐기고 있는 스포츠 활동(농구, 축구, 야구, 배드민턴 등), 야외활동(등산, 인라인스케이팅, 래프팅 등), 건강관리를 위한 활동(헬스, 마사지, 요가 등)을 적어 보세요.

활동 이름	빈도 (가끔, 1년 내내)	이 영역에서의 나의 강점			
		전혀 없다	거의 없다	조금 있다	매우 많다

2) 앞으로 더 하고 싶은 활동이 있으면 적어 보세요.

활동 이름	빈도 (가끔, 1년 내내)	이 영역에서의 나의 강점			
		전혀 없다	거의 없다	조금 있다	매우 많다

2. 여가능력

1) 취미활동을 하면서 시간을 보내는 것을 여가라고 합니다. 취미에는 시간과 육체적인 노력을 많이 들여서 하는 활동, 칭찬이나 인정을 많이 받는 활동, 도자기 공예나 보석가공처럼 지도나 훈련을 받아서 하는 활동, 시간과 지적인 노력을 필요로 하는 활동 등이 있습니다. 이 중에서 어느 것 하나만 가지고 있어도 취미라고 합니다. 어떤 취미를 가지고 있는지 취미란에 적어 보세요.

취미 이름	이 영역에서의 나의 강점			
	전혀 없다	거의 없다	조금 있다	매우 많다

2) 여가시간에 하고 싶은 취미가 있다면 더 적어 보세요.

취미 이름	이 영역에서의 나의 강점			
	전혀 없다	거의 없다	조금 있다	매우 많다

3. 감상능력

	이 영역에서의 나의 강점			
	전혀 없다	거의 없다	조금 있다	매우 많다
1) 축구나 야구 경기 등 운동경기를 정기적으로 보러 간다.				
2) 연극, 영화, 강연, 우수한 TV 프로그램, 교육 프로그램을 찾아서 본다.				
3) 매년 소설, 희곡, 시, 전기문, 역사, 시대 흐름에 관한 여러 권의 책을 읽는다.				
4) 매달 시사 잡지, 가족 잡지, 문학 잡지 등 여러 종류의 잡지를 읽는다.				
5) 매일 신문과 뉴스를 챙겨서 본다.				
6) 박물관, 미술관 등을 즐겨 다닌다.				

4. 예술적 및 심미적 능력

	이 영역에서의 나의 강점			
	전혀 없다	거의 없다	조금 있다	매우 많다
1) 대중음악이나 고전음악을 감상할 줄 안다.				
2) 밴드에서 악기를 연주하거나 사람들이 즐거워하도록 악기를 연주할 수 있다.				
3) 연극이나 드라마 제작에 참여한다.				
4) 소설, 수필, 신문기사, 시를 쓴다.				
5) 댄스 모임에 적극적으로 참여한다.				
6) 유화, 수채화, 스케치, 드로잉, 만화 등 그림을 그릴 수 있다.				
7) 흙, 돌, 나무 등과 같은 재료로 조각을 한다.				
8) 도자기 공예, 구슬 공예, 수예 등의 예술작품을 만든다.				
9) 예술작품을 이용하여 실내 장식을 한다.				
10) 음악을 작곡한다.				
11) 자연의 아름다움을 알고, 이를 즐긴다.				
12) 예술작품과 사물의 아름다움을 알고, 이를 즐긴다.				
13) 개성을 통해 표현한 아름다움을 알고, 이를 즐긴다.				

5. 육체적 건강 및 체력

	이 영역에서의 나의 강점			
	전혀 없다	거의 없다	조금 있다	매우 많다
1) 육체적으로 힘든 노동에 적합한 신체를 가졌으며, 육체노동을 할 수 있다.				
2) 규칙적인 생활을 한다.				
3) 정기적으로 신체검사와 건강검진을 받아 건강을 유지한다.				
4) 예방주사를 빠지지 않고 맞는다.				
5) 활동 수준과 연령에 맞도록 영양섭취를 하며, 식이요법과 운동을 통해 건강을 유지한다.				
6) 의료서비스를 받고, 필요하다면 즉시 정신치료나 전문적 도움을 구한다.				
7) 대체로 활기찬 생활을 한다.				
8) 건강관리를 위해 음주와 흡연을 줄인다.				

6. 지적 능력

	이 영역에서의 나의 강점			
	전혀 없다	거의 없다	조금 있다	매우 많다
1) 문제해결과정에서 추론능력을 사용한다.				
2) 지적 호기심이 있다.				
3) 다른 사람의 지적 호기심을 자극하고 발달시킨다.				
4) 말이나 글로 생각을 명확하게 표현한다.				
5) 다른 사람, 책, 기타 정보원이 제공하는 새로운 정보를 잘 받아들인다.				
6) 다양한 독서, 토론, 대화를 통해 지식을 확장시킨다.				
7) 독창적이고 창의적인 생각을 한다.				
8) 지적 능력을 향상시키는 강좌, 프로그램, 활동에 참여한다.				
9) 배우는 것을 좋아한다.				

7. 조직화능력

	이 영역에서의 나의 강점			
	전혀 없다	거의 없다	조금 있다	매우 많다
1) 우선순위를 정하고, 중요한 것부터 먼저 처리한다.				
2) 문제를 해결하기 위한 계획을 세우고, 이를 실행할 수 있는 구체적인 단계를 따른다.				
3) 현실성 있는 단기 및 장기 목표를 세운다.				
4) 장단기 목표를 달성하기 위해 자원, 힘, 시간을 조직한다.				
5) 아주 세부적인 일에 필요한 세부사항을 수행하거나 지시할 수 있다.				
6) 조직, 사업, 산업에서 사람들을 참여시키고, 그들의 능력을 발휘할 수 있도록 한다.				
7) 학교에서 임원을 맡은 적이 있다.				
8) 기획을 하거나 프로젝트의 계획을 세운 경험이 있다.				
9) 동호회, 사회단체, 정당 등을 조직해 본 경험이 있다.				
10) 사교적 모임이나 교회 등에서 임원을 맡은 적이 있다.				

8. 창의력

	이 영역에서의 나의 강점			
	전혀 없다	거의 없다	조금 있다	매우 많다
1) 일상생활에서 새로운 의견을 내거나 일을 할 때 창의력과 상상력을 활용한다.				
2) 학교생활을 하면서 새로운 의견을 낼 때 창의력과 상상력을 활용한다.				
3) 다른 사람으로부터 창의적이라는 이야기를 듣는다.				
4) 일상에서 어떤 방법으로든 상상력과 창의력을 개발하고 확장하기 위해 노력한다.				
5) 혼자 있을 때 독창적이고 독립적인 사고를 하려고 노력한다.				
6) 작문, 그림, 조각, 댄스, 음악 등을 통해 창의력과 상상력을 표현한다.				

9. 정서적 능력

	이 영역에서의 나의 강점			
	전혀 없다	거의 없다	조금 있다	매우 많다
1) 온정, 애정, 사랑을 줄 수 있다.				
2) 온정, 애정, 사랑을 받을 수 있다.				
3) 화가 날 때 솔직히 표현할 수 있다.				
4) 상대방의 화나 적개심을 받아들일 수 있다.				
5) 여러 가지 감정을 폭넓게 느낄 수 있다.				
6) 여러 가지 감정을 다양하고 적절하게 표현할 수 있다.				
7) 다른 사람의 감정에 민감하게 반응한다.				
8) 순간적인 자극에 꾸밈없이 즉각적으로 반응할 수 있다.				
9) 느낌이나 감정을 일상생활 속에서 효율적으로 활용한다.				
10) 다른 사람의 감정에 공감하고 이를 표현할 수 있다.				

10. 대인관계능력

	이 영역에서의 나의 강점			
	전혀 없다	거의 없다	조금 있다	매우 많다
1) 처음 만나는 사람과도 자유롭게 대화할 수 있다.				
2) 많은 시간을 사람들과 어울리며 보낸다.				
3) 주위 사람들과 좋은 관계를 맺고 있다.				
4) 보답을 바라지 않고, 다른 사람들을 돕거나 그들을 위해 무엇인가 하려고 한다.				
5) 사람들에게 친절하고 상냥하다.				
6) 사람들을 배려하고, 존중하며, 예의 바르게 행동한다.				
7) 타인의 말을 주의 깊게 경청한다.				
8) 타인의 요구나 감정에 민감하게 반응한다.				
9) 인내심을 갖고 타인을 대한다.				
10) 다른 사람에게 요청사항을 말하고, 필요하다면 맞서거나, 설득하거나, 거절한다.				
11) 타인의 단점이나 문제뿐만 아니라 강점, 능력, 잠재력을 이야기해 준다.				
12) 연령, 성별, 신념, 종교와 관계없이 사람들과 사귄다.				
13) 다른 사람들에게 그들을 좋아한다는 감정을 표현할 수 있다.				

11. 성격

	이 영역에서의 나의 강점			
	전혀 없다	거의 없다	조금 있다	매우 많다
1) 직감 내지 직관에 의존하여 신속하고 비약적으로 일처리를 한다.				
2) 오감(시각, 청각, 미각, 후각, 촉각)에 의존하여 정확하고 철저하게 일처리를 한다.				
3) 논리적이고 분석적으로 사실을 판단한다.				
4) 감정이나 관계에 초점을 두고 상황에 따라 결정한다.				
5) 사교적이고 적극적이다.				
6) 조용하고 신중하다.				
7) 명확한 목적과 방향이 있어 철저하고 체계적이다.				
8) 상황에 따라 자율적이며 융통성이 있다.				
9) 식물을 키우거나 잘 돌본다.				
10) 동물과 함께 지내거나 잘 돌본다.				
11) 다른 사람을 설득하여 자신이 원하는 것을 하게 한다.				
12) 아이들을 가르치거나 성인을 교육하는 데 재능이 있다.				
13) 기계를 잘 다룬다.				

12. 가족 및 친구와의 관계

	이 영역에서의 나의 강점			
	전혀 없다	거의 없다	조금 있다	매우 많다
1) 부모님이나 친구의 부모님과 친밀한 관계를 맺고 있다.				
2) 미래를 생각해 볼 만한 이성친구가 있다.				
3) 가족들은 성실하고, 서로 도우며, 화목하다.				
4) 다른 친척들과 친밀한 관계를 맺고 있다.				
5) 나를 사랑하고 이해하며 관심을 보이는 친구가 있다.				
6) 위기 상황에서 의지할 수 있는 친한 친구가 있다.				
7) 대인관계가 원만하다.				

13. 다른 강점들

	이 영역에서의 나의 강점			
	전혀 없다	거의 없다	조금 있다	매우 많다
1) 학교, 가정, 기타 다른 곳에서 사람들을 만날 때 유머를 사용한다.				
2) 나를 놀림감으로 만드는 농담을 할 수 있다.				
3) 새로운 영역을 탐험하거나 또는 새로운 시도를 해 보는 모험이나 개척을 좋아한다. 예를 들면, _____ _____ _____				
4) 좌절, 위기, 역경을 통해 성장하거나 위기를 기회로 바꿀 수 있다.				
5) 장애나 방해에도 불구하고 인내심을 발휘하여 과제나 목표에 매달린다.				
6) 리더십을 발휘하여 일을 성사시킨다.				
7) 어떤 상황에서 누구와 일을 해도 솔선수범한다.				
8) 내 자신, 행동, 신념을 비판적으로 바라보는 자기비판, 자기평가를 한다.				
9) 다수의 의견에 반대할 수 있다.				
10) 투자, 저축 등 돈을 관리하는 능력이 있다.				
11) 여행이나 독서를 통해 언어나 다른 문화를 알고 있다.				
12) 사람들 앞에 나서서 나의 의견을 발표할 수 있다.				

14. 교육 영역

1) 고등학교 졸업 후 대학(교)교육

대학(교)재학 기간 ＿＿＿＿＿＿＿ 년 ～ ＿＿＿＿＿＿＿ 년 (총 　 년)

학위 ＿＿＿＿＿＿＿＿＿　　학교명 ＿＿＿＿＿＿＿＿＿

2) 직업 및 기술 훈련과정 이수나 자격과정 수료

훈련과정	훈련기간 년 월 ~ 년 월
＿＿＿＿＿＿＿＿＿＿＿＿＿＿＿	＿＿＿＿＿＿＿＿＿＿＿＿＿＿＿
＿＿＿＿＿＿＿＿＿＿＿＿＿＿＿	＿＿＿＿＿＿＿＿＿＿＿＿＿＿＿
＿＿＿＿＿＿＿＿＿＿＿＿＿＿＿	＿＿＿＿＿＿＿＿＿＿＿＿＿＿＿
＿＿＿＿＿＿＿＿＿＿＿＿＿＿＿	＿＿＿＿＿＿＿＿＿＿＿＿＿＿＿

3) 교육 및 훈련을 받는 동안의 우수한 성적이나 성과, 장학금

우수한 성적, 성과, 장학금	수여기간 년 월 ~ 년 월
＿＿＿＿＿＿＿＿＿＿＿＿＿＿＿	＿＿＿＿＿＿＿＿＿＿＿＿＿＿＿
＿＿＿＿＿＿＿＿＿＿＿＿＿＿＿	＿＿＿＿＿＿＿＿＿＿＿＿＿＿＿
＿＿＿＿＿＿＿＿＿＿＿＿＿＿＿	＿＿＿＿＿＿＿＿＿＿＿＿＿＿＿
＿＿＿＿＿＿＿＿＿＿＿＿＿＿＿	＿＿＿＿＿＿＿＿＿＿＿＿＿＿＿

4) 직장경험(아르바이트, 임시직, 직장체험 프로그램, 자원봉사 등)을 하면서 받은 직업 훈련이나 기타 훈련

훈련 내용	훈련기간 년 월 ~ 년 월
＿＿＿＿＿＿＿＿＿＿＿＿＿＿＿	＿＿＿＿＿＿＿＿＿＿＿＿＿＿＿
＿＿＿＿＿＿＿＿＿＿＿＿＿＿＿	＿＿＿＿＿＿＿＿＿＿＿＿＿＿＿
＿＿＿＿＿＿＿＿＿＿＿＿＿＿＿	＿＿＿＿＿＿＿＿＿＿＿＿＿＿＿
＿＿＿＿＿＿＿＿＿＿＿＿＿＿＿	＿＿＿＿＿＿＿＿＿＿＿＿＿＿＿

5) 학원, 세미나, 특강, 워크숍, 교육방송, 어학연수 등 특별한 과정

과정 내용	기간
	년 월~ 년 월
_____	_____
_____	_____
_____	_____
_____	_____
_____	_____

6) 광범위한 연구와 체계적인 독서를 통한 전문 및 일반 분야에 대한 자기주도학습
(기업체 작품 공모전이나 논문 작성, 학회활동 등을 위한 준비)

내용	기간
	년 월~ 년 월
_____	_____
_____	_____
_____	_____
_____	_____
_____	_____

7) 교사, 코치, 지도자로서 참여한 기타 교육 및 훈련

역할	교육 및 훈련 내용	기간
		년 월~ 년 월
_____	_____	_____
_____	_____	_____
_____	_____	_____
_____	_____	_____
_____	_____	_____

제5장

성역할과 진로선택

1. 성역할과 성역할 사회화
2. 성역할 사회화와 진로선택
3. 성역할 고정관념으로 인해 잃어버린 꿈
4. 성역할 사회화의 긍정적 측면

개요

　　이 장은 성역할이라는 맥락 속에서 자신을 탐색해 볼 수 있는 기회를 제공한다. 소년으로서 또는 소녀로서 어떻게 자라 왔는지가 각자의 진로선택에 많은 영향을 미쳤을 것이고, 지금도 영향을 미치고 있을 것이다. 이 장에서는 성역할 사회화 과정의 결과, 남성과 여성이 각각 경험하게 되는 진로선택, 진로결정, 진로적응의 문제나 어려움은 어떤 것인지 살펴보고, 성역할 사회화의 긍정적인 측면도 생각해 볼 것이다.

제**5**장

성역할과 진로선택

어린 시절 내가 좀 더 용감하게 나의 길을 선택하지 못한 것이 후회된다. 나는 착하고 얌전하게 부모님 말씀을 거역하지 않는 것이 딸의 도리라고 생각했다. 정작 내가 하고 싶은 운동이나 기계를 만지는 일은 해 볼 생각조차 하지 못했다. 조금 늦었지만 내가 하고 싶은 일을 시작할 수 있어서 지금 행복하다.

－굴삭기 기사 금민지(28세)

과거의 모든 것이 성역할의 고정관념 속에 있었다고 생각한다. 부모님은 내게 남자다움에 대해 늘 강조하신다. 지금도 나는 한 집안의 장손으로서 더 당당하고 권위를 지키며 남자다워야 한다고 스스로 느끼고 있다. 어릴 때부터 나는 내게 어려운 일이 닥쳐도 혼자 해결해야만 했다. 힘들다거나 도와 달라는 말은 남자답지 못하다고 생각했다. 그리고 대학생이 된 지금도 종종 영화를 보거나 시험을 보고 난 다음, 나의 속내를 마음껏 표현하지 못한다.

－공학을 전공하는 박정우(22세)

이 사례들은 성역할 사회화가 개인의 직업선택에 어떤 영향을 미칠 수 있는지 보여 주고 있다. 학교선택, 학과(전공)선택, 직업선택, 유학결정 등의 의사결정과정에서 많은 사람이 유사한 경험을 한다. 이와 같이 남성인지 여성인지가 개인의 진로에 어떤 영향을 미치는지에 관해 이 장에서 다루어 볼 것이다.

1. 성역할과 성역할 사회화

성역할이란 한 개인이 속해 있는 사회의 '문화가 성별에 따라 적절한 것이라고 규정하는 행동이나 태도에 대한 기대'를 의미한다. 즉, 한 문화 안에서 남녀를 구분 짓는 특성에 대해 사람들 사이에 합의된 관념에 따른 '남성다운' 또는 '여성다운' 행동과 태도를 말한다.

사회는 인간을 생물학적 성에 의해서 남성과 여성으로 구분한 후, 이를 근거로 역할을 달리 수행하도록 기대하는데, 이러한 성역할은 어려서부터 성역할 사회화 과정을 통해서 습득된다.

한 아이가 태어나고 자라나는 과정에서 사회는 그 아이가 성역할 고정관념에 따라 자신에게 적합한 성역할을 배우고 그 테두리 안에서 살아갈 것을 기대하고 요구한다. 한마디로 성역할 사회화란 여성성과 남성성을 학습하는 과정이라고 할 수 있다. 이러한 성역할 사회화는 아주 어릴 때부터 인간의 의식세계에 강력한 영향을 미쳐서, 다정다감하고 순종적인 '여자다움'과 씩씩하고 권위적인 '남자다움'의 준거를 세우고 그 속에 안주하도록 만든다. 성격과 가치관, 대인관계와 역할분담, 직업선택과 사회참여 등 개인 삶의 모든 부분이 이 준거의 영향을 받는다. 성역할 사회화 과정은 태어나서 죽을 때까지 평생 동안 지속되는 과정으로 정체감이나 사회에서의 위치, 또는 타인과의 관계를 성에 따라 각기 다르게 정해 주는 기능을 하게 된다. 유아기 때부터 여아와 남아는 서로 다르게 양육되고(받고), 성장함에 따라 성역할에 대한 기대의 차이도 증가하면서, 사춘기에 도달하기 전에 남녀 간의 행동양식에 확실한 차이가 드러나게 된다.

2. 성역할 사회화와 진로선택

지금까지의 경험적 연구결과에 의하면 2~3세 정도의 아이들도 정형화된 역할로 남성과 여성을 구분한다고 한다. 유치원에 다니는 시기부터 8세까지 성장해 가는 동안 남성과 여성에게 각각 적합한 것이 무엇인지에 대한 생각은 점점 더 굳어져 간다. 이 시기에는 남성적 또는 여성적 직업이라는 좁은 범위 안에서 편협한 직업선택이 이루어지는데, 이것은 일단 확립되면 확장되기 어렵다. 성역할 사회화는 생애 초기부터 진로선택에 영향을 미치게 되는 것이다.

아동기에서 청소년기로 넘어가는 과정에서 진로발달과 진로선택은 그 어느 때보다도 많은 영향을 받는다. 청소년기에는 학교수업과 과외활동으로 많은 시간을 보내고, 그 경험은 사회화에 큰 역할을 한다. 인간은 누구나 직업을 선택할 권리가 있고, 직업선택의 자유는 헌법에서도 보장하고 있다. 그러나 사회적 인습에 따라 성역할이 고정되는 경우도 있다.

1) 여성의 성역할 사회화

성역할 사회화를 통한 영향은 여성이나 남성 모두에게 부정적인 결과를 초래하는 경우가 많다. 현대 사회에는 많은 변화가 있지만 성역할 사회화로 인해 여성들에게 초래되는 부정적 결과로는 수학 기피, 비전통적인 진로 분야에 대한 낮은 자기효능감, 성취에 대한 낮은 기대감, 역할갈등 등이 대표적이다.

수학 기피 현상은 여성의 성역할 사회화 과정에서 가장 고질적으로 남아 있는 것중 하나로, 앞으로 여성의 진로발달에 점점 더 큰 영향을 미치게 될 것이다. 여성이 비전통적인 진로 분야로 진입하는 것에 대해 오랫동안 많은 연구를 한 심리학자 낸시 베츠(Nancy Betz)는 수학을 '결정적인 여과기'라고 불렀다. 그리고 수학과목을 기피하는 것이 여성에게 진로선택의 폭을 좁힌다는 증거를 제시했다. 즉, 보다 고차원에 해당하는 수학과목을 기피함으로써 여성들은 과학이나 기술 관련 진로 영역을 선택할 수 있는 수많은 기회를 놓치게 되는 것이다.

한편, 수학 기피를 넘어선 여학생들조차도 비전통적인 진로 분야로의 진출은 여전히 어려운 실정이다. 예컨대, 공과대학은 한때 남성만의 전유물로 인식되곤 했는데 이러한 인식은 시간이 흘러도 크게 개선되지 않고 있다. 2017년 교육부에서 발표한 자료에 따르면, 우리나라의 여학생들이 수학과목에서 남학생들보다 더 높은 점수를 받음에도 불구하고 여학생들의 공과대학 입학 비율은 18.7%에 그치고 있다. 진로선택의 기초가 되는 전공선택에 있어서 여학생은 여전히 인문계, 교육계, 예체능계 비중이 높고, 남학생은 공학계와 자연계에서 두드러지는 등 여전히 정형화된 성별의 틀에서 벗어나지 못하고 있다. 즉, 남성과 여성의 실제 수행이 동일할 때, 전통적인 남성 직업과 직무에서 여성은 자신이 남성에 비해 떨어진다고 여긴다. 일부 연구자는 이러한 자신감의 결여는 비전통적 분야에 여성의 역할모델이 부족하기 때문이라고 지적하기도 하는데, 여기에는 다양한 사회·문화적 원인이 있을 수 있다.

여성의 측면에서 바라본 성역할 사회화에 대한 또 다른 일반적인 결과는 성공에 대한 낮은 기대감이다. 연령과 상황에 따른 다양한 연구를 살펴보면 여성이 자신의 성공능력에 대한 만족감을 덜 느끼는 것으로 보고하고 있음을 알 수 있다. 이와 같은 낮은 기대감은 검사점수, 여학생이 고려하는 직업의 수와 유형, 전통적인 진로흥미검사의 결과 등에서도 나타나고 있다. 여학생은 객관적인 성취도가 남학생보다 높게 나타났을 때조차도 자신의 능력이 훨씬 떨어진다고 판단한다.

성역할 사회화와 더불어 그 중요성이 높아지고 있는 또 다른 문제는 역할갈등이다. 점점 더 많은 여성이 집 밖에서 전일제로 일하고 있지만 그들 대다수가 여전히 가사를 전담하고 있다. 현대 사회는 맞벌이 부부가 주류를 이루고 있고, 남성들의 가사노동 참여가 확실히 높아지고 있지만 여전히 육아와 가사는 여성들의 몫이다. 이러한 이중고는 일하는 여성에게 상당한 역할갈등을 일으키며, 나중에 일과 관련된 엄청난 스트레스를 유발한다.

2) 남성의 성역할 사회화

성역할 사회화가 여성의 진로에만 영향을 미치는 것은 아니다. 남성 역시 성역할 사회화의 과정을 거치면서 갖게 되는 성역할 고정관념으로 인해 자신의 진로선택에 많은 영향을 받는다. 한 심리학자는 "남자의 생을 그린 그림은 일을 주제로 삼은

풍경화다."라고 표현했다. 남성의 성역할 사회화는 일이 인생의 모든 것이라는 메시지를 주는 경향이 있다. 남성은 삶에서 성공하는 것이 일에서 성공하는 것이라고 느끼는 경우가 많다. 그리고 남성들은 성공의 지표라고 여기는 집, 자동차, 휴가, 가족부양비 등 물질적인 것들을 얻으려고 애쓴다. 이러한 남성에게는 성공하는 데 필요한 아버지, 형제, 이웃 등 전통적인 역할모델이 많다. 남성이 일에 대해 갖는 기대는 '일이 좋고 싫고' '본질적으로 만족감이 있고 없고' 등과는 관련이 적다. 일반적으로 남성적이라고 생각되지 않는 일에 흥미와 관심을 가진 남성은 상당한 압박을 받고 있으며, '자신에게 맞는 일이 무엇인가'라는 점에서 보면 남성들은 유연성이 적은 편이다.

일반적으로 성공이라고 이야기하는 전통적 양식에서 벗어나 새로운 직업을 선택하려는 남성들은 역할모델이 부족하다. 이미 다른 사람들이 성공적으로 지나간 길을 쉽게 따라가는 남성들에게 개척되지 않은 새로운 길은 낯설고 어렵다. 많은 남성에게 성공한다는 것은 '가장 높은 곳에 있는 것'을 의미한다. 즉, 조직 내에서 가장 높은 위치로 올라가 최고경영자가 되는 것을 의미한다. 불행하게도 오늘날 노동시장에는 과거에 비해 수평구조를 갖는 조직들이 많아지고 정상에 오르는 사람은 극소수다. 만일 남성의 정체성과 자존심이 정상에 오르는 것에 달려 있다면 많은 남성은 승진하지 못하는 것에 좌절을 느끼게 될 것이다. 이 좌절감은 스트레스성 질환이나 심리적 고통을 가져올 것이다.

성역할 사회화의 결과는 남성의 입장에서 봤을 때 상당히 위험할 수도 있다. 아마도 가장 실질적이면서도 가장 극적인 결과 중 하나가 여성보다 짧은 수명일 것이다. 평균적으로 여성은 남성보다 7년 정도 오래 산다. 비록 남성과 여성의 생물학적 차이를 통해 수명의 차이를 설명할 수 있을지라도, 이러한 차이의 75% 정도는 남성의 성역할 행동으로 설명될 수 있다는 연구결과도 있다.

연구자들은 또한 남성의 성역할 고정관념과 취약한 스트레스 대처능력의 관계에 대하여 검증했다. 성역할 고정관념에 집착하는 남성일수록 스트레스에 대처하는 데 제약을 받는다는 것을 발견했다. 예를 들면, 다른 사람에게서 정서적인 지지나 도움을 받으면 보다 쉽게 이겨 낼 수 있지만, 대다수의 남성은 도움받는 것 자체를 수용하지 못하거나 해서는 안 된다고 여긴다. 이는 남성주의에 대한 신념, 강건함과 정서적 독립의 중요성에서 비롯되었을 것이다.

3. 성역할 고정관념으로 인해 잃어버린 꿈

성역할 고정관념이 확립되기 이전인 어렸을 때 가졌던 꿈과 진로에 대한 포부는 어른이 되었을 때 어떤 것에 만족할 수 있을지에 대해 알려 주는 중요한 단서가 될 수 있다. 현재 자신이 살고 있는 세상에서 무엇이 적절하고 부적절한지를 잘 알지 못하던 순수한 어린 시절에 가졌던 꿈과 흥미는 가장 진실한 진로 관련 정보일 수 있다. 성인들을 위한 워크숍에서는 종종 참가자들에게 가장 어린 시절의 기억에 대해 생각해 보고 집에 가서 어릴 때 찍은 사진이나 사용하던 물건을 찾아 어린 시절의 자신으로 돌아가 보게 한다. 즉, 그 당시 가장 좋아했던 것이 무엇이었는지 그리고 그것이 지금의 선택에 어떤 의미를 주는지를 생각해 보게 한다. 특히 성역할로 인해서 꿈이 좌절되었을 경우, 그것을 찾는 것이 진정한 자기 찾기이며 인생의 참 주인이 될 수 있는 중요한 일인 경우가 많다. 다음 사례를 통해 이러한 회상이 얼마나 도움이 되는지 실감할 수 있을 것이다.

나는 항상 내 인생에서 무엇인가 빠진 듯한 느낌이 들었다. 좋은 배우자를 만났고 다른 사람들이 부러워하는 직장에 들어가 순조롭게 승진하고 있었지만 이러한 공허감을 채울 수가 없었다. 어느 날 어린 시절의 사진첩과 물건들을 꺼내 보았다. 그 시절의 기억들이 물밀듯이 밀려왔다. 내가 수의사가 되기를 얼마나 간절히 바랐는지 기억이 난다. 나는 동물을 좋아했고 다친 새와 애완동물을 보살펴 주는 것을 좋아했다. 아버지께서 여자는 큰 동물을 다룰 힘이 없기 때문에 수의사를 할 수 없다는 말을 하기 전까지 수의사의 꿈을 간직하고 있었던 것으로 기억한다. 그래서 용기를 내어 항상 동물들 옆에 있으면서 동물들을 돌볼 수 있는 일로 직업을 바꾸는 것에 대해 진지하게 생각해 보기 시작했다. 이 직업전환이 모든 것을 바꾸어 놓았다. 이제 더 이상 무엇인가 빠진 것 같은 느낌으로 살아가지 않는다. 내가 더욱 나다운 느낌이 든다.

―동물사육사 보조로 직업을 바꾼 이진희(38세)

진희 씨는 자신의 어린 시절을 회상하면서 수년 동안 묻어 둔 진정한 자기 자신을 발견하게 되었다. 수의사가 되기 위해 학교에 다시 들어간 것은 아니었지만, 오랫동안 잊고 있었던 흥미를 살릴 수 있는 일을 찾아 새로운 시작을 하고 있다. 성호 씨도 마찬가지로 포기했던 자신의 진로에 대해 다시 한번 생각해 보면서 자신의 진정한 꿈을 발견하고 다음과 같이 이야기했다.

> 시골에서 어린 시절을 보낼 때부터 나는 미술에 많은 열정을 가지고 있었다. 그림 그리기를 좋아하고, 죽은 나뭇가지로 무언가를 만들어 보면서 나를 둘러싼 자연의 아름다움에 빠지기를 좋아했다. 아는 예술가도 전혀 없었고 화랑이나 미술관도 대학에 들어가면서 처음으로 가 보았다. 그러나 어릴 때부터 어떤 색, 모양, 디자인은 나에게 깊은 인상을 남겼다. 미술에 대한 나의 흥미는 주변에서 어느 정도 인정을 받았지만, '넌 남자다. 넌 자신과 가족들을 부양해야 할 책임이 있다. 미술을 취미생활로 하는 것은 좋지만 진정한 일을 찾아야 한다.'라는 메시지는 분명했다. 그래서 난 결국 화학공학자가 되었다. 화학공학자로 잘 살고 있고, 사회에서 말하듯이 그 일을 통해 가족을 잘 부양하고 있다. 이렇게 보면 나는 성공했다고 할 수 있다. 그러나 만약 "지금 하고 있는 일로 행복한가? 하고 있는 프로젝트에 열정이 있는가? 하고 있는 일에 의미를 부여하고 있는가?"라는 질문을 받게 된다면, "아니, 한 번도 그런 적이 없다."라고 답할 것이다. 나는 진정한 열정을 쏟을 시간을 갖게 될 은퇴를 간절히 바라고 있다. 내 인생의 많은 시간을 내가 하고 싶은 것이 아닌 내가 해야 하는 것에 쓰고 있다는 사실이 무척 슬프다.
>
> −국책연구기관의 연구원인 최성호(45세)

이러한 회상을 여러분 자신도 해 보기 바란다. 가장 어렸을 때의 기억으로 거슬러 올라가서 그 시절에 가장 열정을 쏟았던 것이 무엇이었는지를 생각해 보기 바란다. 만약 여러분이 하고 있는 일에 완전히 몰입하면서 시간을 보냈다면 지금은 무엇을 하고 있을까? 때로 부모, 형제와 이야기해 보거나 지나간 사진을 보는 것도 도움이 된다. 이러한 회상을 '양파 까기'라고 부르는데, 이는 진정한 자신을 발견하기 위해 조금씩 핵심에 다다르는 과정을 비유한 것이다.

4. 성역할 사회화의 긍정적 측면

지금까지 살아오면서 부여받은 성역할의 대부분은 부정적인 것들이었다. 많은 사람에게 성역할이란 꿈과 포부에 대한 구속을 의미했고, 이런 사람들 중 몇몇에게 는 이 성역할이 고통을 주고 직장생활에 지장을 가져오기도 했다. 하지만 전통적인 성역할 고정관념에도 몇 가지 긍정적인 면이 있다는 사실을 인식해야 한다. 성격발달이론에 따르면 여성에게는 건강과 성숙한 발달이 중요한 요소이며, 이후 연구에 서도 이와 같은 기본적인 가설에 대해 질문하기 시작했다. 여성이 가지고 있는 관계창출 연결고리와 욕구는 타인의 욕구에 대한 응답이며 공감적 반응이라고 설명된다. 이러한 여성의 능력은 개인보다는 팀워크가 존재하는 조직 내에서 그 가치가 증가하기 시작하고 있으며 더 전형화되고 있다. 또한 이러한 능력은 세계화 추세 속에 서로 다른 개개인과 일해야 하는 곳에서 가장 중대한 위치를 차지하고 있다.

한 심리학자의 말에 따르면 남성은 청소년기의 사회화 과정을 통하여 거칠고 격정적인 감정과 남성다운 힘을 기른다. 이러한 힘은 어려운 상황에서도 자신의 의견을 관철시킬 수 있는 능력, 논리적으로 생각하고 목표를 위해 계획을 수립할 수 있는 능력, 위험에 직면했을 때도 평상심을 유지하고 원하는 결과를 얻기 위해 위험을 무릅쓰는 능력 등을 포함한다. 또한 직장 내의 전통적 남성 역할이 부정적으로 흘러갈 수도 있지만, 이 역시 타인을 위해 기꺼이 자신을 희생하고 타인을 보호하기 위하여 고통을 참아 내며 타인을 위해 행동하게 하는 특징이라고 지적했다. 그러므로 우리는 남성과 여성이 가진 성역할 사회화의 부정적 측면에만 주목할 것이 아니라 성역할 사회화의 긍정적인 측면도 있음을 반드시 기억해야 할 것이다.

요약

    이 장에서는 남성과 여성으로서 진로선택과 발달에 강한 영향을 끼친 성역할 고정관념에 대해 살펴보았다. 이러한 영향에는 몇 가지 긍정적인 면도 있지만, 많은 사람의 꿈을 성취하기 어렵게 만드는 성격특성과 제도적 장벽이라는 부정적 측면도 있다. 성역할 사회화의 부정적 효과를 극복하기 위한 중요한 단계는 자신에 대해 자각하는 것이며, 이러한 이슈들이 어떻게 자신의 삶에 영향을 끼쳤는가를 분석하는 것이다. 연습문제는 자신의 성역할 사회화 과정에 대해 생각하도록 돕고, 또한 성역할 사회화 경험이 진로선택과 발달에 어떻게 영향을 미치고 있는가를 생각하게 할 것이다.

▣ 참고자료

1. 『피아노 앞의 여자들: 인생이라는 무대의 삶을 연주하다』(버지니아 로이드 저, 정은지 역, 앨리스, 2019)
2. 『타고난 성, 만들어진 성』(존 콜라핀토 저, 이은선 역, 바다출판사, 2002)
3. 영화 〈모나리자 스마일〉
4. 영화 〈길버트 그레이프〉
5. 영화 〈빌리 엘리어트〉

연습문제 5.1 진로선택과 발달에 잊어서 성역할 영향 탐색하기

이 연습문제는 여러분이 중요한 삶의 단계와 각 단계에서의 성역할 사회화 영향에 대해 생각하도록 도울 것입니다. 지금까지의 경험을 토대로 아래 질문에 답해 봅시다. 제3장의 〈연습문제 3.1〉 '내 꿈의 변천사'를 참조하는 것도 좋습니다.

1. 유년기

1) 여러분이 어렸을 때 가졌던 직업적 포부(꿈)는 무엇입니까?

_____

_____

2) 이 포부가 시간이 지나면서 어떻게 변화했습니까? 변화할 때 성역할이 어떤 영향을 주었습니까?

_____

_____

3) 여러분의 어린 시절 성역할에 맞는 직업에 대해 들은 것들을 떠올려 봅시다.

_____

_____

2. 청소년기

1) 여러분은 청소년 시기에 부모로부터 남자/여자로서 특별한 영향을 받은 적이 있습니까?

_____

_____

2) 학교생활 중에서 남자/여자이기 때문에 경험했던 특별한 일이 있습니까?

_____

_____

3) 그 시절에 친구들이 여러분에게 남자로서(여자로서) 적합하다고 말한 메시지는 무엇이었습니까? 또 적합하지 않다고 말한 메시지는 무엇이었습니까?

_____

_____

4) 동아리 활동을 하면서 남자(여자)이기 때문에 겪었던 특별한 경험이 있습니까?

_____

_____

5) 아르바이트를 하는 과정에서 남자(여자)로서 겪었던 특별한 경험이 있습니까?

_____

_____

6) 주변 사람들이 여러분을 남자로 또는 여자로 대하는 방식이 자신의 진로발달에 어떤 영향을 미쳤습니까?

_____

_____

3. 예상하기

여러분의 장래 직업생활을 예상해 보면서 각 문항에 응답해 보세요.

♣ 남자의 경우

1) 직장에서 여성의 비중이 늘어나는 것이 직업생활에 영향을 줄 것으로 생각합니까? 만약 그렇다면 어떤 면에서 영향을 미칠 것으로 예상합니까?

_____

_____

2) 남성으로서 여성 상사는 여러분의 직장생활에 어떤 영향을 줄 것으로 생각됩니까?

_____

_____

♣여자의 경우

1) 여성으로서 남자 상사와 여자 상사는 차이가 있을 것으로 예상됩니까?

_____

_____

2) 직장 상사로서 여러분은 남자 부하직원과의 관계에서 얼마나 당당할 수 있을까요?

_____

_____

3) 여성으로서 승진이나 성공에 불이익이 생길 경우 여러분은 어떻게 하겠습니까?

_____

_____

4. 성역할 사회화의 긍정적 측면

성역할 사회화 과정에는 긍정적인 면도 많이 있습니다. 여러분이 가진 성격특성 중 자신의 성역할과 일치하는 것은 무엇입니까? 그것이 여러분의 진로발달에 어떤 도움이 되고 얼마나 도움이 되는지 생각해 보세요.

5. 생각 나누기

1) 지금까지 응답한 내용에 대한 각자의 생각을 조원들과 이야기해 봅시다.

_____

_____

2) 각 조에서 쟁점사항들을 토론하고 요약해 봅시다.

_____

_____

3) 조원들과 의견을 나누어 보고, 자신의 생각 중 달라진 점에 대해서 정리해 봅시다.

_____

_____

제6장

4차 산업혁명과 미래 직업세계

1. 미래 직업세계의 변화
2. 변화하는 직업세계를 특징짓는 주제들

개요

　　이 장에서는 인공지능 및 로봇과 함께 일하게 될 미래 일터에 대비하기 위해 4차 산업혁명을 중심으로 변화하는 미래 직업세계의 여러 측면에 대해 알아볼 것이다. 제5장까지의 내용은 생애설계과정에서 고려해야 할 자신의 내면세계에 초점을 두고 있고, 제6장부터는 생애설계를 위해 고려해야 할 외부세계에 대해 알아볼 것이다. 또한 진로를 계획하는 단계에서 고려해야 할 직업세계의 중요한 주제들과 세계관의 핵심이 되는 구성요소에 대해 살펴볼 것이다. 최근 4차 산업혁명의 시작으로 인한 직업세계의 변화는 우리 사회가 그동안 경험하지 못한 새로운 혁신과 경험이며, 현재 진행되고 있는 현상에 대한 심도 있는 분석을 기반으로 위기를 기회와 도전으로 변화시킬 수 있는 실마리를 제공해 주고 있다.

제**6**장

4차 산업혁명과 미래 직업세계

1. 미래 직업세계의 변화

2016년 세계경제포럼(World Economic Forum: WEF)[1]에서 발표된 '일자리의 미래
(The Future of Jobs)' 보고서는 많은 사람에게 새로운 도전을 주었다. 이 보고서에 따
르면 2016년에 초등학교에 입학하는 어린이들의 약 65%는 그들이 성인이 되었을
때 현재 존재하지 않는 새로운 직업을 얻어 일하게 될 것이며, 이러한 변화의 원인
은 바로 '4차 산업혁명'이라고 지적했다.

4차 산업혁명(Fourth Industrial Revolution: 4IR)은 2016년 세계경제포럼에서 주창된

---

[1] 세계경제포럼은 기업인, 경제학자, 정치인 등이 모여 세계 경제에 대해 토론하고 연구하는 국제민
간회의이다. 비영리재단 형태로 운영되며, 그 시작은 1971년 1월 경제학자 클라우스 슈밥(Klaus
Schwab)이 창설한 '유럽경영포럼(European Management Forum)'으로 출발했다. 스위스 다보스에서
열린 첫 회의에 유럽의 경영인 400명이 참가했으며, 1987년에 '세계경제포럼'으로 명칭을 변경했고,
매년 스위스의 휴양 도시 다보스에서 열리기 때문에 '다보스 포럼'으로 불리기도 한다.

용어로, 주로 정보통신기술(ICT)의 융합으로 이루어 낸 혁명 시대를 말한다. 18세기 초기의 1차 산업혁명 이후에 네 번째로 나타난 중요한 산업혁명을 말한다. 4차 산업혁명의 핵심은 빅데이터, 인공지능(AI), 로봇공학, 사물인터넷, 무인 운송 수단(드론, 무인 자동차), 3D프린트, 나노기술과 같은 새로운 기술 혁신을 말한다.

이와 같이 세상은 급속하게 변화하고 있고, 이러한 변화는 노동시장에 영향을 미치고 있다. 우리나라의 경우에도 지난 기성세대에서는 3차 산업혁명이 막 진행되고 있었고, 조직에서 필요로 하는 인재는 조직의 미션과 비전에 따라 각자의 맡은 직무를 잘 이해하고 직급별로 성실하게 수행하는 사람이었다. 그러나 오늘날 조직에서 성실함과 장기근속만을 중요한 가치로 여기는 회사는 거의 없다.

이 장에서는 4차 산업혁명의 등장에 따른 직업세계의 새로운 패러다임에 대해 살펴볼 것이다. 그리고 이것은 기업에서 면접을 볼 때 기업은 무엇을 중요하게 생각하는가 그리고 나의 능력을 어떻게 보여 줄 것인가, 어떤 기술과 특성을 향상시킬 것인가, 일하고 싶은 직장에 어떻게 나 자신을 맞추어 나갈 것인가 등에 영향을 미칠 것이다.

2. 변화하는 직업세계를 특징짓는 주제들

변화하는 직업세계를 특징짓는 주제들은 미래 직업세계 변화에 대한 예측, 개인이 갖추어야 할 능력, 직업이 개인에게 주는 의미로서의 측면으로 나누어 볼 수 있다.

1) 미래 직업세계 변화에 대한 예측

(1) 다이아몬드 구조

다이아몬드가 피라미드를 대체하고 있다.

지난 세대에서 대부분의 조직은 피라미드 형태로 그려질 수 있었다. 하나의 조직에서 근로자들은 커다란 밑바닥을 형성하고, 소수의 관리자가 중간단계를 차지하며, 더 소수의 중역이 꼭대기를 차지한다. 관리자들은 회사를 위해 생각하는 소위

화이트칼라 근로자들이었다. 경영자들은 계획을 세우고, 이 계획이 가능한 한 신속하고 효과적으로 실행되도록 막대한 노동력을 감독하는 것이 자신의 업무라고 생각했다. 대다수의 근로자는 그들의 지성, 창의력 혹은 독창성의 면에서는 가치를 인정받지 못했다. 그들은 명령을 수행할 수 있는 속도와 능률로 가치를 인정받았다. 일반적으로 회사에 들어가면 산업의 유형과 자신이 갖고 있는 자격조건에 따라 바닥부터 시작하여 틀이 잡혀 있는 일련의 출세의 길을 거쳐 올라가게 되는데, 위로 올라갈수록 책임이 증가하고 직함이 높아지며 급여도 늘어난다.

그러나 오늘날 대부분의 회사는 다이아몬드 형태로 그려진다. 대다수의 근로자는 업무를 수행함에 있어서 고도로 숙련된 사람으로서 일에 책임을 질 수 있는 사람이어야 한다. 이에 따라 기술 수준이 낮거나 아예 기술이 없는 근로자들이 설 곳은 매우 좁아졌다. 더욱이 조직의 바닥단계는 매우 좁아서 아무런 기술도 없는 사람이 일할 수 있는 일자리는 거의 없다. 승진을 통해 올라갈 수 있는 꼭대기의 자리도 더 적어졌다. 대부분의 근로자는 자신이 수평 이동하거나 회사 밖으로 나갈 수 있을지는 몰라도 최고경영자가 될 가능성이 없다는 것을 알고 있다. 이전 세대와 달리 모든 단계의 근로자가 회사의 문제에 대해 창조적인 해법을 제시한다고 여겨진다. 근로자들은 의사 결정에 참여하고, 동료를 가르치며, 심지어는 회사의 일부분을 소유하기도 하는 매우 실질적인 방식으로 회사의 일부가 되도록 고무된다. 따라서 21세기의 직업세계는 급속하게 변하며 엄청난 가능성을 가진 세계다. 안정적인 직업 패턴은 줄어들었지만, 새로운 직업세계는 평생학습과 더 높은 수준의 전문가 정신을 제공한다. 또한 새로운 직업세계는 참여를 통해 가치를 인정받을 수 있는 기회도 제공한다.

(2) 소호창업

<u>자신이 사장이 되어 거래를 하는 경향이 늘고 있다.</u>

오늘날 직장에는 회사에 만족하지 못하는 근로자가 증가하고 있다. 이러한 경향성 때문에 다른 사람 회사의 구성원이 되는 것을 힘들어하며, 이런 사람들은 사무실을 두지 않고 집에서 자기 사업을 시작하게 된다. 인터넷, 팩스, 휴대 전화가 출현함에 따라 이들은 사무실을 두지 않고도 집에서 혼자 회사를 세우고 회사를 운영할 수 있게 되었다.

이런 사업들이 많이 대중화되고 있지만, 통계적으로 볼 때 이런 형태의 사업들은 계속해서 높은 실패율을 보이고 있다. 하지만 몇몇 사람은 이러한 사업으로 많은 돈을 벌고, 보다 융통성 있고 통제력 있는 운영에 만족하고 있다.

(3) 직업의 세분화 및 전문화

하나의 직업이 세분화되고 전문화되어 새로운 직업들이 파생될 것이다.

우리나라에서 주목할 만한 미래 직업세계 변화의 또 다른 측면은 직업이 더 세분화되고 전문화된다는 점이다. 2018년을 기준으로 『한국직업사전』에 소개된 우리나라의 직업 수는 12,145개이고, 미국의 직업 수는 약 3만여 개에 이른다. 이러한 차이가 나는 이유는 우리나라의 직업 분류가 미국에 비해 상대적으로 세분화가 덜 이루어졌기 때문이다. 국내에는 약 10여 개로 분류되는 간호사 관련 직업이 미국의 경우에는 30개가 넘는 관련 직업으로 존재한다. 이를 통해 앞으로 우리나라에서 직업의 세분화 및 전문화가 이루어질 가능성을 매우 쉽게 유추할 수 있다. 예를 들면, 수제맥주제조전문가나 바리스타 등의 직업도 우리나라는 최근에 들어서야 전문적인 직업으로 자리를 잡게 되었으나 외국에서는 이미 오래전부터 정착된 직업이다. 또한 반려동물 관련 직업의 경우에도 미국에는 수의사 이외에 동물의 진료를 돕는 동물간호사만 8~9만 명에 이른다고 한다. 하지만 우리나라의 경우 수의사 외에 동물의 진료를 돕는 간호사는 아직 직업으로 정착하지 못한 실정이다. 현재 반려동물을 기르는 인구가 천만을 넘고 있는 상황이므로 우리나라에서도 관련 직업의 세분화가 일어날 것으로 예측되는 분야라고 볼 수 있다.

(4) 융합형 직업의 증가

소질과 관심, 기술과 지식, 과학기술과 타 영역 간의 연결로 융합형 직업이 늘어날 것이다.

미래세계에는 직업의 세분화 및 전문화와 함께 분야별 경계가 허물어지고 서로 합쳐지면서 새로운 융합형 직업이 생길 것이다. 융합형 직업은 작게는 사람들이 가진 소질과 관심의 결합에서부터 크게는 기술과 지식 간 그리고 과학기술과 타 영역

간의 연결과정에서 발생할 수 있다. 또한 새로운 직업을 스스로 만드는 창직의 원동력이 되기도 한다. 예를 들어, 도시 사람들이 신선하고 건강한 음식을 공급받기 위해 선호하는 과수원과 농장에 직접 주문하여 생산하는 트렌드가 요리사와 결합하여 요리사 농부(agri-restaurateurs 또는 chef-farmers)를 탄생시켰다. 그리고 테크니컬 라이터(technical writer)는 일반 사용자들이 쉽게 이해할 수 있도록 기술 관련 제품의 사용자 설명서나 소프트웨어 도움말 기능 등을 만들고, 잡지에 기술에 대한 설명을 기고하는 사람이며, 기술에 대한 지식과 글쓰기 소질의 결합을 요하는 직업으로서 대표적인 융합형 직업이다.

이러한 융합형 직업은 기술과 지식 간의 융합을 통해서도 활발하게 나타날 것이다. 빅데이터, 인공지능 등 기술의 발달로 인문, 과학기술, 경영 등의 지식융합이 더욱 용이해짐에 따라 관련 분야의 일자리 또한 증가할 것이다. 이러한 공학적 지식과 인문학적 지식을 결합한 직업으로는 사용자 경험 디자이너(user experience designer), 홀로그램 전시기획가 등을 예로 들 수 있다. 디지털 기기와 환경에 맞춘 최적화된 사용자 경험을 설계하기 위한 '사용자 경험 디자이너'는 인간의 심리와 행동을 이해하는 심리적 지식과 가상·증강 현실 등 스마트 기술의 이해 그리고 디자인 등의 융합 지식을 필요로 한다.

이와 같이 융합 현상은 직업세계에서 전반적으로 일어날 것으로 예견되며, 각기 다른 직무나 지식 또는 기술과 기능을 합쳐 새로운 전문 분야를 창출하는 융합과정을 통해 이질적이었던 직업 간 결합으로 새로운 융합형 직업이 출현할 것이다.

(5) 세계화

지금은 세계화 시대이므로 다양한 문화의 사람들과 함께 일해야 한다.

미래의 직업세계에서는 분야 간 구분만이 아니라 국가 간 구분도 무너질 것이다. 이미 시장은 세계화된 하나의 시장이 되고 있다. 많은 회사가 매일 세계 도처에 있는 모든 사람과 상호작용을 한다. 이러한 세계화된 경제를 이해하고 자신의 문화와는 다른 문화를 가진 사람들과 함께 일할 수 있어야 한다. 국경을 대표하는 경제적 장벽들이 기술에 의해 무너지고, 인터넷은 작은 회사들조차도 세계 경제 속에서 경쟁할 수 있도록 만들었다. 기업들은 현지에 지사나 공장을 설립해 현지인을 채용하고 있고, 해마다 그 비율은 큰 폭으로 증가하고 있다. 누구나 해외로 나가 취업을 할 수도 있고, 우리나라에 지사를 둔 외국계 기업에 취업을 할 수도 있다. 국내에 취업을 해도 지사로 파견을 나갈 수도 있고, 해외업무를 위해 잦은 출장을 다닐 수도 있다.

특히 노동인구 구조와 노동환경의 다변화를 가져올 수 있는 요인인 국가 간 인구 이동 확대와 다문화 증가 현상이 세계적으로 점점 심화되고 있다. 이로 인한 노동인구 다변화는 채용시장 및 직장문화의 다양성을 확대시킬 것이다. 앞으로 점차 다양한 문화의 사람들과 함께 일하게 될 텐데 이는 그리 쉬운 일이 아니다. 채용시장 및 직장문화에서 다양성이 증가하므로 근로자들은 다른 문화의 사람들을 이해해야 한다. 동시에 근로자들은 그들 자신의 문화적 유산과 세계관에 대하여 좀 더 잘 이해해야 하고 잘 다룰 수 있어야 한다. 또한 자신의 세계관에 대한 이해와 자신과는 다른 사람의 세계관에 대한 이해는 변화하는 직업세계에 적응하는 중요한 열쇠가 된다.

세계관: 세계를 바꾸는 감각을 만들어 내는 렌즈

자신 그리고 다른 사람의 세계관에 대해 생각하는 것은 그들의 문화적 유산의 결과로서 생겨난 서로 다른 방식의 일부를 이해하도록 도와준다. 개인의 세계관은 세상에서 경험한 것을 통해 만들어진 틀로 구성된다.

세계관은 개인의 믿음, 사고방식, 관계의 기반을 형성하고 문화적 경험으로부터 발달한다. 세계관은 많은 구성요소로 이루어졌으나 다음의 다섯 가지 핵심 개념이 여러 학자에 의해 논의되고 있다. 자신의 세계관과 관련하여 대해 다음 다섯 가지 영역을 생각해 보자.

1. 인간의 본성은 본래 선하든지 악하든지, 아니면 이 둘의 조합이다. 인간이 본래 선하다고 보는가, 악하다고 보는가, 아니면 이 둘의 조합이라고 보는가? 이것은 현재의 일상생활에서 어떻게 작용하고 있는가? 이것은 지금 혹은 미래의 직업에서 어떻게 작용할 것인가? 자신과 반대의 세계관을 가진 누군가와 함께 일하는 것은 어떨까?

2. 인간의 활동은 존재하기, 존재하면서 형성되어 가기, 행하기의 세 가지 모델 중 하나다. 자신의 세계관은 자신의 행동이 세상에서 존재하기, 형성되어 가기, 행하기 중 어디에 영향을 미치고 있는가? 이것은 현재의 일상생활에서 어떻게 작용하고 있는가? 지금 혹은 미래의 직업에 어떻게 작용할 것인가? 자신과 반대의 세계관을 가진 누군가와 함께 일하는 것은 어떨까?

3. 사회적 관계는 위계질서(지배자와 피지배자를 포함), 집단주의(자문과 협동이 특징적), 개인주의(개인적 자율성과 자신의 운명에 대한 조절을 강조)로 설명된다. 자신의 세계관은 사회적 관계에서 무엇을 강조하고 있는가? 이것은 현재의 일상생활에서 어떻게 작용하고 있는가? 지금 혹은 미래의 직업에 어떻게 작용할 것인가? 자신과 반대의 세계관을 가진 누군가와 함께 일하는 것은 어떨까?

4. 사람과 자연의 관계는 자연에 대한 인간의 지배, 자연에 대한 인간의 복종, 인간과 자연의 조화를 포함한다. 자신의 세계관은 인간과 자연의 관계를 어떻게 표현하고 있는가? 이것은 현재의 일상생활에서 어떻게 작용하고 있는가? 지금 혹은 미래의 직업에 어떻게 작용할 것인가? 자신과 반대의 세계관을 가진 누군가와 함께 일하는 것은 어떨까?

5. 시제에 대한 개념은 과거, 현재, 미래의 관점이다. 자신이 가진 세계관은 어느 시제의 관점에 있는가? 이것은 현재의 일상생활에서 어떻게 작용하는가? 지금 혹은 미래의 직업에 어떻게 작용할 것인가? 자신과 반대의 세계관을 가진 누군가와 함께 일하는 것은 어떨까?

출처: Blotcher, Heppner, & Johnston (2001), p. 72.

(6) 로봇으로 대체되는 자동화

앞으로 사람들은 인공지능 그리고 로봇과 경쟁하며 일하게 될 것이다.

영국 옥스퍼드 대학교의 칼 베네딕트 프레이(Carl Benedikt Frey)와 마이클 오스본(Michael A. Osborne) 교수는 「고용의 미래-우리 직업은 컴퓨터화에 얼마나 민감한가?(The Future of Employment: How Susceptible are Jobs to computerisation?)」라는 논문에서 자동화와 기술의 발전으로 향후 10~20년 후에는 미국 총 고용인구의 47%의 일이 컴퓨터나 로봇으로 대체되어 자동화될 가능성이 높다고 전망했다. 그리고 영국은 총 고용인구의 35%, 중국은 총 고용인구의 77%가 자동화될 가능성이 높은 위험군에 속하는 것으로 나타났다.

이들은 702개 직업을 대상으로 각 직업에서 컴퓨터화가 진행되는 속도 및 현재 각 직업군 노동자의 임금, 취업에 필요한 학력 등을 종합분석하여, 인력이 컴퓨터로 대체될 가능성을 0에서 1 사이의 숫자로 표시했다. 즉, 1에 가까울수록 컴퓨터화와 기계화로 인해 미래에 사라질 가능성이 큰 직업이고, 0에 가까울수록 안정적이며 타격을 별로 받지 않는다는 의미다.

구체적으로 향후 20년 안에 없어질 가능성이 높은 주요 직업들을 순위별로 살펴보면, 텔레마케터가 0.99로 가장 높게 나타났다. 그리고 회계사(0.94), 소매판매업자(0.92), 전문작가(0.89), 부동산중개인(0.86), 비행기조종사(0.55), 경제학자(0.43), 건강 관련 기술자(0.40), 배우(0.37), 소방관(0.17), 성직자(0.008), 치과의사(0.004), 헬스케어 부문 사회복지사(0.0035)였다. 또한 레크리에이션을 활용한 치료전문가(0.0028)가 가장 낮게 나타났다.

우리나라 조사에서도 유사한 결과가 도출되었다. 2016년 10월 한국고용정보원은 「기술변화에 따른 일자리 영향 연구」 보고서를 통해 2025년까지 인공지능(AI)과 로봇의 발달로 일자리를 위협받을 사람을 약 1,800만 명에 달하는 것으로 추산했다. 이는 전체 일자리의 약 70%에 해당하는 것으로 기술적으로 대체 가능한 일자리를 말한다. 분석방법은 영국 옥스퍼드 대학교의 칼 베네딕트 프레이와 마이클 오스본 교수가 제안한 분석모형을 활용했다. 분석결과, 자동화에 따라 인공지능과 로봇으로 대체될 위험이 높은 직업은 콘크리트공, 정육원 및 도축원, 고무 및 플라스틱 제품조립원, 청원경찰, 조세행정사무원의 순이었다. 이 외에도 환경미화원, 택배원, 주유원, 부동산컨설턴트, 보조교사, 육아도우미, 주차관리원 등도 자동화로 대체될 가능성이 높은 것으로 나타났다. 이런 업무는 단순 반복적이고 정교함이 떨어지는 동작을 하거나 사람들과 소통하는 일이 상대적으로 적은 특성을 공통적으로 가지고 있다.

그러나 이에 비해 화가 및 조각가, 사진작가 및 사진사, 작가, 지휘자·작곡가 및 연주자, 애니메이터 및 만화가 등 감성에 기초한 예술 관련 직업들은 자동화에 의한 대체 확률이 낮은 직업군이었다. 아울러 안무가, 가수, 메이크업 아티스트, 패션디자이너, 감독, 배우 및 모델, 대학교수, 마술사, 초등학교 교사, 물리치료사, 임상심리사 등도 인공지능과 로봇 시대에 살아남을 확률이 높은 직업으로 분석되었다.

(7) 4차 산업혁명과 일자리 변화

미래의 유망직업 분야는 인공지능, 로봇, 사물인터넷,
자율주행, 3D프린팅, 나노기술, 바이오 기술, 빅데이터 분야 등이다.

세계경제포럼은 2020년까지 4차 산업혁명의 영향으로 총 710만 개의 일자리가 사라질 것으로 전망했다. 그리고 새롭게 만들어지는 일자리는 약 210만 개로 예상했다. 사라지는 일자리 약 700만 개의 대부분은 사무직 및 관리 직종이며, 이와는 반대로 컴퓨터, 수학, 건축, 엔지니어링 분야의 일자리는 상대적으로 늘어날 것으로 전망된다. 그러나 제조업의 경우에는 완전히 사라지기보다는 신기술 직업훈련, 새로운 생산방식의 개발, 생산성 향상 등을 통해 다른 형태의 직업군으로 편입되거나 변형될 가능성이 높다.

세계경제포럼에서 발표한 '일자리의 미래' 보고서에서는 4차 산업혁명으로 인해 발생하는 구조적인 실업에 대비하기 위해서 국가의 정책적인 노력 및 기업의 기술혁신과 같은 협업을 중요한 과제로 보았다. 미래의 노동시장을 활성화하기 위한 단기적 과제로는 HR 기능 강화, 데이터 과학의 활용, 인재 다양성 강화, 유연작업 배정 및 온라인 플랫폼 활용을, 장기적 과제로는 교육체계 개선, 평생학습 인센티브 강화, 업종 간 및 공공-민간 간의 협업 활성화를 제안하고 있다. 즉, 미래의 유망직업 분야는 인공지능, 로봇, 사물인터넷, 자율주행, 3D프린팅, 나노기술, 바이오 기술, 빅데이터 분야 등이라 할 수 있다.

2) 개인이 갖추어야 할 능력

(1) 직업세계가 원하는 능력

어디서나 활용 가능한 기술을 습득하는 것은 오늘날 고용이 불안정한 직장에서 필수적이다.

많은 회사는 직원들이 일생 동안 근속하리라고 생각하지 않는다. 사실 많은 회사는 의도적으로 그러한 의욕을 꺾기도 한다. 왜냐하면 회사는 직원들이 회사에 머물러 있으면서 고임금자가 되어 지불 비용이 늘어나면 회사에서 떠나기를 기대하기 때문이다. 전형적인 근로자는 회사에 들어와 기술을 익히고, 실제적인 방법으로 회사에 기여하며, 회사를 떠나게 된다. 이러한 사실은 근로자에게 여러 가지를 시사한다. 이제는 직업에 입문한 것만으로는 기술을 인정받거나 계속 고용되는 것이 가능하지 않다. 근로자들은 끊임없이 새로운 기술을 배워야만 한다. 현장의 최신 이슈들에 대해 잘 준비하고, 회사와 함께 지속적인 성장을 원하지만 모든 근로자가 환영받지는 못한다.

따라서 오늘날의 근로자는 스스로 다음과 같은 질문을 하게 된다. '전직하는 데 가장 좋은 기술은 무엇인가?' '나의 성장 잠재력은 무엇인가?' '내가 배워야 할 것은 무엇이며, 어떻게 배워야 할 것인가?' 스스로에게 이런 질문을 하는 것은 매우 중요하다.

(2) 팀워크

<u>팀워크는 근로자가 가져야 할 필수적인 능력이다.</u>

지난 세대에서는 개인적인 성취가 대단한 인정을 받았다. 사람들은 자신만의 영역을 확보해 나가고, 자신의 목표를 성취하며, 이에 따라 인정을 받고 승진을 한다고 배웠다. 이력서는 거의 개인이 성취한 것이 무엇인지에 중점을 두었다. 그러나 오늘날의 직장은 부서보다는 팀 체제로 변화해 가고 있다. 근로자들은 구체적인 프로젝트를 위해 함께 일하는 커다란 그룹의 일원으로서 기능을 수행하게 된다. 회사는 근로자들이 새로운 프로젝트 개발에 대해서 훌륭한 아이디어를 갖고 있기를 원하며, 새로운 아이디어를 팀에 내놓기를 기대한다. 이것은 프로젝트의 시작부터 종결까지 모든 면에서 작용하게 된다. 어느 무선통신회사의 근로자는 다음과 같이 말했다.

> 나는 팀의 일원으로 일합니다. 나는 내가 할 수 있는 한 가장 좋은 아이디어를 생각해 내고 그 아이디어를 팀에 내놓습니다. 그러고 나면 그 아이디어들은 더 이상 내 것이 아닙니다. 바로 팀의 아이디어가 되는 것이지요. 그런 후에 팀의 일원으로서 전문성을 활용해 그 아이디어의 실현가능성과 수익성을 판단하죠.

여러 분야로 구성된 팀의 일원으로 일하는 것에 중점을 두게 되면 개인적으로 상사에게 보고하고 독자적으로 스스로의 아이디어를 개발하던 때와는 매우 다른 능력이 필요하게 된다. 대인관계기술이 모든 조직에 있어서 매우 중요한 요소가 된다. 다양한 사람과 더불어 일할 수 있어야 하고, 자신의 의사를 명확하고 분명하게 표현할 수 있어야 한다. 근로자들은 적절한 방법으로 이견을 표시하고 갈등을 해소할 수 있는 방법을 배워야 한다. 팀은 회사의 모든 부서 직원으로 이루어질 수 있는

데, 그들 각각은 자신만의 전문 분야를 보유하고 있다. 어떤 회사에서는 팀의 구성원들이 전 세계 도처에서 온 사람들로 구성되는 경우도 있으며, 그들은 새롭게 부상하고 있는 시장이나 자원을 대표할 수 있다. 의사소통기술의 개발, 타인에 대한 감수성 그리고 갈등해결능력은 성공적인 업무 수행에 있어서 매우 중요한 부분을 차지하고 있다. 또한 이러한 기술을 갖고 있으면 직업을 구하는 데 있어서 중요한 장점으로 작용할 수 있다. 어느 인사 담당자는 최근에 이렇게 말했다.

　　나는 신입사원 지원자들에게 그들이 어떻게 우리의 조직과 조화를 이룰 것인가에 대해 중점적으로 질문합니다. 나는 그들을 우리 회사 제품과 서비스에 익숙해지도록 훈련시킬 필요가 있다고 생각하고 있으며 이러한 것들은 훈련이 가능합니다. 그러나 다른 사람과 더불어 일할 수 있도록 훈련시키는 것은 그렇게 쉽지는 않습니다. 더불어 일하는 것이 이 계통의 업무에 있어서 중요한데 말입니다. 따라서 입사 지원자들이 무엇을 성취했느냐(결과)보다는 어떻게 성취했느냐(과정)에 더 비중을 둡니다. 나는 그들이 프로젝트의 결실을 맺기 위해서 어떻게 다른 사람과 더불어 일하는지에 관심이 있습니다.

(3) 변화관리능력

<u>변화관리능력은 변화무쌍한 직업세계에 적응하는 열쇠다.</u>

　오늘날의 직업 사회에서는 변화가 일상적이다. "오늘날 기업에서의 변화와 혁신은 선택이 아니라 필수다."라는 피터 드러커의 말처럼, 사업과 조직은 지속적으로 움직이고 변화하고 있다. 많은 사람은 경쟁력을 갖추려면 매우 유동적이어야 한다고 믿고 있다. 어떤 사람들은 변화하기를 좋아하고 그와 같은 변화의 흐름에 아무런 문제없이 따라갈 수 있으나 또 다른 사람들은 변화에 저항한다. 많은 사람은 그들의 직업이 안정적이고 예측할 수 있기를 바란다. 그리고 끊임없이 변화해야 한다는 것을 아주 어렵게 느낀다. 대부분의 직업현장에서 변화가 지속적으로 이루어지는 오늘날, 어느 직장에서나 변화가 가속되고 있으므로 변화에 대한 일반적인 거부감과 변화가 야기하는 혼란에 어떻게 대처할 것인지에 대해 생각해 보아야 한다. 같은 조직에서 일하면서 같은 변화를 맞게 될 두 사람의 이야기를 들어 보자.

빨리 다른 부서로 가고 싶어. 나는 지금 이렇게 주변에 있는 것보다는 좀 더 중앙으로 옮기면 멋질 것 같아. 새로운 동료들과 함께 일하게 될 거야. 그러면 그 사람들이 하는 일도 배울 수 있으니까 정말 기대가 돼. 특히 새로운 기술을 배우게 되고 새로운 곳으로 가게 된다는 것이 흥미로워.

나는 우리가 왜 다른 부서로 가야 하는지 이해할 수 없어. 우리는 이 부서에서 오랫동안 잘해 왔어. 새로운 부서에 가서 잘 지내고 잘 해낼 수 있을 것 같지가 않아. 아무도 우리가 하는 일을 제대로 연구하지 않았어. 나는 이 인사이동을 당분간 연기하고 이러한 변화에 따른 여러 가지 문제에 대해 연구할 시간을 가져야 한다고 생각해.

이 두 사람은 마치 매우 다른 종류의 상황에 대해서 이야기하는 것처럼 보인다. 비록 아주 다른 시각을 가지고 있지만 사실 이들은 같은 변화에 대해 이야기하고 있다. 경험에 대한 개방성은 성격특성 중 하나다. '변화에 저항하는 보수주의자'에서 '변화를 추구하는 개혁주의자'로 이어지는 이 연속선상에서 자신은 어디쯤에 있는가? 이 연속선상에서 자신이 위치한 지점은 아마 자신이 성장해 오면서 경험했던 변화, 부모가 얼마나 변화를 편하게 받아들였는지와 변화를 겪은 경험이 얼마나 긍정적이었는지에 영향을 받을 것이다.

끊임없이 변화하는 지금의 직장에서는 조직 안에서 동료 및 상사들과 함께 일하기 때문에 변화를 잘 다루고 순조롭게 진행시킬 수 있어야 한다. 한 대기업의 최고경영자는 중간관리자들에게 필요한 가장 중요한 성격은 새로운 아이디어에 대한 개방성이라고 지적했다. 그는 조직 내에서 낮은 단계에 머무르는 사람들로부터 승진하는 사람들을 구별 짓는 것은 바로 변화에 대한 긍정적 태도라고 말했다. 승진하는 사람들은 모든 조직이 글로벌 경제에서 유용하고 생산적으로 남아 있을 수 있으려면 변화가 필수적이라고 생각하는 태도를 가지고 있다.

성공한 사람들을 대상으로 한 연구에 따르면 이들에게는 다음의 행동들이 명백했다. 성공한 사람들은 광범위하게 독서한다. 미래의 변화, 혁신, 유행에 초점을 맞춘 책, 잡지, 저널, 웹 사이트를 정독한다. 또한 그들의 주변에는 자신의 일을 효과적이고 생산적으로 유지하기 위해 개인과 세계가 변화하는 방향에 대해 생각하기를 즐기는 동료와 친구들이 많다.

(4) 조직문화의 이해

<u>조직문화를 이해하는 것은 조직에서 성공하기 위한 열쇠다.</u>

개인이 어디에서 근무할 것인가 하는 어려운 결정을 하는 데 있어 조직문화를 이해하는 것은 중요하다. 조직문화는 어떤 옷을 입고, 언제 휴식하고, 근무성적이 우수한 근로자들이 어떻게 승진하는가에 이르기까지 회사의 모든 이미지에 영향을 주는 기본철학을 의미한다. 이것은 회사마다 매우 다르다. 따라서 각 회사에 관한 정보를 잘 알아보고, 자신에게 가장 적합한 곳이 어디인지 생각해 보아야 한다.

아마도 누군가는 벤처기업 문화에 가장 어울리는 타입일지도 모르겠다. 이런 문화를 가지고 있는 회사는 주로 젊은 매니저에 의해 움직이는 회사들이다. 이런 회사는 정책과 절차에 대한 기록이 없을지도 모른다. 누가 스톡옵션을 통제하는지, 사무용품은 어떻게 지급하는지, 회사의 '규칙'이 무엇인지에 대한 책임한계가 모호하다. 이런 회사는 근로자들의 판단에 많이 좌우된다. '명령의 체계'는 일반 회사에서처럼 여러 단계를 거치기보다는 상사가 근로자들과 직접적인 의사소통을 많이 한다. 이런 조직은 비형식적인 경우가 많다. 복장이 자유롭고, 근로자들은 언제 어디서나 일에 대해 스스로 결정하며, 나아가 벽을 허무는 것을 중시한다. 근로자들은 상사와 함께 한 사무실에서 근무한다. 이런 회사는 근로자들에 대한 기대가 높으며, 근로자들의 성공 여부는 높은 생산성에 달려 있다. 근로자들은 자주 직업전환을 하고, 한 직원의 빈자리는 낮은 임금의 근로자들로 채워진다.

또 다른 회사들은 훨씬 더 전통적이다. 이런 회사들은 명확한 규칙을 가지고 있고, 근로자들이 그것을 지키며 생활하기를 기대한다. 회사의 정책과 절차는 명확하며, 근로자들이 일을 하면서 스스로 결정하는 경우가 거의 없다. 왜냐하면 문제에 대응하는 많은 위계질서가 존재하기 때문이다. 의복은 남녀 사원 모두에게 정장이 일반적이다. 언제 어디서나 근로자들의 업무는 명확히 구분된다. 이런 조직들은 근로자에 대한 온정주의적인 경향이 있어서 일의 성과보다는 좋은 관계를 유지하는 것을 중요하게 여긴다. 회사는 근로자들에게 가장 훌륭한 진로결정을 해 줄 것이라 믿는다. 이러한 조직은 모호성이 적고, 형식적 구조를 가지며, 상사와 고용 안정이 중요하다.

　앞서 말한 것은 조직문화의 많은 형태 중 전형적인 두 가지 형태다. 많은 회사는 몇 개의 혼합된 문화를 가지고 있다. 따라서 진로탐색과정에서 회사와 조직을 조사할 때, 조직문화와 특성이 자신에게 얼마나 잘 맞는지 알아보아야 한다.

(5) 비판적 사고

오늘날의 고용시장은 제품보다는 아이디어를 생산하기를 바란다.

　산업 사회에서 정보 사회로의 이동이 일어났기 때문에 사고의 기술이 더 중요한 가치가 되었다. 비판력 있는 사고의 기술은 모든 분야의 직업에서 점차 중요해지고 있다. 도구를 써서 생산품을 만들어 내는 것은 점점 줄어들고 있으며, 기존 제조업에서도 기술의 발전이 이루어지고 있다. 대신에 창의적·비판적·독창적으로 생각하라고 고용된다.

　많은 사람은 단순한 지식을 습득하기 위해 고등학교, 대학교, 심지어 대학원에 간다. 그들은 수업에 참석해서 교수가 말한 것을 정확히 그대로 노트에 기록하고 암기하며 시험에서 이를 다시 토해 낸다. 이것은 미래의 사회생활에서 기대되는 사고와 다를 수 있다. 미래 직업세계에서는 정보를 종합하고, 새로운 아이디어를 고안해 내며, 문제를 분석하고, 가능한 해결책을 제안할 수 있어야 한다. 따라서 직업에서 성공하고 싶다면 적극적이고 비판적인 사고기술을 계발하는 것이 필수적이다.

(6) 기계와 차별된 역량

기계가 할 수 없는 인간만이 갖는 고유한 역량을 갖추기를 바란다.

　미래 사회에는 기술이 발전함에 따라 반복적이고 정형화된 문제를 해결하는 일들은 기계로 대체되고, 인간은 창의력이나 고도의 전문성을 발휘하는 업무에 집중하게 될 것으로 예견되기 때문에 이에 따른 역량을 갖추어야 한다. 딥러닝을 통한 의사들의 진단과 판사들의 판례 적용 등으로 컴퓨터가 더욱 높은 성과를 낸다는 것은 이미 확인된 사실이다. 따라서 인간은 다음과 같은 질문을 스스로에게 던져 볼 필요가 있다. '기계와 구분될 수 있는 나만의 경쟁력은 무엇인가?'라는 질문이다. 이

질문에 답을 하기 위해 미래 사회에서 요구되는 역량으로는 기계와 차별화되는 획일적이지 않은 문제 인식 역량, 인간 개개인이 갖는 다양성의 가치를 조합하여 기계와 차별화된 대안을 탐색하고 도출할 수 있는 역량, 인간 고유의 역할을 바탕으로 기계와 공생을 추구하는 데 필요한 기계와의 협력적 소통 역량이 있다.

3) 직업이 개인에게 주는 의미

(1) 생애 역할로서의 진로

'진로'라는 용어를 사용할 때 지금까지는 9시부터 6시까지 일하는
직장만을 생각해 왔지만 이제는 그렇지 않다.

사람들이 점차 진로의 복잡성을 인식하면서 진로라는 용어에 여러 생애 역할과 맥락을 포함시켜 재정의하게 되었다. 한 사람의 직업은 이제 더 이상 독립되어 있지 않고, 개인의 인생을 만드는 일부분일 뿐이다. 근로자로서, 부모로서, 배우자로서, 자원봉사자로서의 역할을 동시에 수행하고, 여성, 동성애자 또는 장애인이라는 특정한 맥락 속에 있게 된다. 이 모든 역할과 맥락이 한 개인의 삶 속에서 진로의 의미와 목적을 이해하는 데 중요한 역할을 한다.

개인은 각자 자신의 문화적·역사적 맥락 속에서 키워 온 고유한 가치관과 욕구를 가지고 있다. 진로발달과정에서 의미 있는 어떤 것은 매우 개인적인 것이다. 자신의 진로계획을 세울 때 자신의 생애와 그 고유한 특성을 포괄적으로 고려해야 한다.

(2) 삶의 의미

오늘날 사람들은 삶에서 점차 의미와 사명감을 찾고자 한다.

예전에 비해 근무환경이 급격히 바뀌고 있으며, 실리를 추구하는 직장에서 사람들은 소외감을 점점 더 많이 느낀다. 최근 한 만화에서 이러한 소외감을 다음과 같이 재미있게 표현했다.

한 남자가 하늘에 기도하고 있다. "하느님, 기술의 발전이 우리들을 소외시키

고 있어요. 그래서 친구들과 연락도 잘 되지 않고, 인간적인 접촉을 멀리하는 것처럼 느껴져서 최근의 삶은 아주 비인간적으로 보여요." 이때 위에서 대답이 들렸다. "만일 죄인을 신고하고 싶으면 1번을 누르세요. 죄를 저질렀다면 2번을 누르세요. 이해하지 못했다면 3번을 누르세요. 면죄를 원한다면 4번을 누르세요."

이를 신기술 세계를 풍자하는 유머 정도로 생각할 수 있지만, 많은 사람이 이러한 소외 때문에 존재적 공허함을 느낄 수 있다는 것을 알아야 한다. 고용이 안정적이지 못하고, 근로자들은 바로 다른 회사에서도 사용할 수 있는 기술을 갖추게 되고, 직무이동이 늘어나고, 팩스나 인터넷을 사용하여 집에서 일하는 경우가 증가하면서 근로자가 직업에서 얻었던 의미나 소속감의 대부분은 더 이상 존재하지 않는다.

자신들이 찾은 일이 얼마나 의미 있는가에 대해 질문했을 때 흥미로운 이야기들이 나왔다. 민수, 선영 그리고 경숙의 의견을 읽으면서 이들과 비교하여 얼마나 비슷한지 아니면 다른지에 대해 생각해 보자.

아버지는 자신의 일에 의미를 두고 있는 것 같았어요. 고등학교를 졸업하자마자 들어간 회사를 계속 다녔고, 함께 다녔던 대다수의 사람도 그들의 일생을 바쳐 일했어요. 그들은 지속적인 관계에서 많은 것을 얻은 것처럼 보였지만 저는 별로 그런 느낌을 받을 수가 없어요. 저의 경우 대부분의 동료가 5년 이내에 바뀌었죠. 부서를 이동하거나 승진을 해서요. 그래서 친밀감이나 사적인 감정이 덜 생겼죠. 아버지는 두 번째 가족으로 직장동료를 생각하곤 했지만 저는 직장동료에 대해 그런 감정을 상상조차 할 수 없어요.

—민수(39세)

나는 내 일에서 새로운 것을 배우는 데 중요한 의미를 두죠. 특히 신기술이 내 일을 얼마나 쉽고 효율적으로 하는가를 배우는 것 말이에요. 내가 배운 기술을 다른 이들에게 가르치는 것은 마치 내 일이 중요한 것과 같이 내가 아주 중요한 일을 하는 사람처럼 느끼게 하죠.

—선영(22세)

나는 일보다는 돈에 의미를 두는 사람인 것 같아요. 실제로 일은 돈을 벌기 위
　한 수단이라고 보거든요. 왜냐하면 내가 원하는 음악을 할 수 있기 때문이지요.
　때때로 생계를 유지하려고 많은 시간을 들이는 게 슬플 때가 있지만 부자가 되
　려고 시간을 쓸 마음은 없어요. 다만 내 일 속에서 의미 있는 것들을 통합할 수
　있길 바라지요. 그렇지만 여태껏 어떻게 하면 그것을 할 수 있는지를 찾지 못했
　어요.

-경숙(29세)

　　어떤 사람들은 자신의 직업에서 의미를 찾을 수 있다고 느끼지만 민수와 경숙은
그들의 일이 삶에 의미와 사명감을 제공한다고 느끼는 것을 어려워한다. 비록 의미
있는 일을 찾는 것이 삶에서 꼭 필요한 것이 아니라는 말이 진실일지라도 대부분은
의미 있는 일을 찾는 것이 바람직하다는 데 동의한다. 우리들 대부분은 일하는 데
주당 40시간을 초과한다. 영혼을 살찌우는 일, 의미 있는 일을 찾을 수 있다면 우리
는 풍요로운 삶을 맛볼 수 있을 것이다.

　　의미 있는 일을 찾으려고 노력하는 과정의 첫 단계는 개인적으로 의미 있다고 여
기는 것을 확인하는 것이다. 경숙은 예술활동을 하면서 의미를 찾았다. 선영은 새
로운 기술을 배우고 이러한 기술을 다른 사람들과 나누면서 의미를 찾았다. 직장생
활에서 개인적인 의미를 끌어낼 수 있는 것이 무엇인지 알면 이제 그 일을 할 수 있
는 상황을 찾으면 된다.

(3) 선택권의 확장

직장 선택권이 다양하게 증가함에 따라 자신을 아는 것이 중요해지고 있다.

　　지금까지의 논의에서 밝혀진 대로 오늘날 직장과 직업의 선택권은 다른 어떤 때
보다 더욱 다양해졌다. 자신의 직업적 흥미, 강점, 단점, 능력 등에 관해 정리해 보
자. 자신을 아는 데 도움이 될 것이다. 또한 다양한 직업정보 중에 자신과 잘 맞는
것을 어떻게 찾을 것인지도 생각해 보자. 독특한 문화를 가진 수많은 종류의 회사가
있으며, 기술의 발전은 세계화된 경제를 열어 놓았고, 자신의 사업을 발전시키기 위
해 더 많은 가능성을 열어 놓았다. 이렇게 직업선택의 기회가 증가함에 따라 자신을

잘 아는 것의 중요성이 증가하고 있다.

오늘날과 같이 변화하는 직업세계에서 그리고 다양한 사람으로 구성된 팀의 일원으로 일을 해야 할 경우가 많아진 상황에서 세계관이 서로 다르다는 것에 대한 이해는 그 어느 때보다 더 중요해졌다. 그리고 조직이 높이 평가하는 세계관이 무엇인가에 대한 이해도 중요해졌다. 예를 들어, 과거에는 지도자와 추종자의 구분이 강조되는 수직적 · 위계적 사회관계 관점이 직업세계에서 높이 평가되었다. 오늘날에는 조직 내에서 팀으로 일하고, 다른 사람에게 자문을 구하고, 공동의 목표를 향해 일하게 되면서, 아이디어를 나누고 책임을 함께하는 보다 협동적이며 평등한 관점이 등장하였다. 또한 자신의 세계관과 다른 사람의 세계관에 대한 이해는 다양한 문화를 가진 사람들과 조화롭게 지내는 데 도움을 줄 것이다.

요약

급변하고 있는 직업세계를 어떤 특정 주제로 요약할 수 없지만, 지금까지 살펴본 다음의 열여섯 가지 주제가 자신과 직장 그리고 자신의 요구에 가장 부합되는 환경유형에 대해 생각해 볼 기회를 주었기를 바란다.

① 다이아몬드가 피라미드를 대체하고 있다.
② 자신이 사장이 되어 거래를 하는 경향이 늘고 있다.
③ 하나의 직업이 세분화되고 전문화되어 새로운 직업들이 파생될 것이다.
④ 소질과 관심, 기술과 지식, 과학기술과 타 영역 간의 연결로 융합형 직업이 늘어날 것이다.
⑤ 지금은 세계화 시대이므로 다양한 문화의 사람들과 함께 일해야 한다.
⑥ 앞으로 사람들은 인공지능 그리고 로봇과 경쟁하며 일하게 될 것이다.
⑦ 미래의 유망직업 분야는 인공지능, 로봇, 사물인터넷, 자율주행, 3D프린팅, 나노기술, 바이오 기술, 빅데이터 분야 등이다.
⑧ 어디서나 활용 가능한 기술을 습득하는 것은 오늘날 고용이 불안정한 직장에서 필수적이다.
⑨ 팀워크는 근로자가 가져야 할 필수적인 능력이다.
⑩ 변화관리능력은 변화무쌍한 직업세계에 적응하는 열쇠다.

⑪ 조직문화를 이해하는 것은 조직에서 성공하기 위한 열쇠다.

⑫ 오늘날의 고용시장은 제품보다는 아이디어를 생산하기를 바란다.

⑬ 기계가 할 수 없는 인간만이 갖는 고유한 역량을 갖추기를 바란다.

⑭ '진로'라는 용어를 사용할 때 지금까지는 9시부터 6시까지 일하는 직장만을 생각해 왔지만 이제는 그렇지 않다.

⑮ 오늘날 사람들은 삶에서 점차 의미와 사명감을 찾고자 한다.

⑯ 직장 선택권이 다양하게 증가함에 따라 자신을 아는 것이 중요해지고 있다.

만족스러운 근무환경을 찾으려면 자신과 다양한 문화에 대해 충분히 이해하고 있어야 하며 자신에게 가장 잘 맞는 것을 많이 알고 있어야 한다. 또한 자신의 세계관을 이해하는 것과 사람들은 경험의 근본적 문제에 대해 서로 다른 관점을 가지고 있다는 것을 깨닫는 것은 한 개인으로서 또 근로자로서의 발달에 있어 중요하다.

■ 참고자료

1. 『클라우스 슈밥의 제4차 산업혁명 THE NEXT: 제4차 산업혁명 시대 선언 후 2년, 지금 당신은 어디까지 준비되어 있는가?』(클라우스 슈밥 저, 김민주 · 이엽 공역, 새로운현재, 2018)

2. 『최고의 교육: 4차 산업혁명 시대 미래형 인재를 만드는』(로베르타 골린코프 · 캐시 허쉬-파섹 공저, 김선아 역, 예문아카이브, 2018)

3. 『고용의 미래-우리 직업은 컴퓨터화에 얼마나 민감한가?』(Carl Benedikt Frey, Michael A. Osborne 공저, Oxford University, 2017)

4. 『일자리의 미래(The Future of Jobs)』(WEF, 2016)

5. 『기술변화에 따른 일자리 영향 연구』(한국고용정보원 연구보고서, 2016)

6. 『세계미래보고서 2050: 미래 사회, 인류에게 가장 중요한 것을 말한다』(제롬 글렌 저, 박영숙 역, 교보문고, 2016)

7. 〈EBS 4차 산업혁명, 교육패러다임의 대전환〉(EBS 교육방송 녹화물, 2017)

8. 『짐 데이터의 미래학 이야기』(중앙일보 시리즈 기사, 2010)

9. 『Career Planning for the 21st Century (2nd ed.)』(Blocher, D. H., Heppner, M. J., Johnston, J. 공저, Love Publishing, 2001)

4차 산업혁명 시대의 직업세계 이해

다음의 질문들은 4차 산업혁명 시대의 특징을 이해하고 대비할 수 있는 기회를 제공할 것입니다. 각 주제에 대해 자신의 경험이나 알고 있는 사례를 적어 보고 대비해야 할 일에 대해서도 생각해 봅시다.

1. 4차 산업혁명 시대의 특징

1) 인공지능과 로봇이 일자리를 대체하고 있다.

　-경험이나 사례: ＿＿＿＿＿＿＿＿＿＿＿＿＿＿＿＿＿＿＿＿＿＿＿＿＿

＿＿＿＿＿＿＿＿＿＿＿＿＿＿＿＿＿＿＿＿＿＿＿＿＿＿＿＿＿＿＿＿＿＿

　-대비해야 할 일: ＿＿＿＿＿＿＿＿＿＿＿＿＿＿＿＿＿＿＿＿＿＿＿＿＿

＿＿＿＿＿＿＿＿＿＿＿＿＿＿＿＿＿＿＿＿＿＿＿＿＿＿＿＿＿＿＿＿＿＿

2) 평생직장은 사라지고 평생직업의 시대가 오고 있다.

　-경험이나 사례: ＿＿＿＿＿＿＿＿＿＿＿＿＿＿＿＿＿＿＿＿＿＿＿＿＿

＿＿＿＿＿＿＿＿＿＿＿＿＿＿＿＿＿＿＿＿＿＿＿＿＿＿＿＿＿＿＿＿＿＿

　-대비해야 할 일: ＿＿＿＿＿＿＿＿＿＿＿＿＿＿＿＿＿＿＿＿＿＿＿＿＿

＿＿＿＿＿＿＿＿＿＿＿＿＿＿＿＿＿＿＿＿＿＿＿＿＿＿＿＿＿＿＿＿＿＿

3) 한 직종과 다른 직종이 융합하여 협업하는 시대에 살고 있다.

　-경험이나 사례: ＿＿＿＿＿＿＿＿＿＿＿＿＿＿＿＿＿＿＿＿＿＿＿＿＿

＿＿＿＿＿＿＿＿＿＿＿＿＿＿＿＿＿＿＿＿＿＿＿＿＿＿＿＿＿＿＿＿＿＿

　-대비해야 할 일: ＿＿＿＿＿＿＿＿＿＿＿＿＿＿＿＿＿＿＿＿＿＿＿＿＿

＿＿＿＿＿＿＿＿＿＿＿＿＿＿＿＿＿＿＿＿＿＿＿＿＿＿＿＿＿＿＿＿＿＿

4) 지금은 세계화 시대이므로 다양한 문화의 사람들과 함께 일해야 한다.

　-경험이나 사례: ＿＿＿＿＿＿＿＿＿＿＿＿＿＿＿＿＿＿＿＿＿＿＿＿＿

＿＿＿＿＿＿＿＿＿＿＿＿＿＿＿＿＿＿＿＿＿＿＿＿＿＿＿＿＿＿＿＿＿＿

　-대비해야 할 일: ＿＿＿＿＿＿＿＿＿＿＿＿＿＿＿＿＿＿＿＿＿＿＿＿＿

＿＿＿＿＿＿＿＿＿＿＿＿＿＿＿＿＿＿＿＿＿＿＿＿＿＿＿＿＿＿＿＿＿＿

2. 개인이 갖추어야 할 능력

1) 어디서나 활용 가능한 기술을 습득하는 것은 오늘날 고용이 불안정한 직장에서 필수적이다.

　-경험이나 사례: _____

　_____

　-대비해야 할 일: _____

　_____

2) 팀워크는 근로자가 가져야 할 필수적인 능력이다.

　-경험이나 사례: _____

　_____

　-대비해야 할 일: _____

　_____

3) 변화관리능력은 변화무쌍한 직업세계에 적응하는 열쇠다.

　-경험이나 사례: _____

　_____

　-대비해야 할 일: _____

　_____

4) 조직문화를 이해하는 것은 조직에서 성공하기 위한 열쇠다.

　-경험이나 사례: _____

　_____

　-대비해야 할 일: _____

　_____

5) 오늘날의 고용시장은 제품보다는 아이디어를 생산하기를 바란다.

　-경험이나 사례: _____

　_____

　-대비해야 할 일: _____

　_____

6) 미래의 직업세계는 기계가 할 수 없는 인간만이 갖는 고유한 역량을 갖추기를 바란다.

 –경험이나 사례: _____

 _____

 –대비해야 할 일: _____

 _____

3. 직업이 개인에게 주는 의미

1) '진로'라는 용어를 사용할 때 우리는 지금까지 9시부터 6시까지 일하는 직장을 생각해 왔지만 이제는 그렇지 않다.

 –경험이나 사례: _____

 _____

 –대비해야 할 일: _____

 _____

2) 오늘날 사람들은 삶에서 점차 의미와 사명감을 찾고자 한다.

 –경험이나 사례: _____

 _____

 –대비해야 할 일: _____

 _____

3) 직장 선택권이 다양하게 증가함에 따라 자신을 아는 것이 중요해지고 있다.

 –경험이나 사례: _____

 _____

 –대비해야 할 일: _____

 _____

연습문제 6.2   다지고 향상시킬 능력들

　이 연습문제는 자신의 강점과 앞으로 개발해야 할 분야를 정리하는 데 도움을 줄 것입니다. 각 문항에 대해 깊이 생각하고 답해 봅시다.

1. 현재 자신이 가지고 있는 능력 중에서 4차 산업혁명 시대에 여러분에게 강점이 될 거라고 믿는 다섯 가지 능력은 무엇입니까?
   ① _____
   ② _____
   ③ _____
   ④ _____
   ⑤ _____

2. 4차 산업혁명 시대에 자신의 장점을 살리기 위해 앞으로 개발할 필요가 있는 다섯 가지 능력은 무엇입니까?
   ① _____
   ② _____
   ③ _____
   ④ _____
   ⑤ _____

3. 2번에서 답했던 능력을 어떻게 개발할 수 있는지 가능한 한 구체적으로 적어 보세요.
   ① _____
   ② _____
   ③ _____
   ④ _____
   ⑤ _____

[부록] 1~4차 산업혁명 단계

산업혁명의 단계를 살펴보면 1차 산업혁명은 약 1760년에서 1820년 사이에 증기기관의 발명과 함께 영국을 시작으로 유럽과 미국에서 일어났다. 1차 산업혁명으로 생산은 비약적으로 증가했으며, 농촌에 살던 사람들은 일자리를 찾아 도시로 이주하여 대도시가 형성되었고, 도시로 인구가 집중되는 도시화가 빠르게 진행되었다. 증기기관의 발명은 기계공업의 새로운 에너지원이 되었고, 엔진의 개발과 함께 각종 산업의 기반이 되는 기계공업 발전의 기반이 되었다.

2차 산업혁명은 약 1870년에서 1914년 사이에 일어났다. 이 시기에는 철강, 석유 및 전기 산업이 발전하면서 새로운 에너지원이 필요하게 되었고, 전기가 새로운 에너지원으로 발명되면서 획기적인 기술의 진보가 일어나게 되었다. 산업현장에서 모터가 개발되면서 산업생산은 급속하게 증가되었다. 그리고 1879년 에디슨의 백열전구 발명으로 산업현장과 가정에서 대중적으로 백열전구를 사용하게 되면서 낮과 밤의 경계가 사라지게 되었고, 이는 이후 전기를 활용한 전화기, 축음기 등 생활필수품 개발의 원동력이 되었다. 독일의 역사학자 에밀 루트비히(Emil Ludwig)의 말처럼 프로메테우스(Prometheus)가 불을 발견한 이후 인류가 두 번째 불을 발견하여 어둠에서 벗어났다고 할 수 있는 시기였다. 1~2차 산업혁명의 시대를 지나면서 인류는 비로소 대량생산과 대량소비의 시대를 맞이하게 되었다.

3차 산업혁명은 약 1970년대에 시작된 것으로 정보기술(IT)을 기반으로 하는 디지털 혁명이라 할 수 있다. 디지털 혁명은 기존의 전자장치 및 기계장비의 아날로그와 대비되는 개념으로 컴퓨터를 기반으로 하는 인터넷 및 정보통신기술(ICT)이 핵심적으로 포함된다. 특히 인터넷 기술의 발전은 전자상거래와 같이 새로운 산업을 창출했고, 개인용 컴퓨터(PC)의 보급은 사무환경의 변화와 함께 생산기술의 비약적인 발전을 가져오고 있다. 또한 현재까지 전 세계 많은 나라에서 진행되고 있는 산업혁명이라 할 수 있다. 최근에는 스마트폰의 개발로 손 안의 컴퓨터 시대와 함께 휴대성이 강화되고 언제 어디서나 정보의 접근이 가능한 유비쿼터스 시대가 되었다.

4차 산업혁명은 앞서 설명한 바와 같이 융합과 데이터 혁명의 시대라고 할 수 있다. 4차 산업혁명의 특징을 살펴보면, 첫째, 초연결성 시대의 등장이다. 사물과 사물이 연결되며, 인간과 사물, 생산자와 소비자가 시간과 공간을 넘어서 서로 자유롭게 교류하는 시대가 열리고 있다. 둘째, 인공지능의 고도화다. 인공지능(Artificial Intelligence)이라는 용어는 1956년 미국의 학회에서 존 매카시(John McCarthy)가 이 용어를 사용하면서부터 등장하였다. 인공지능이란 인간이 인간의 지적능력을 구현한 것으로, 처음에는 기계학습(Machine Learning)과 같이 기본적인 규칙만 주어진 상태에서 입력받은 정보를 활용해 학습하는 수준이었다. 그러나 컴퓨터가 발전하면서 인간의 뇌를 연구하여 인간의 뉴런 구조를 본떠 만든 기계학습 모델로서 인공신경망(Artificial Neuron Network)이 발전했고, 최근에는 입력과 출력 사이에 있는 인공 뉴런들을 여러 개 쌓고 연결한 복합적인 인공신경망 기법을 주로 다루는 딥 러닝(deep learning) 연구가 활발하게 진행되고 있다. 딥 러닝은 높은 수준의 추상화를 시도하는 기계학습 알고리즘의 집합이라 할 수 있다.

출처: 다음 인터넷 자료를 토대로 재구성한 것임[산업혁명: http://www.doopedia.co.kr/doopedia/master/master.do?_method=view&MAS_IDX=101013000733012; 1차 산업혁명: https://www.history.com/topics/industrial-revolution; 2차 산업혁명: http://ushistoryscene.com/article/second-industrial-revolution; 3차 산업혁명: https://www.techopedia.com/definition/23371/digital-revolution; 4차 산업혁명: https://www.weforum.org/agenda/2016/01/what-is-the-fourth-industrial-revolution].

제7장

직업정보의 효과적 탐색

1. 정보화 사회
2. 정보의 개념
3. 직업정보 탐색

개요

　　자신에게 가능한 진로를 탐색해 보기 위해 많은 진로, 교육, 직업에 관한 정보를 찾아보고
활용한다. 이 장에서는 정보의 의미와 직업정보 탐색의 필요성에 대해 알아보고 진로 및 직
업 선택에 필요한 직업정보 수집의 효과적 방법에 관해 알아보고자 한다. 이를 통해 진로를
결정하고 직업을 선택하는 데 있어서 보다 폭넓은 시야를 갖게 되기를 기대한다.

제**7**장

직업정보의 효과적 탐색

1. 정보화 사회

앨빈 토플러(Alvin Toffler)는 우리 사회의 변화를 제1의 물결, 제2의 물결, 제3의 물결로 표현했다. 제1의 물결은 인간의 삶이 수렵과 채집을 위주로 하던 시대에서 벗어나 정착하고 농사를 짓게 된 것을 의미한다. 제2의 물결은 농경 사회에서 증기기관의 발명으로부터 시작된 산업 사회로의 변화를 의미한다. 산업 사회의 특징은 대량생산, 대량분배, 대량소비에 기반하고 있다. 그리고 제3의 물결은 산업 사회에서 컴퓨터 및 정보통신기술 기반의 정보화 사회로 변화한 것을 말한다. 컴퓨터의 대량보급으로 시작된 제3의 물결은 정보화 사회의 막을 열었으며, 오늘날 컴퓨터와 인터넷이 없는 세상은 상상할 수 없을 것이다. 이처럼 정보화 사회는 정치, 경제, 교육, 문화 등에 커다란 영향을 미치고 있으며, 모든 분야에서 디지털에 의한 기술의 변화는 급속히 발전하고 있다.

산업 사회에서 정보화 사회로의 변화는 우리에게 긍정적 및 부정적 영향을 주고 있다. 정보의 공유화로 인해 다양한 정보의 접근이 쉬워지고 시간과 공간의 제한을 받지 않으며 할 수 있는 일이 늘어났다는 점은 긍정적 영향이다. 반면에 검증받지 못한 정보의 확산, 개인정보의 유출, 보호받아야 할 정보의 확산, 인간적인 면의 배제 등은 부정적 영향이다. 빠른 속도로 변화하는 세계에 적응하기 위해 요구되는 능력은 새로운 정보를 정확하고 빠르게 찾아내고 적절히 활용하는 것이다. 우리는 지금 수많은 정보의 홍수 속에서 살고 있다고 해도 무방하다. 그러나 정보를 얼마나 잘 찾아서 실생활에 활용하고 있는가에 대해서는 의문을 갖게 된다.

　정보화 사회에서 정보통신기술의 급속한 발전은 산업혁명이 인간의 일상생활 전반에 걸쳐 가져온 사회 변화의 충격보다 더 큰 변화를 일으키고 있다. 산업 사회에서 기계가 사람의 손을 대신했던 것과 마찬가지로 정보화 사회에서는 컴퓨터가 인간의 두뇌를 대신하고 있다. 정보화 사회에서 성공적으로 살아남기 위해서는 컴퓨터를 기반으로 관련 정보를 수집하여 필요한 정보를 선별하고 보다 유용한 정보를 선택하는 능력이 필요하다. 즉, 정보를 수집하여 분석·가공·체계화하고, 정보를 평가하고 축적하며 현실에 적용하는 능력을 키워 나가야 한다. 이와 같이 컴퓨터와 정보통신기술을 이용하여 정보를 수집하고 새로운 정보를 생산해 낼 수 있는 능력을 정보화능력이라고 한다.

　최근에는 정보통신기술의 융합으로 4차 산업혁명 시대가 시작되었고, 컴퓨터와 스마트폰으로 모든 정보를 얻고 이를 기반으로 생활하는 세대가 생겨났다. 컴퓨터와 정보통신기술의 발달은 미래의 인력 수급에도 많은 영향을 미치게 될 것이다. 미래 사회를 살아가기 위해서는 정보화 사회에서 요구되는 능력을 갖추어야 할 것이다. 이 장에서는 직업과 정보에 대한 이론적인 설명과 함께 진로 및 직업정보 탐색에 필요한 구체적이고 다양한 방법에 대해 알아보고자 한다.

2. 정보의 개념

1) 정보의 의의

　정보란 어떤 사정이나 상황에 대한 소식, 또는 그 자료나 내용이다. 또한 수신자에게 의미 있는 형태로 처리된 자료 그리고 현재 또는 미래의 행동이나 의사결정에 실질적인 가치가 있는 것을 말한다. 정보의 가치를 결정하는 기준은 매우 중요하다. 왜냐하면 정보는 그 자체로 중요하다기보다 이용가치의 높고 낮음에 의해 중요도가 결정되기 때문이다. 이러한 정보의 가치를 판단하는 기준은 정보의 정확성, 정보의 적절성, 정보의 적시성, 정보의 유용성, 정보의 융합성이 대표적이며, 이에 대해 살펴보면 다음과 같다.

첫째, 정보의 정확성은 오류를 방지할 수 있는 정확한 의사결정을 위해서 가장 중요하다. 둘째, 정보의 적절성이란 정보가 필요로 하는 상황에 맞게 얼마나 적절히 제공되고 있는가에 관한 기준이다. 셋째, 정보의 적시성 기준은 정보가 필요한 시기에 맞추어 적절하게 제공되어야 함을 의미한다. 넷째, 정보의 유용성이란 정보는 불확실성을 감소시키고, 보다 확실한 의사결정을 하는 데 도움이 되어야 한다는 것이다. 다섯째, 정보의 융합성에 따르면 정보는 장비의 결합과 가공에 의해 또 다른 새로운 정보의 창출이 가능해야 한다.

정보의 수집
필요한 시점에 가장 최신의 자료와 신뢰성 있는 정보원에서 수집

⬇

정보의 분석
수집된 정보를 분류하고 분석하며 비교하는 과정

⬇

정보의 가공
재편집하여 사용하기 좋은 형태로 요약, 정리하여 정보로서의 가치를 높이는 과정

⬇

정보의 제공
정보의 형태, 내용, 시간, 장소 등의 여건에 따라 효과적인 제공을 하는 과정

⬇

정보의 평가와 축적
정보의 가치에 대한 평가과정과 미래의 정보를 예측하는 데 유용한 자료가 되는 축적의 과정

[그림 7-1] 정보의 수집과 관리

정보의 가치판단 기준을 만족시키는 좋은 정보를 얻는 것도 중요하지만, 정보화 사회에서 성공적으로 살아 나가기 위해서는 정보를 자유자재로 수집하고 다룰 수 있는 능력이 요구된다. 이러한 능력을 위해 필요한 정보의 관리체계를 살펴보면 앞의 [그림 7-1]과 같다. 이 단계를 밟아 여러분에게 필요한 정보를 수집하고 관리해야 생애계획을 세워 나가는 과정에서 정보를 유용하게 활용할 수 있다.

2) 직업과 직업정보의 의미

직업은 여러 가지로 정의 내릴 수 있으나, 생계를 유지하기 위하여 일정 기간 동안 계속해서 종사하는 일의 종류로 정의할 수 있다. 직업의 필수 구성요소는 생계의 유지, 계속적인 활동, 사회적 역할의 분담, 노동행위의 수반, 개성의 발휘, 자기실현 등이다. 『한국직업사전』에서는 직업을 개인이 계속적으로 수행하는 경제 및 사회 활동의 종류로 정의하고 있다. 여기서 직업에 해당하지 않는 활동은 다음과 같다.

- 이자, 주식배당, 임대료 등과 같은 재산 수입이 있는 경우
- 「연금법」「생활보호법」「국민연금법」「고용보험법」 등의 사회보장에 의한 수입 이 있는 경우
- 경마, 경륜 등에 의한 배당금 수입이 있는 경우
- 예 · 적금 인출, 보험금 수취, 차용, 또는 토지나 금융자산 매각에 의한 수입이 있는 경우
- 자기 집에서 가사활동을 하는 경우
- 정규 교육기관에 재학하고 있는 경우
- 시민봉사활동 등을 통해 무급 봉사를 하는 경우
- 법률위반 행위나 법률에 의해 강제 노동을 하는 경우

직업정보란 직업과 관련된 모든 정보를 일컫는데, 개인적 차원에서부터 국가적 차원에 이르기까지 다양한 영역과 범위에서 활용된다. 그리고 유용한 직업정보는 노동생산성과 노동시장의 효율성을 높일 수 있다. 직업정보는 개인적 측면에서는 노동시장 진출에 대비할 수 있게 하며, 기업 측면에서는 직업별 수행직무에 대한 정

확한 파악을 통해 합리적 인사관리와 과학적 안전관리를 할 수 있게 한다. 마지막으로 국가적 측면에서는 체계적인 직업정보를 기초로 한 직업훈련 기준을 설정하고 고용정책 결정의 기초 자료로 활용할 수 있다.

3. 직업정보 탐색

직업정보의 내용이 다양한 만큼 직업정보의 출처도 다양하다. 여기에서는 직업정보의 주요 출처에 해당하는 인쇄매체, 인터넷, 기타 매체, 면담 등에 대해 알아볼 것이다.

1) 인쇄매체를 통한 탐색

(1) 한국직업사전

『한국직업사전』은 한국고용정보원에서 발간하는 우리나라의 대표적인 직업사전이다. 여기에는 각 직업의 직업코드, 직업 명칭, 직업개요, 수행직무, 부가직업정보 등에 관한 정보가 수록되어 있다. 이것은 직무기술에 초점을 두어 만들어진 것으로 관련 자격이나 요구되는 교육훈련 정도 등의 정보를 포함하고 있다. 그러나 특정한 직종과 관련하여 직업과 교육에 관한 다양한 정보를 포함하고 있지 않아 개인이 진로탐색이나 진로선택을 목적으로 활용하기에는 다소 어려운 측면이 있다. 『한국직업사전』은 변동 · 생성 · 소멸하는 직업세계를 체계적으로 조사 · 분석하여 표준직업명을 제정하고, 객관적이고 표준화된 직업정보를 제공하기 위해 제작되었다. 이러한 『한국직업사전』은 직업상담 자료, 구인 · 구직 연결시스템의 자료, 직업분류 기초 자료, 직업 교육 및 훈련의 토대, 통계 및 노동정책 수립 자료로 활용된다.

(2) 한국직업전망서

『한국직업전망서』는 1999년부터 격년으로 발간된 우리나라의 대표적인 직업정보서로, 2019년에는 17개 분야 196개 직업에 대한 향후 10년간의 일자리 전망과 이에 영향을 미치는 요인을 수록했다. 각종 연구보고서와 통계청 및 유관협회 자료 등을 바탕으로 정량적·정성적 전망을 한 뒤에 직업별 유관협회, 연구소, 현장전문가의 검증 등 종합적인 분석을 거쳐서 발간되었다. 『2019 한국직업전망』에 포함된 각 직업별 내용에는 직업별 일자리 전망, 하는 일, 되는 방법, 근무환경, 성별/연령/학력분포 및 평균임금 등의 내용이 수록되어 있고, 일자리 전망 결과가 감소/다소 감소/현 상태 유지/다소 증가/증가 등의 5개 유형으로 분류되어 있다.

이 가운데 2027년까지 취업자 수가 증가할 것으로 전망되는 직업은 19개로, 보건·의료·생명과학, 법률, 사회복지, 산업안전, 항공, 컴퓨터네트워크·보안 분야에서 인재 수요가 늘어날 것으로 전망했다. 일자리 증감에 영향을 미치는 요인에 관하여 전문가 심층면접 및 주제초점집단면접조사를 통해 수집한 핵심어를 분석한 결과, 스마트 자동화 기술, 저출산·고령화, 경쟁 심화, 환경 등이 중요한 영향 요인인 것으로 나타났다.

(3) 기타 도서 목록

『한국직업사전』이나 『한국직업전망서』 외에도 국내에서 직업정보를 제공하는 자료는 매우 다양하다. 공공기관인 한국고용정보원이나 직업능력개발원에서도 개인에게 유용한 정보를 구체적으로 제공할 수 있는 자료들을 발간하고 있다. 최근에는 청년실업이 증가하고 있으며, 생애에 걸쳐 평균 5~8회의 직업전환을 경험해야 하는 시대를 맞이하고 있다. 따라서 진로 및 취업 정보를 다룬 책자나 각종 자료(CD 등)의 출판이 증가하고 있는 추세다. 〈참고자료 1〉에 소개한 책들이 그 대표적 예다.

2) 인터넷을 통한 탐색

최근 많은 기업체나 공공기관은 독자적인 인터넷 홈페이지를 만들어 기업 홍보와 상품판매 등에 적극적으로 활용하고 있다. 채용공고 역시 과거와 달리 홈페이지를 이용하는 경우가 많으므로 수시로 인터넷 검색을 하여 기업의 각종 자료(경영이념, 주요 상품, 기업 IR 등)를 수집해 두면 입사지원 서류작성과 면접에 참고자료로 활용할 수 있다. 특히 한국에 진출한 외국계 기업의 경우 필요한 인력을 수시로 채용하는 경우가 많다. 그러므로 지원하려는 기업의 인터넷 홈페이지를 자주 활용하고, 현재는 채용계획이 없더라도 자신의 이력서와 자기소개서를 이메일로 미리 홈페이지의 웹마스터나 인사담당자에게 보내 두는 것이 보다 유리하다. 또한 정부기관이나 민간의 고용 포털 사이트에서 직업과 관련된 정보와 직종별 구인정보를 간편하게 검색할 수 있다.

(1) 워크넷

정부에서 운영하는 대표적인 취업정보 웹 사이트인 워크넷(http://www.work.go.kr)은 고용노동부와 한국고용정보원이 운영하며 구직·구인 정보와 직업·진로 정보를 제공한다. 워크넷은 고용노동부 산하 전국의 고용센터, 지방자치단체(시·군·구)의 취업정보센터와 온라인으로 연결되어 실시간으로 구인·구직 정보를 제공하고 있어 이용률이 매우 높은 편이다. 워크넷의 주요 메뉴는 채용정보, 직업·진로, 고용복지정책, 훈련정보, 인재정보로, 진로·취업과 관련된 모든 정보를 한곳에서 확인하고 서비스 받을 수 있도록 구성되어 있다. 직업·진로에서는 관련 심리검사 서비스, 대학의 학과 검색은 물론 다양한 직업도 검색해 볼 수 있다. 이는 누구나 무료로 이용할 수 있으며, 회원가입을 하면 구직자 자신에게 적합한 구인업체가 있을 때 이메일로 정보를 알려 주는 메일링 서비스와 SMS(단문 문자서비스)도 받을 수 있어 매우 편리하다. 구직신청은 고용센터를 직접 방문해서 하거나 워크넷 홈페이지에서 회원가입을 한 후에 할 수 있다. 워크넷은 청년, 여성, 장년 등 구직자 유형별로 특화된 별도의 홈페이지도 구축하고 있다. 각 지역의 고용복지센터(http://www.workplus.go.kr)와 장애인고용포털인 워크투게더(http://www.worktogether.or.kr) 등 여러 기관이 링크되어 있어 유관 서비스로 이동하기 편리하게 구성되어 있다.

(2) 커리어넷

한국직업능력개발원은 '개인의 삶의 질 향상'과 '국가의 경쟁력 강화'라는 두 테마를 연결시켜 주는 중요한 연결고리인 국민의 진로개발을 지원하는 기관이다. 또한 진로지도 관련 정책과 제도 운영에 관한 연구, 직업과 직업의식 연구, 직업·진로 정보의 생산 및 보급, 직업안정 정책과 제도에 관한 연구, 직업·진로 관련 검사 도구와 프로그램의 개발 및 보급, 진로상담과 교육서비스, 진로 관련 전문가 연수 등과 같은 역할을 수행하고 있다. 한국직업능력개발원에서 운영하는 진로정보망인 커리어넷(http://www.career.go.kr) 역시 다양한 진로 관련 정보를 제공하고 있는데, 청소년에게 필요한 진로 및 직업 정보에 초점을 두고 있는 편이다. 진로교육 관련 웹 사이트를 통합적으로 제시하고 있어 진로교육이 필요한 사용자의 수월한 접근을 지원하고 있다.

(3) 기타 공공 취업지원 웹 사이트

지금까지 소개한 웹 사이트 이외에도 국가기관에서 운영하는 공공 취·창업지원 웹 사이트들도 중요한 정보원이다. 그 가운데 청소년 및 대학생의 취업과 창업에 유용한 대표적인 웹 사이트를 정리하면 다음과 같다.

청년 취업지원 공공기관	• 워크넷_청년 http://www.work.go.kr/jobyoung/main.do • 잡월드(해외취업) https://www.worldjob.or.kr
공공기관 채용정보	• 나라일터 https://www.gojobs.go.kr • 잡알리오 https://job.alio.go.kr • 알엔디잡(이공계취업지원) https://www.rndjob.or.kr • 서울잡스 https://seouljobs.net • 수원잡스 http://suwonjobs.net • 클린아이(지방공기업 경영정보 공개시스템) http://www.cleaneye.go.kr
기타	• 청년유니온(노동, 일자리 문제를 위한 조합) http://youthunion.kr • 기업인력애로센터 http://job.kosmes.or.kr

(4) 민간 고용정보 웹 사이트

1997년 IMF 구제금융 위기 이후 어려운 경제여건 속에서 가중되는 취업난으로 인해 「직업안정법」이 개정되면서 고용정보제공 분야에 민간기관의 참여가 활발하게 이루어지고 있다. 민간 고용정보업체는 거의 대부분 인터넷으로 구인·구직 정보를 제공하고 있다. 민간 고용정보 웹 사이트는 주로 고학력 구직자의 채용정보를 많이 소개하고 있으며, 업체별로 정규직, 파견근로자, 아르바이트, 직종별(사무직, 무역직, IT 관련 업종) 등으로 특성화된 웹 사이트를 운영하기도 한다. 2002년 이후에 민간 고용정보제공 시장은 비약적으로 성장했으며, 앞으로도 지속적인 성장이 예상되고 있다. 그러나 한편으로는 너무 많은 인터넷 웹 사이트가 경쟁적으로 개설

되어, 구인정보가 부실하거나 수익 모델이 없어 사업 운영에 어려움을 겪는 업체도 생겨나고 있다. 또한 헤드헌터(Head Hunter) 혹은 이그제큐티브 서치펌(Executive Search Firm)으로 불리는 것은 「직업안정법」상 유료 직업소개사업에 해당된다. 대표적인 민간 고용정보제공업체는 〈참고자료 2〉에서 소개하고 있다. 선진국에서는 취업알선뿐만 아니라 근로자파견, 직업훈련, 직업지도 등의 고용서비스를 함께 제공하는 종합인력회사의 형태로 서비스가 종합화되고 있다. 정부에서는 이러한 추세를 반영하여 「직업안정법」을 「고용서비스촉진법」으로 개정하여 민간 고용시장의 활성화를 추진할 계획이다.

3) 다양한 매체를 통한 탐색

지금까지 소개한 출처 이외에도 게시판, 전시회, 상업용·교육용 동영상, 비디오테이프, 슬라이드, 영화 등의 매체를 이용하여 직업정보를 탐색할 수 있다. 이들 매체를 이용하는 것은 인쇄매체를 이용하는 것보다 효과적이다. 다양한 매체를 이용한 정보탐색은 감각에 호소함으로써 탐색자의 동기를 유발할 수 있다는 장점이 있다. 미국의 경우 멀티미디어를 이용하여 직업정보를 제공하는 방법이 다각적으로 모색되고 있다. 우리나라의 경우도 과거에 비해 직업과 관련한 TV 프로그램이 더 많이 제작되고 있다. 몇몇 프로그램은 새로운 직업에 도전하는 사람들의 모습을 보여 주기도 하고, 이미 도전하여 성공한 사람들의 모습을 보여 주기도 한다. 직업정보를 자세히 전달하는 직업 관련 전문 프로그램도 찾아볼 수 있다. 직업탐색에 도움을 줄 수 있는 영상물은 〈참고자료 3〉과 〈참고자료 4〉에서 소개하고 있다.

4) 면담을 통한 탐색

여러 가지 다양한 진로나 직업을 대표하는 사람과의 면담을 통해서도 직업정보를 수집할 수 있다. 일반적으로 면담을 통한 방법은 크게 네 가지로 분류할 수 있다.

첫째, 다양한 직업이나 교육기관을 대표하는 사람과 일의 세계와 교육의 기회에 관해 정보를 듣는 방법이다. 이 방법은 관심을 갖는 분야의 대표적인 인사를 초빙하여 만남의 자리를 마련함으로써 그 진로 분야에 대한 다양한 정보를 제공받는 것이 대표적이다. 그러나 여기에는 몇 가지 한계점이 있다. 어떤 직업 영역을 피상적 또는 선택적으로 다루게 될 수 있으며, 기능적 요소만을 지나치게 강조하여 개인적 요소를 배제할 수 있다. 가장 부정적인 의미로 전향될 수 있고, 소란스러운 분위기가 될 수 있으며, 여러분이 이미 그 직업에 관한 지식을 갖고 있을 수도 있다.

둘째, 다양한 직무를 직접 수행하는 직업인이나 폭넓은 직업의 요구조건에 관하여 잘 알고 있는 인사관리자를 직접 방문하는 방법이다. 이 방법은 어떤 직업에 관한 선험적인 흥미를 가지고 있다고 가정하고, 그 직업에 관한 지식의 폭을 넓히는 것을 목적으로 한다. 실제 기업체 인사담당자 및 현직자와 면담을 진행하면서 체크해야 할 목록은 〈참고자료 5〉에 제시했다. 제시된 내용에 따라 면담을 진행하면 직업정보를 수집하는 데 많은 도움이 될 것이다.

셋째, 해당 일을 하는 사람 옆에서 관찰하면서 직무분석을 하는 방법이다. 이 방법은 하나의 직업에 대한 포괄적이고 전문적인 관점을 제공할 수 있다는 장점이 있지만, 동기화가 그다지 강하지 않다면 흥미가 감소될 수 있다는 단점도 지니고 있다.

넷째, 경력개발센터나 고용센터의 상담서비스를 활용하는 방법이다. 이 방법은 취업과 관련하여 단기간에 목적을 이루고자 할 때 필요한 방법이다.

요약

　　이 장에서는 정보에 대한 개요와 직업정보에 대해 구체적으로 알아보고 직업을 탐색하는 현실적인 방법을 제시했다. 자신에게 가능한 다양한 진로 및 직업 대안에 관한 양질의 정보를 여러 정보원을 통해 탐색하는 활동을 증진시키기 바란다. 나아가 직업정보 탐색을 통해 직업세계에 대한 관점과 이해의 폭을 넓히고, 미래의 직업세계에서 발생할 수 있는 여러 가지 문제점에 대해 준비하고 대안을 마련하기 바란다.

▣ 참고자료 1. 직업정보 관련 도서

1. 『나는 오늘도 내가 만든 일터로 출근합니다』(홍진아 저, 북하우스, 2018)
2. 『청소년이 꼭 알아야 할 4차 산업혁명 새로운 직업 이야기』(이랑 · 이화영 공저, 드림리치, 2018)
3. 『10대가 알아야 할 미래 직업의 이동: ICT와 인공지능이 만드는 10년 후 직업이야기』(박종서 · 신지나 · 민준홍 공저, 한스미디어, 2016)
4. 『50개 직업의 커리어패스 정보』(교육부 · 한국직업능력개발원 공저, 한국직업능력개발원, 2015)
5. 『학교급별 합리적 진로선택을 위한 진로정보원』(교육부 · 한국직업능력개발원 공저, 한국직업능력개발원, 2015)
6. 『한국의 직업지표 연구』(한국직업능력개발원 저, 진한엠앤비, 2014)
7. 『2014 미래의 직업세계』(교육부 · 한국직업능력개발원 공저, 한국직업능력개발원, 2013)
8. 『건축학도의 직업 찾아가기: 진솔한 취업문화 이야기』(이가라시 타로 저, 최병하 역, 기문당, 2010)
9. 『심리학으로 밥 먹고 살기: 심리학의 직업 세계를 말하다』(한국심리학회 편, 삼성출판사, 2010)
10. 『직업으로 꿈꾸는 바다: 세계를 누빌 미래 해양 리더를 위한 책』(신영태 저, 박로사 그림, 넥서스BOOKS, 2010)
11. 『내 인생을 특별하게 만들어 줄 멋진 직업』(캐롤린 보이스 저, 조세형 역, 행간, 2009)
12. 『잃어버린 나를 찾아가는 천직여행』(포 브론슨 저, 김언조 역, 물푸레. 2009)
13. 『영화로 보는 직업이야기』(최영순 저, 중앙고용정보원, 2003)

▣ 참고자료 2. 민간 고용정보 웹 사이트

- 리쿠르트 http://www.recruit.co.kr
- 커리어 http://career.co.kr
- 잡플래닛 https://www.jobplanet.co.kr
- 잡코리아 http://www.jobkorea.co.kr

- 인크루트 http://www.incruit.com
- 사람인 http://www.saramin.co.kr
- 링크드인 https://kr.linkedin.com
- 피플&잡(외국계회사 채용정보) http://www.peoplenjob.com
- 잡투게더(한국무역협회) http://www.jobtogether.net
- 각종 협회에서 운영하는 채용정보 웹 사이트(한국건설기술인협회, 사회복지사협회, 한국비서협회 등)

▣ 참고자료 3. 비디오 & VCD

1. 커리어넷 진로동영상(커리어넷, 2019~): 연간 약 100여 개의 진로동영상 매년 수록(총 852건 수록)

2. 커리어넷 > 직업 · 학과정보 > 진로인터뷰(진로 · 직업 전문가 인터뷰, 진로멘토, 커리어패스 등)

3. 워크넷 > 직업 · 진로 > 직업동영상(200여 개의 직업동영상 수록)

▣ 참고자료 4. 영화

제목	방영시간	내용	비고
귀를 기울이면	115분	책을 좋아하는 여중생 시즈쿠는 책을 읽던 중 도서카드에서 몇 번이나 세이지라는 이름을 발견하게 되고 그를 상상 속에서 그려 본다. 어느 날 우연한 일로 세이지를 만나게 되는데, 시즈쿠는 세이지를 만나면서 자신의 내면세계에 접근하게 되고 소설도 쓰게 된다. 두 사람은 점차 서로에게 사랑을 느끼게 되고 유학을 앞둔 세이지가 청혼을 한다.	애니메이션
추억은 방울방울	120분	주인공 타에코는 동경토박이로 시골을 동경하며 지내다가 10일간 휴가를 내서 시골에 여행을 가게 된다. 여행을 하는 동안 떠오르는 어린 시절의 추억과 시골에서의 생활을 통해 그동안 잊고 있었던 자신이 진정으로 바라는 것이 무엇인지 알게 된다.	애니메이션
뮤직 오브 하트	124분	세계적인 바이올리니스트를 꿈꾸던 로베르타(메릴 스트립)는 이혼 후 생계를 위해 할렘가의 초등학교 교사가 된다. 처음에는 저소득층 학생들에게 사치스럽다는 편견 때문에 마찰도 생기지만 빈곤한 아이들의 멋진 연주에 점차 많은 사람이 그녀를 따르게 된다.	

사랑의 기적	120분	세이어 박사(로빈 윌리엄스)는 뇌염후유증으로 정신은 잠들고 근육은 경직된 채 몇십 년간 정신병원에 있던 환자들을 깨우기 위해 노력한다. 의사에게 필요한 것은 단순한 의술만이 아니라는 것을 느끼게 해 주는 영화다.
패치 아담스	115분	헌터 아담스(로빈 윌리엄스)는 불행한 가정환경에서 자라나 어려운 일을 겪었지만 사람들의 정신적 상처까지 치료하는 진정한 의사의 길을 가려고 노력한다.
제리 맥과이어	138분	스포츠 에이전시 매니저인 제리(톰 크루즈)는 그 분야에서 모두가 인정하는 매니저로 출세가도를 달리다가 소수 정예의 고객에게 진실한 관심을 기울여야 하며 중요한 것은 돈이 아니라 인간이라는 점에 요지를 두고 제안서를 제출했다가 해고당한다.
옥토버 스카이	108분	호머(제이크 질렌할)는 로켓을 만들기로 마음먹고 친구들과 로켓 연구에 몰입한다. 이 때문에 아버지 그리고 주변 사람들과 갈등이 생기게 되지만 결국 로켓 시험 발사를 하게 되는 이야기다.
어바웃 슈미트	125분	은퇴와 함께 아내와의 사별을 맞은 노년의 슈미트(잭 니콜슨)가 딸의 결혼 문제에 맞닥뜨리는 모습을 통해 누구나 겪게 될 인생의 황혼을 다룬 코믹 드라마다.
홀랜드 오퍼스	130분	참된 교사의 이야기를 감동적으로 그린 드라마로, 현실의 벽으로 인해 자신의 희망과 거리가 먼 음악교사라는 직업을 시작하여 평생을 학생들을 위해 헌신하게 되는 교사의 이야기다.
죽은 시인의 사회	143분	단순한 주입식 교육으로 메말라 가는 현실에 따뜻한 인간애와 자유로운 정신을 심어 주는 한 교사의 이야기다.
굿 윌 헌팅	126분	낮에는 MIT 청소부로 일하고 밤에는 친구들과 어울려 노는 윌 헌팅(맷 데이먼)은 천재지만, 폭행 사건으로 교도소에 가게 될 상황이다. 윌의 능력을 아끼는 교수 램보(스텔란 스카스가드)가 그를 책임지기로 하여 교도소행은 면하지만, 불우한 어린 시절을 보낸 윌은 누구에게도 마음을 열지 못한다. 램보는 절친한 친구이자 심리학 교수인 숀에게 도움을 청하고, 숀(로빈 윌리엄스)의 진실한 마음은 윌을 조금씩 변화시킨다.

행복을 찾아서	117분	모두가 경제난에 허덕이던 1980년대 미국 샌프란시스코, 세일즈맨 크리스 가드너(윌 스미스)는 잠시도 쉬지 않고 이곳저곳을 뛰어다니지만 한물간 의료기기는 좀처럼 팔리지 않는다. 귀여운 아들 크리스토퍼(제이든 스미스)는 엉터리 유치원에서 하루 종일 엄마를 기다리는 신세에다 세금도 못 내고 자동차까지 압류당하는 상황이 되자 참다 지친 아내마저 두 사람을 떠난다. 마침내 살던 집에서도 쫓겨나는 크리스와 아들 크리스토퍼. 이제 지갑에 남은 전 재산이라곤 달랑 21달러 33센트뿐이다. 주식중개인이 되면 페라리를 몰 정도로 성공할 수 있다는 사실을 알게 된 크리스는 '남이 할 수 있다면, 나도 할 수 있다.'라는 희망을 가지고 주식중개인 인턴에 지원한다. 덜컥 붙긴 했지만 인턴과정은 땡전 한 푼 못 받는 무보수일 뿐 아니라 60 대 1이라는 엄청난 경쟁을 이겨 내야 한다는 사실을 깨닫게 된다. 학력도 경력도 내세울 것 없던 크리스는 아들과 함께 노숙자 시설과 지하철 역을 전전해야 하는 극한의 어려움 속에서도 행복해지기 위한 마지막 도전을 시작한다.
밀리언달러 베이비	133분	프랭키(클린트 이스트우드)는 한때 잘나가던 권투 트레이너였지만, 소원해진 딸과의 관계 때문에 스스로 세상과의 교감마저 피하는 나이 든 트레이너. 그에게는 은퇴 복서인 유일한 친구 스크랩(모건 프리먼)과 낡은 체육관을 운영하면서 서로 티격태격하는 것이 유일한 낙이다. 그러던 어느 날 체육관에 매기(힐러리 스웽크)라는 여자 복서 지망생이 찾아오고, 프랭키는 그녀에게 "서른한 살이 된 여자가 발레리나를 꿈꾸지 않듯 복싱선수를 꿈꾸어도 안 된다."라고 말하며 냉정하게 그녀를 돌려보낸다. 그러나 권투가 유일한 희망인 매기는 매일 체육관에 나와 홀로 연습을 하고, 결국 그녀의 노력에 두 손 든 프랭키는 그녀의 트레이너가 되기로 한다.
우리가 꿈꾸는 기적: 인빅터스	133분	첫 흑인 대통령으로 선발된 넬슨 만델라(모건 프리먼)는 거의 백인으로 이뤄진 자국 럭비팀 '스프링복스'와 영국의 경기에서 흑인들이 상대팀 영국을 응원하는 것을 목격한다. 이에 인종과 국경을 초월하는 스포츠를 통해 모두의 마음을 하나로 연결할 것을 결심하고, '스프링복스'의 주장 프랑소와 피나르(맷 데이먼)를 초대해 1년 뒤 자국에서 열리는 럭비 월드컵에서 우승해 달라고 제안한다. 그 누구도 믿지 않았고 불가능이라 여겨졌던 우승! 결코 굴하지 않았던 그들은 온 국민에게 기적 같은 경험을 선사하고 이날의 경기는 흑과 백이 하나가 되는 역사적인 사건으로 기록되었다!

블라인드 사이드	128분	어린 시절 약물 중독에 걸린 엄마와 강제로 헤어진 후, 여러 가정을 전전하며 커 가던 '마이클 오어(퀸튼 아론)'. 그의 건장한 체격과 남다른 운동신경을 눈여겨본 미식축구 코치에 의해 상류 사립학교로 전학하게 되지만 이전 학교에서의 성적 미달로 운동은 시작할 수도 없게 된다. 급기야 그를 돌봐 주던 마지막 집에서조차 머물 수 없게 된 마이클. 이제 그에겐 학교, 수업, 운동보다 하루하루 잘 곳과 먹을 것을 걱정해야 하는 날들만이 남았다.
라라랜드	128분	영화의 제목인 'La La Land'는 '몽상의 세계' '꿈의 나라'라는 뜻을 가지고 있는 단어다. 약간 부정적인 뉘앙스를 가지고 있어서, 'live in La La Land'라는 관용구는 말 그대로 '꿈속에서 산다.'라는 뜻이다. 세바스찬과 미아가 만나 사랑에 빠지면서 각자의 꿈을 이루어 가는 이야기를 담고 있다. 세바스찬(라이언 고슬링)은 재즈 뮤지션을 꿈꾸는 청년으로 간간히 먹고 살기 위해 레스토랑에서 피아노를 친다. 레스토랑 사장이 원하는 곡을 연주하지 않아 여러 번 해고를 당하지만 뮤지션이 되어 자신의 꿈을 이루게 된다. 또한 미아(엠마 스톤) 역시 배우를 꿈꾸지만 오디션에서 번번이 탈락하다가 세바스찬을 만나 스스로 시나리오를 쓰고 연극을 하고 극장을 빌려서 도전하는 과정을 통해 유명한 배우가 된다.
보헤미안 랩소디	135분	프레디 머큐리는 인도인이었던 아버지의 전통적 종교와 행동의 제약에 많은 거부감을 가졌다. 그는 음악을 통해 사회의 고정관념과 관례를 깨고 퀸이라는 밴드가 역사적인 밴드로 자리 잡을 수 있게 했다. 특히 세상에서 소외된 아웃사이더들을 위해서 노래를 만들었다. 인간의 가장 밑바닥에 숨어 있어야 할 욕망을 공개적으로 꺼내서 현실에 가져오는 과정을 통해 많은 비난과 공격을 받기도 했다. 하지만 그는 자신의 욕망과 쾌락을 포함하여 그 모든 것을 자신의 것으로 만드는 데 삶의 열정을 쏟았던 뮤지션이었다.

▣ 참고자료 5. 인터뷰 보고서

인터뷰 제목(형용사 + 구체적인 직업명): _____

■ 이름: _____   ■ 작성일: _____

1. 인터뷰 날짜:

2. 단체명(회사명)과 주소:

3. 인터뷰한 사람의 이름: 직함: 전화번호: 이메일 주소:

4. 다음의 정보를 얻었나요?

    ① 주요 업무

    ② 필요한 지식

    ③ 요구되는 학력

    ④ 업무수행능력

    ⑤ 근무환경(근무지, 근무조건 등)

    ⑥ 동료 또는 고객과의 관계

    ⑦ 임금 수준

    ⑧ 승진 및 경력개발 기회

　　　⑨ 필요한 자격증

　　　⑩ 전망

　　　⑪ 관련 직업 & 관련 업종

5. 한 사람 이상 연락할 사람의 이름과 연락처를 얻었나요?
　　예(이름:　　　직함:　　　전화번호:　　　이메일 주소:　　　　　　)

* 다음은 인터뷰가 끝난 후 점검해 볼 항목들입니다.
6. 기록하는 것이 즐거웠나요? 예(　　) 아니요(　　)

7 . 이미 알고 있던 것 중에서 확인한 것은 무엇인가요?

8. 새로 배우거나 얻은 정보는 무엇인가요?

9. 더 알아야 하거나 조사해야 할 것은 무엇인가요?

10. 이 사람을 다시 만날 필요가 있나요?

11. 여러분의 다음 계획은 무엇인가요?

연습문제 7.1 **/차 직업정보 찾기**

이 연습문제는 여러분이 직업정보를 찾는 데 있어서 길잡이가 될 것입니다.

1. 여러분이 원하는 직업을 적으세요.

   만일 아직 확실한 직업이 정해지지 않았다면 관심이 있거나 희망하는 직업을 적어
   도 됩니다(꼭 한 가지가 아니어도 좋으며, 두세 가지도 가능합니다).

   _____

   _____

   _____

   _____

   _____

   _____

2. 희망하는 직업에서 가장 유명한 회사나 상위 업체를 적어 보세요.

   희망하는 근무부서도 적으세요(인터넷으로 검색하여 기업의 조직도를 참고합니다).

   _____

   _____

   _____

   _____

   _____

   _____

3. 여러분이 직업이나 회사에 대해 궁금한 것은 무엇입니까?

   취업을 위해 찾아보아야 할 정보는 무엇일지 생각해 보고 그것을 써 보세요.

   _____

   _____

   _____

   _____

   _____

   _____

연습문제 7.2 인터뷰 양식

〈연습문제 7.1〉의 문제 2에서 답한 것대로 직업정보를 찾아보고 다음 기준에 맞추어 정보를 정리해 보세요. 다음을 따라 정리해 보면 여러분이 원하는 직업이 어떤 것인지 구체적으로 이해할 수 있을 것입니다.

1. 지원 분야의 구체적인 직무 내용: _____
   _____

2. 근무형태(정규직, 계약직, 인턴 등): _____
   _____

3. 급여(연봉 등): _____
   _____

4. 복리후생(차량유지비, 학자금, 교육비 지원 등): _____
   _____

5. 근무지역: _____
   _____

6. 회사의 지명도(업계 순위) 등: _____
   _____

7. 회사의 향후 발전 가능성: _____
   _____

8. 승진체계: _____
   _____

9. 채용시기 및 전형방법: _____
   _____

10. 회사의 사회적 지명도: _____
    _____

11. 기타: _____
    _____

제8장

진로의사결정

1. 진로미결정의 이해
2. 합리적 의사결정 모델
3. 합리적 의사결정능력 기르기

개요

　　우리는 진로 및 직업 선택과 관련하여 끊임없이 요구되는 의사결정을 해야 한다는 것을 알
고 있다. 하지만 의사결정을 어떻게 하는 것이 잘하는 것인지에 대해서는 잘 알지 못하고, 결
정을 하고 난 후에 뒤늦은 후회를 하기도 한다. 따라서 이 장에서는 진로의사결정의 이해와
더불어 합리적인 의사결정과정에 대해서 연습하고자 한다. 이에 앞서 진로미결정에 대해서
검토해 볼 것인데, 진로미결정 상태를 인식하는 것이 합리적인 의사결정과정을 통해 진로의
사결정을 할 수 있는 기초가 되기 때문이다.

제**8**장
진로의사결정

　우리는 살아가면서 다양한 선택과 결정의 과정에 놓이게 된다. 인생에서 중요한 선택 및 결정을 해야 하는 상황에서 가장 중요하게 생각하는 것은 무엇인가? 매 순간마다 최선의 선택이 되게 하기 위해서 타인의 의견을 들어 보기도 하고, 정보를 탐색해 보기도 하고, 스스로에게 질문을 던지며 고민을 하기도 한다. 하지만 그것이 최선의 선택이었는지는 사실 해 보지 않고는 답하기 어렵기도 하다. 그럼에도 불구하고 우리는 최선의 선택을 하기 위해 지금도 노력하고 있다. 그렇다면 의사결정에서 가장 중요한 요인은 무엇일까? 의사결정에서 가장 중요한 것은 자기 자신에 대한 이해와 주변 환경에 대한 이해라고 할 수 있다.

　진로의사결정은 개인이 선택 가능한 여러 가지 진로 중에서 자신의 특성을 고려하여 최선의 진로를 선택하는 과정이다. 진로의사결정을 하기 위해서 첫 번째로 필요한 것은 자기이해이며, 이에 대해서는 앞서 제5장까지의 내용을 통해 두루 살펴보았다. 이 과정을 통해 자신에 대해 깊이 있게 이해했으리라 짐작한다. 두 번째로 필요한 것은 직업세계의 이해 및 정보의 탐색이다. 자신에게 잘 맞는 직업이 무엇인지, 어떻게 이룰 수 있는지, 전망은 어떤지 등에 관한 정확한 정보가 있어야 제대로 된 의사결정을 할 수 있다. 제6장과 제7장을 통해 이 부분에 대한 준비가 되었을 것이다. 마지막으로 필요한 것이 합리적 의사결정과정을 이해하고 적용하는 것이다. 이 장에서는 진로의사결정과 진로미결정, 합리적 의사결정과정에 대해 살펴볼 것이다.

　　의사결정이론은 자신의 이익을 극대화하고 손실을 극소화하는 방향으로 행동한다는 케인즈(J. M. Keynes)의 경제이론에 바탕을 두고 있으며, 이 이론의 핵심 내용은 여러 가지 선택 가능한 직업 중에서 자신의 투자가 최대로 보상받을 수 있는 직업을 선택한다는 것이다. 여기서 말하는 보상이란 단지 돈뿐만 아니라 지위나 명예, 일하는 보람, 봉사, 욕구 충족 등 개인의 가치를 만족시키는 모든 것을 포괄한다.

1. 진로미결정의 이해

　　진로나 직업은 개인에게 선택과 의사결정을 끊임없이 요구한다. 고등학교 계열 선택, 대학 및 학과 결정, 전공선택, 학업의 계속 여부, 구체적인 직장의 결정, 전직 및 이직, 재취업 직장의 선택, 퇴임 준비 등 의사결정의 문제는 지속된다. 이렇게 다양한 진로 관련 의사결정 상황에서 결정을 내리지 못하고 미루고 있는 상태를 진로미결정이라고 한다. 진로미결정은 심리적 관점에서 설명하면 우유부단과 같은 성

[그림 8-1] 진로미결정 원인의 유형별 분류체계

출처: Gati, Krausz, & Osipow (1996), p. 512.

격특성에서 비롯된 개인 내적인 문제로 보기도 한다. '결정장애'라고 명명되기도 하는 개인의 성격에서 비롯된 문제로 보는 관점이다. 그러나 발달적 관점에서는 진로발달의 과정에서 발생할 수 있는 자연스러운 문제로 설명되고 있다. 이러한 진로미결정의 원인은 앞의 [그림 8-1]과 같이 준비의 부족, 정보의 부족, 정보의 불일치로 분류해 볼 수 있다. 이를 통해 자신은 왜 아직 진로를 결정하지 못하고 있는지 확인해 보기 바란다.

1) 준비의 부족

구체적 진로를 결정하는 데 참여하기 전에 선행하는 문제로, 되도록 빨리 이 단계를 벗어나야 한다. 이것은 진로의사결정에 참여하려는 '동기의 부족' 및 모든 형태의 의사결정에 관한 일반적인 '우유부단'과 관련된 문제이며, 자신의 신념에 완전히 일치하는 진로가 나타나기까지 결정을 유보하는 '잘못된 신념' 등이 이에 속한다.

2) 정보의 부족

정보의 부족은 '진로를 결정하는 절차 및 단계에서의 정보의 부족 문제'다. 자기 자신에 대한 정보가 부족한 학생들은 "제가 좋아하는 것이 무엇인지 모르겠어요." "제가 어떤 일을 잘할 수 있을까요?"라고 한다. 자신의 흥미, 적성, 가치관, 성격 등 진로의사결정에서 중요하게 고려해야 할 자신에 관한 정보를 잘 알지 못하고 있는 상태다.

직업에 대한 정보 또한 중요하다. "프로게이머가 되려면 어떻게 해야 하나요?" "꼭 일을 해야만 하나요?" "일은 조금만 하고 돈은 많이 벌고 싶어요."라고 하는 학생들은 아직 직업의 세계에 대해 잘 모르고 있다고 볼 수 있다.

이뿐만 아니라 진로의사결정을 잘하기 위해서는 정보를 얻는 방법에 대해서도 잘 알아야 한다. 정보를 얻는 방법에 대한 정보가 부족한 학생들은 "공무원 시험에 대한 자료는 어디 있죠?" "인터넷에서 자료를 찾아보라고 하는데 어떤 웹 사이트에 들어가야 하나요?" 등 직업세계에 대한 정보획득방법을 질문하기도 하고, "적성을 알아보려면 어떻게 해야 하나요?"와 같이 자신에 대한 정보를 획득하는 방법을 궁금해하기도 한다.

　마지막으로 바람직한 진로의사결정을 내리기 위해서는 바람직한 의사결정단계를 밟아야 하고, 그러기 위해서는 각 단계에 대해 잘 알고 있어야 한다. "군대를 가야 할지 대학원을 가야 할지 어떻게 결정해야 하나요? 부모님이 정해 주신 걸 해야 하나요? 그냥 친구들이 하는 걸 할래요."라고 말한다면 합리적인 의사결정의 과정에 대해 잘 모르고 있는 학생이다. 어떤 단계를 밟아서 의사결정을 내려야 하는지, 진로를 결정할 때는 어떤 요인들을 중요하게 고려해야 하는지, 자신에 대한 정보와 진로대안에 대한 정보를 어떻게 연결해야 하는지를 모르고 있다면 역시 진로의사결정에 도달할 수 없다. 이러한 문제가 의사결정단계에 대한 지식 부족에 포함된다. 특히 우리나라 학생들의 경우 합리적인 과정을 밟아 의사결정을 내리는 과정보다는 의존적이거나 직관적으로 의사결정을 해 버리는 경우가 많다는 점을 고려할 때, 합리적 의사결정을 위해서는 의사결정단계에 대한 지식을 갖추어야 한다.

3) 정보의 불일치

　정보의 불일치라는 중요한 범주에는 믿을 수 없거나 혼란스러운 정보와 관련된 문제를 포함하는 신뢰할 수 없는 정보, 개인 내의 갈등들을 포함하는 내적 갈등 그리고 중요한 타인들의 영향과 갈등을 포함하는 외적 갈등이 속한다.

　신뢰할 수 없는 정보는 개인의 선호에 대한 혼란스러운 정보, 학생이 감지하고 있는 능력에 대한 신뢰할 수 없는 정보, 적절하다고 여겨지는 진로대안들과 관련된 믿을 수 없는 정보 등 세 가지 서로 다른 영역으로 세분된다.

　내적 갈등은 양립할 수 없는 선호와 관련된 갈등 및 선호와 능력의 격차로 인한 갈등이 대표적이다. 예를 들면, 유치원 교사가 되고 싶은 희망과 매우 높은 수입을 얻고 싶은 욕구는 서로 양립할 수 없는 갈등에 속할 것이다. 성적은 안 되는데 의학전문대학원을 고집하고 있다면 선호와 능력의 격차로 인한 갈등을 겪고 있는 것이다.

　외적 갈등은 주로 부모나 교사 등 중요한 타인들의 영향력에 기인한다. 부모님이 원하는 진로와 자신이 원하는 진로가 달라서 갈등하는 경우가 대표적 예다. 또는 학생의 진로에 대해 부모와 교사의 의견 차이가 좁혀지지 않는 경우도 있고, 가족 부양에 대한 부담감으로 미래에 대한 희망을 상실한 경우도 있다.

2. 합리적 의사결정 모델

크롬볼츠(J. D. Krumboltz)는 진로의사결정의 7단계를 제시하고 각 단계의 머리글자를 따서 'DECIDES'라고 명명했다. 각 단계는 ① 문제를 정의하기(Define the problem), ② 계획을 수립하기(Establish an action plan), ③ 가치를 명료화하기(Clarify value), ④ 대안을 모색하기(Identify alternatives), ⑤ 결과를 예측해 보기(Discover probable outcomes), ⑥ 대안을 체계적으로 배제해 나가기(Eliminate alternatives systematically), ⑦ 행동을 시작하기(Start action)로 이루어져 있다.

의사결정의 가장 핵심적 과정은 여섯 번째 단계인 대안의 배제단계에서 일어난다. 즉, 모든 대안 가운데 최종적으로 한 가지를 결정하기 위해 다른 대안들을 제외시켜야 하는데 그 과정이 의사결정과정 중에서 가장 어려운 과정이다.

여섯 번째 단계에서 일어나는 대안의 배제와 관련해 다양한 의사결정 모델이 제안되었다. 지금까지 이 분야의 연구에서는 기대효용 모델, 결합 모델, 순차적 배제 모델의 세 가지 의사결정 모델에 관한 연구가 가장 활발하다.

1) 기대효용 모델

기대효용 모델(Expected Utility Model)이란 상보적 의사결정 모델의 일종으로, 개인이 가능한 진로대안들이 자신이 고려하는 모든 측면에서 어느 정도의 효용(utility), 즉 만족감을 주는가를 비교해서 그중 가장 높은 효용을 갖는 진로대안을 선택한다는 것이다. 진로의사결정 영역의 연구에서 기대효용 모델로서 처음으로 소개된 모델은 겔라트(H. B. Gelatt)의 모델인데, 진로의사결정단계를 가능한 대안들을 알아보기, 가능한 한 많은 정보를 수집하기, 가치관 검사를 실시하여 평가하기, 최고의 만족도를 가진 대안을 선택하기와 같이 제시했다.

기대효용 모델의 특징을 살펴보면 다음과 같다. 먼저, 기대효용 모델에서는 사람들이 최대 효용을 주는 대안을 선택해야 한다는 지침을 제공하고 있다(처방적 특징). 그리고 의사결정과정은 매우 복잡한 현상이지만 효용을 계산하는 단계는 수학적이어서, 진로의사결정과정에서 기대(가능성)와 값(효용)을 결합시키는 어떤 규칙이 존재하고 있다.

기대효용 모델은 계속 발전하여 주관적 기대효용 모델로 다시 선보이게 되는데, 의사결정자들이 바람직한 결과를 얻을 수 있는 가능성의 극대화가 의사결정의 목표라고 기술하고 있다. 이를 위해 진로결정의 영역에서 주관적인 가치와 가능성이 별도로 고려되어야 하고, 서로 다른 진로의 여러 가지 측면의 중요성에 대한 주관적인 평가에 따라 가중치를 매기도록 하는 것이다. 즉, 고려되는 모든 직업이나 진로의 특성이 동일한 중요성으로 다루어지던 기존의 모델과 달리 그 상대적인 중요성을 고려하여 보다 개인적인 만족도를 높여 준다는 것이다. 이를 적용한 것이 〈연습문제 8.1〉의 '진로 대차대조표를 활용한 의사결정 연습'이다.

또한 기대효용 모델의 한계점에 대한 논의도 살펴보아야 할 것이다. 먼저, 중요한 관련 정보 모두를 일관성 있고 적절하게 통합하는 데 어려움을 겪는 사람들이 있다는 점이다. 즉, 기대효용 모델은 정보를 통합하는 유용한 방법이지만 의사결정자가 문제의 구조를 정의하고 그 요소들을 파악해야 하는 과제를 가지고 있다는 중요한 한계점이 있다. 이러한 한계점을 극복할 수 있는 새로운 진로의사결정 모델로 결합모델이 제안되었고, 다음 절에서 그 내용을 살펴보고자 한다.

2) 결합 모델

기대효용 모델에 따라 의사결정을 할 경우 인지적인 활동이 비현실적이라고 할 만큼 과다하다고 본 몇몇 연구자는 정보처리과정의 부담감을 조금 더 줄일 수 있는 선택 모델을 제시했다. 그중 하나가 사이먼(H. Simon)의 만족의 원리다. 만족할 만한 대안이 발견될 때까지 대안들을 하나씩 탐색하고, 어떤 대안이 자신이 생각하고 있는 모든 직업의 측면들을 각각 최소한의 수준 정도로만 만족시키면 그 대안을 선택하는 것이다. 즉, 의사결정자가 고려할 모든 직업의 측면에 대해 자신을 만족시킬 수 있는 효용의 최소선을 먼저 정한다. 이 효용의 최소선이라는 준거를 진로대안 각각에 적용하여 모든 측면의 효용 최소선을 만족시키는 진로대안을 선택한다.

결합 모델(Conjunctive Model)과 기대효용 모델의 차이는 진로대안에 대한 탐색의 깊이이다. 결합 모델에서는 어떤 진로대안이 어느 한 가지 측면의 최소 수준 만족도를 넘지 못하면 더 이상 탐색하지 않고 배제시킨다. 진로대안의 어떤 특성이 각자에게 더 중요한지 결정해 나가는 과정을 통해 의사결정에 필요한 시간과 노력을 기대효용 모델에서보다 줄여 갈 수 있다는 것이 가장 큰 장점이다.

3) 순차적 배제 모델

기대효용 모델에 대한 또 다른 대안은 진로의사결정에서의 순차적 배제 모델 (Sequential Elimination Model: SEM)이다. 이 모델에서는 각 직업의 대안을 어떤 특성의 종합체로 본다. 특성이란 높은 사회적 지위 또는 융통성 있는 근무시간 등 어떤 측면의 질적 또는 양적 수준을 말하며, 수준이나 양의 측면이 아니라 대학 졸업 이상의 학력이 필요하거나 또는 필요 없는 것처럼 이원적인 특성도 있다. 어떤 배제의 단계에서든 상대적으로 가장 중요한 특성(측면)이 선택된다. 중요한 측면을 선택하고 나면 그 특성을 기준으로 진로대안을 제외시키는 단계로 넘어간다. 이러한 측면 선택과 대안 배제의 과정은 한 가지 대안이 남을 때까지 계속한다. 어떤 측면의 특성이란 사회적 지위처럼 그 특성을 가져야 하는 것도 되고, 교대근무와 같이 그 특성이 없어야 하는 것도 된다. 만족할 만한 수준이나 그 수준의 방향성은 개인이 정하는 것이다. 즉, 바람직한 특성과 바람직하지 못한 특성이 진로의사결정의 중요성을 반영해 준다면 어떤 방식으로든 결합될 수 있다.

순차적 배제 모델의 가장 핵심적인 요소는 직업의 여러 측면을 파악하고 그들의 상대적 중요성을 결정하는 것이며, 여기에서 직업의 측면이란 신체적 장애나 능력과 같은 객관적인 제약조건, 직업과 관련된 가치, 일의 영역 등 모든 것을 포함한다. 가티(I. Gati)는 진로의사결정을 할 때 고려하는 직업의 여러 측면과 그 상대적 중요성은 개인에 따라 다르다는 점을 강조했고, 각자에게 중요한 측면과 그 측면의 상대적 중요성을 파악하는 방법을 제안했다. 가티는 진로의사결정에서 고려되는 측면을 확인하는 세 가지 방법을 다음과 같이 기술하고 있다. ① 직업을 선택하는 데 있어서 가장 도움이 되는 정보가 무엇인지 질문하거나 진로선택 시뮬레이션에서 어떤 것이 중요한지 말해 본다. ② 자신의 가장 이상적인 진로대안이 무엇인지 상상해 보고 그 직업의 구직 가능성, 직업의 동향 등 그 특성을 기술한다. ③ 자신이 알고 있는 직업대안들의 구조를 자신의 인식을 바탕으로 분석한다.

지금까지 살펴본 세 가지 의사결정 모델에서 공통적으로 포함되는 내용은 모든 측면을 모두 만족시켜 주는 대안은 존재하지 않기 때문에 자신에게 최고의 선택이 아닌 최적의 선택을 한다는 것이다. 따라서 진로선택을 할 때는 각 진로대안의 어떤 측면들을 고려할 것인지를 알고 있어야 하며, 그 측면들의 상대적인 중요성을 결정해야 한다.

3. 합리적 의사결정능력 기르기

진로발달과정에서 '결정'은 가장 중요한 결과라고 볼 수 있다. 자신에 대한 정보, 직업세계에 대한 정보 등을 가지고 최종적으로 진로를 선택하게 되는 의사결정이 요구되며, 그 결정이 최선의 것이 되기 위해 의사결정을 합리적으로 하느냐 그렇지 않느냐에 따라 자기에게 적합한 진로를 결정할 수도 있고 그렇지 않을 수도 있다. 진로를 결정하는 일은 개인의 일생을 통해서 성취해야 할 가장 중요한 과업 가운데 하나다. 진로선택의 결과는 우리 생활의 대부분에 영향을 주고 있다. 즉, 능력발휘의 기회, 거주지, 친구유형, 사회·경제적 지위, 정신 및 신체 건강, 가족 간의 관계 등 생활의 모든 측면에 영향을 주게 된다. 그러나 이렇게 중요한 결정이 매우 불합리한 과정을 거쳐서 내려지는 경우도 많다. 즉, 자신에 대한 이해 없이, 또 직업의 세계에 대한 정확한 이해 없이, 편견이나 선입견에 따라, 부모의 요구나 친구의 권유에 의해서, 여러 가지 외적인 욕구, 즉 급여, 근무환경, 사회적 지위 등을 추구하여 불합리한 결정을 내리는 경우가 많다. 때로는 이렇게 내린 결정의 결과에 대해서 책임감을 갖기보다는 다른 이유로 책임을 돌리기도 하며, 의사결정에 불만족하지만 그 결정을 돌이키는 것을 어려워하기도 한다. 따라서 여러분이 합리적인 진로의사결정을 할 수 있도록 의사결정기술을 증진시키는 일은 무척 중요하다. 이에 〈연습문제 8.2〉에서는 합리적 의사결정을 연습해 보고자 한다.

의사결정의 유형은 합리적 유형, 직관적 유형, 의존적 유형으로 나눌 수 있다. 합리적 의사결정유형은 의사결정 시 논리적이고 체계적으로 접근하며, 결정을 내리기 위해 관련 정보를 수집하고 이전의 결정을 검토해 보기도 하며 현재 자신의 결정이 미칠 영향에 대해서도 미리 생각해 보는 유형으로, 결정을 내리기까지 여러 가지 준비가 필요하고 정보를 수집해야 하기 때문에 결정하는 데 시간이 다소 많이 소요되는 것이 단점이나 결정에 대한 책임을 자신이 지는 유형이다. 직관적 유형은 의사결정을 할 때 자신의 감정적 상태에 의존하는 유형으로, 객관적이고 논리적인 사실에 의해 결정을 내리기보다는 환상이나 느낌을 중요시하며, 결정을 내릴 때 감정 상태에 주로 의존하기 때문에 선택이 비교적 빨리 이루어지고 합리적 유형과 마찬가지로 결정에 대한 책임이 자신에게 있다고 생각하는 유형이다. 마지막으로, 의존적 유형은 의사결정을 할 때 자신의 판단과 결단에 의존하기보다는 다른 사람들의 생각이나 인정을 중시하여 결정을 내리는 유형으로, 자신의 결정에 대해 자신감이 부족하고, 스스로 결정을 내릴 능력이 부족하다고 생각하며 결정에 대한 책임도 다른 사람에게 미루는 경향이 있다.

 개인마다 특정 유형의 의사결정을 더 많이 하는데, 이는 개인적 특성이기도 하다. 그러나 진로의사결정에서는 합리적 의사결정을 추천한다. 따라서 자신의 평소 의사결정유형에 상관없이 가능한 한 합리적 의사결정방법을 익혀 진로의사결정에 적용해야 한다. 일반적으로 합리적 의사결정방법은 총 여섯 단계로 설명할 수 있는데, 물건 사기를 예로 들어 그 단계를 설명하면 다음과 같다.

① 목적의식 명료화: 무엇 때문에 결정을 내려야 하는지를 분명히 한다.
② 관련 정보 수집: 구입할 물건과 관련된 자료를 수집한다.
　　(가능한 방법을 동원: 신문, 친구, 인터넷 등을 이용)
　　−어떤 종류가 있는가?
　　−각 물건의 사양은 어떤가?
　　−구매 장소 및 싸게 구입하는 방법에는 어떤 것들이 있을까?
　　−도움 받을 만한 사람은 누가 있을까?
③ 선택할 수 있는 대안의 열거: 정보 수집을 통해 얻은 대안들을 나열해 본다.
　　−대체할 수 있는 물건의 목록 작성
④ 대안의 비교 및 평가: 각 물건을 비교하며 평가해 본다.
⑤ 의사결정: 대안들 중 하나를 선택한다.
⑥ 평가 및 재투입의 과정: 선택한 물건에 대해 직접적·구체적으로 알아보고, 마음에 들면 구입한다. 만약 마음에 들지 않으면 가능한 대안들 중 다른 하나를

선택하고, ②~⑤의 과정을 반복하여 최종 결정을 내린다.

이러한 합리적 의사결정단계를 여러 가지 의사결정에 적용하면서 연습해 봄으로써 자신의 것으로 만들 수 있다. 필기구 하나를 사는 작은 선택과 결정에서부터 메뉴 정하기, 옷 고르기, 여행지 고르기 등 다양한 장면에 적용해 보기 바란다. 이러한 연습을 통해 합리적 의사결정능력을 배양하여 자신에게 잘 맞는 진로선택을 한다면 여러분의 삶은 더욱 풍요로워질 것이다.

요약

이 장에서는 진로와 관련된 문제 중 가장 핵심적이라고 할 수 있는 의사결정에 대해 알아보았다. 먼저, 왜 진로를 결정하지 못하는지에 관한 원인을 알아봄으로써 진로미결정 상황에 대한 이해를 돕고 있다. 또한 합리적인 의사결정방법에 대한 지식과 함께 직접 의사결정과정을 실습해 볼 수 있는 연습문제를 통해 진로 및 직업을 합리적으로 선택하고 결정하는 방법에 대해 살펴보았다. 이제 여러분은 진로 및 직업에서 요구되는 중요한 선택들에 합리적 의사결정과정을 적용하여 보다 만족스러운 결과를 얻게 될 것이다.

◉ 참고자료

1. 『최고의 리더는 반드시 답을 찾는다: 까다로운 문제에 해결책을 제시하는 통합적 사고법』(로저 마틴 · 제니퍼 리엘 공저, 박세연 역, 더퀘스트, 2019)

2. 『생각을 경영하라: 어떻게 똑똑한 결정을 내릴 것인가』(민재형 저, 청림출판, 2015)

3. 『후회없는 결정: 불확실한 순간을 꿰뚫는 통찰의 기술』(웨샤오둥 저, 박주은 역, 21세기북스, 2013)

4. 『의사결정의 순간』(피터 드러커 저, 심영우 역, 21세기북스, 2009)

5. 『존 내쉬가 들려주는 의사결정이론 이야기』(유소연 저, 자음과모음, 2009)

6. 『선생님, 진로상담이 필요해요』(고민정 · 안선정 · 전방연 공저, 한국고용정보원, 2007)

7. 『진로의사결정에서 나타나는 타협과정』(황매향 저, 한국학술정보, 2007)

8. 『A taxonomy of difficulties in career decision making』(Gati, I., Krausz, M., Osipow, S. H. 공저, *Journal of Counseling Psychology, 43*(4), 510–526)

연습문제 8.1   진로 대차대조표를 활용한 의사결정 연습

1. 진로대안란 아래에 현재 고려하고 있는 진로대안을 하나씩 적습니다. 구체적인 직업명을 적을 수도 있고, 취업, 대학원 진학, 군대, 수능 등과 같은 활동을 적을 수도 있습니다.

2. 진로선택에서 자신이 중요하게 생각하는 것이 무엇인지를 표 상단의 음영 부분에 적습니다. 자율성, 지위, 경제적 보상, 새로운 경험 등 어떤 것이든 자신이 추구하고자 하는 것을 적습니다. 괄호 안에는 각각의 중요성에 따라 100점의 매력도 점수를 배분하여 기입합니다.

3. 각 진로대안에 대한 매력도 점수를 각 항목별로 적고 합산한 다음, 성취가능성을 %로 표시합니다. 매력도 합계와 가능성을 곱하여 최종적인 점수를 산출합니다. 여기에서 가장 점수가 높은 진로대안이 현재 여러분에게 가장 만족스러운 진로대안입니다.

진로대안	자율성 (20점 만점)	지위 (10점 만점)	경제적 보상 (40점 만점)	새로운 경험 (30점 만점)	매력도 합계 (100점 만점)	성취 가능성 (%)	점수 (매력도 합계× 성취가능성)
패션디자이너	15	8	35	27	85	80	68

연습문제 8.2 합리적 의사결정 연습

1. 아래와 같은 방법으로 합리적 의사결정을 연습해 보세요.

    1) 내가 갖고 싶은 물건 세 가지를 떠올려 보고 물건 목록란에 적어 보세요.

    2) 그 물건들 중 내가 정말 갖고 싶은 것 하나를 아래와 같은 방법으로 선택하세요.

    * 각 비교 항목은 개인이 더 추가할 수 있으며, 각 항목당 1~10점의 점수를 줍니다. 각 항목에 해당 정도가 높을수록 높은 점수(최고 10점)를 주고, 낮을수록 낮은 점수(최저 1점)를 주면 됩니다. 그리고 합계를 내 보세요.

연번	비교 항목	물건 목록		
1	그 물건이 지금 꼭 필요한가?			
2	그 물건이 나에게 얼마나 오랫동안 만족을 줄 것인가?			
3	지금 나의 경제 상황에 가격이 적절한가?			
4	물건의 활용도는 어떠한가?			
최종 합계				

2. 여러분의 인생에서 가장 중요한 결정을 내렸을 때를 떠올려 보고, 어떤 과정을 통해 의사결정을 하게 되었는지 서로 이야기를 나눠 보세요.

3. 위의 결정이 합리적 의사결정과정을 통해서 이루어졌는지 검토해 보고, 그런 과정을 통해 결정한 것이 아니었다면 합리적 의사결정과정을 적용해 보세요.

제9장

목표 설정 및 실행

1. 목표설정의 필요성
2. 목표실행을 위한 전략수립
3. 실천행동 계획하기
4. 행동관리하기

개요

　　이 장에서는 삶을 한곳으로 집중시키고 삶의 방향을 제시해 주는 목표설정과정과 목표설정의 힘에 대해 다룰 것이다. 목표를 설정하는 데 중요한 준거를 제시하고 목표설정 방식을 점검할 것이다. 또한 자신이 세운 목표를 실현하는 하나의 과정으로서 수행 촉진을 다루고, 어려움을 이겨 내고 자신이 세운 목표에 몰입하여 행동하도록 도와주는 성취동기, 자기통제감, 낙관성의 중요성에 대해 살펴볼 것이다. 이 장의 내용을 잘 숙지하여 적용하면 자신의 목표를 달성하는 데 필요한 전략을 실천계획으로 바꾸어 놓을 수 있다.

제**9**장

목표 설정 및 실행

1. 목표설정의 필요성

목표를 정하는 것이 삶에 변화를 준다는 것을 잘 알고 있지만 실제로 목표를 설정하는 사람은 매우 드물다. 왜냐하면 대부분의 사람은 무엇이 목표인지 잘 모르고 목표를 어떻게 설정하는지 잘 모르기 때문이다. 이미 목표를 가지고 있다고 하는 사람 중에도 '행복해지고 싶다.' '돈을 많이 벌고 싶다.' '화목한 가정을 이루고 싶다.'와 같이 단지 소망에 불과한 경우가 많다. 목표는 소망과 다르기 때문에 명확하고 구체적으로 기록할 수 있으면서 다른 사람에게 언제든지 쉽게 설명할 수 있고, 성취 여부를 측정할 수 있는 것이어야 한다.

장기목표를 달성하기 위한 단기목표를 세우고 이를 실천하는 사람들은 그러한 과정 속에서 새로운 가능성을 탐색하고 자신이 세운 목표를 더 잘 이해할 수 있다. 실천계획을 세운다는 것은 어떤 것을 결정하는 것을 의미하는 것이 아니라 새로운 영역과 선택에 대해 자신의 강점을 활용하고 개발하여 체계적으로 탐색하는 과정을 뜻한다.

목표설정과정에서는 장기목표와 단기목표의 우선순위를 정하는 것이 중요한데, 스티븐 코비(Stephen Covey)는 목표설정을 다양한 크기의 돌로 항아리를 채우는 것에 비유해 설명하고 있다. 주먹만 한 크기의 돌에 해당하는 목표라면 단지 몇 개만을 항아리에 넣을 수 있을 것이다. 또 자갈이나 모래알처럼 작은 목표를 계획한다면 항아리 안에 더 많이 담을 수 있겠지만 주먹만한 크기의 돌을 넣기는 어려울 것이다. 그러므로 커다란 돌에 해당하는 가장 중요한 장기목표가 무엇인가를 우선적으로 고려하고, 다음으로 단기목표를 세분화해 나가는 것이 필요하다. 장기목표를 설정하지 않은 사람은 자갈이나 모래알처럼 자잘한 목표에 시간을 허비하기 쉽다. 그러나 장기목표를 설정한 사람은 지금 당장은 시련이나 고통을 겪더라도 미래에 이루고자 하는 명확한 그림이 있기 때문에 쉽게 포기하지 않을 것이다.

성공하는 사람들의 성격특성을 분석한 앨버트 그레이(Albert Gray)도 성공하는 사람들의 가장 두드러진 특징 중 하나가 '중요한 일을 먼저 하는 것'이라고 했다. 인생의 주인이 되고 싶다면 소중한 일을 먼저 선택해야 한다. 그러기 위해서는 자신에게 가장 중요한 것이 무엇인지를 분명하게 알고 우선순위를 고려하여 장기목표와 단기목표를 정해야 한다.

1) 목표설정의 힘

1979년 하버드 경영대학원 졸업생들에게 "명확한 장래목표를 설정하고 기록한 다음, 그것을 성취하기 위한 계획을 세웠는가?"라는 질문을 해 보았더니 졸업생의 3%만이 목표와 계획을 세웠다고 했다. 그리고 13%는 목표가 있지만 그것을 직접 기록하지는 않았고, 나머지 84%는 학교를 졸업하고 여름휴가를 즐기겠다는 것 외에는 구체적인 목표가 전혀 없다고 답했다. 10년 후인 1989년에 연구자들은 그들을 대상으로 다시 인터뷰를 했다. 목표가 있었지만 그것을 기록하지 않았던 13%는 목표가 전혀 없었던 84%의 학생들보다 평균적으로 2배의 수입을 올리고 있었으며, 명확한 목표를 기록했던 3%는 나머지 졸업생들보다 평균적으로 10배의 수입을 올리고 있었다고 한다.

그들 사이의 유일한 차이는 졸업할 때 얼마나 명료한 목표를 세우고 그것을 글로 적었는가 하는 점이다. 산에 올라갈 때는 먼저 산에 올라갔다가 내려오는 사람에게 정상이 얼마나 남았는지, 어떻게 가야 하는지를 물으면 정확한 답을 들을 수 있다. 그들이 어떤 과정을 통해 그런 위치에 도달했는지를 알 수 있다면 자신의 목표점에 도달하는 것은 한결 쉬울 것이다. 성공한 사람들의 사례를 통해 그들이 어떻게 목표를 세웠는가를 살펴봄으로써 무엇에 집중하고 어디로 향해야 하는가를 배울 수 있다. 그러나 이때 중요한 점은 다른 사람들의 목표설정방법을 그대로 따르기만 해서는 안 된다는 것이다. 개인의 목표는 자신의 욕구, 가치, 경험에서 생기는 고유한 것이기 때문에 자신의 강점이나 능력을 정확히 평가하는 것이 중요하다는 점을 잊어서는 안 된다.

2) 구체적인 목표의 설정

많은 사람은 꿈을 크게 가져야 한다고 생각한다. 꿈이 크면 더 크게 성공할 것이라고 믿는다. 하지만 구체적인 목표와 실천이 따르지 않는다면 아무리 큰 꿈일지라도 이루기 어렵다. 그러므로 꿈과 같은 장기적인 인생목표를 달성하기 위해서는 실현가능성이 높은 구체적인 단기목표를 두고 계획적으로 실천하는 것이 중요하다. 여기서 장기목표는 3~5년 정도에 해당하는 목표를, 단기목표는 1년 이하의 목표를 의미한다.

세계적인 운동선수나 훌륭한 업적을 이룬 사람들을 관찰해 보면, 그들이 장기적인 목표와 더불어 구체적이고 단기적인 목표를 가지고 있었다는 것을 알 수 있다. 또한 각각의 목표에 도달하기 위해 세부적인 시간계획을 세우고 있었다. 그들은 각 목표를 달성할 수 있다고 믿고, 목표를 성취했을 때 받을 보상과 결과를 상상하면서 이를 겉으로 드러내었다. "상상이 세계를 지배한다."라는 나폴레옹의 말처럼 목표를 시각화하고 상상하는 것은 목표성취를 위해 매우 중요하다. 이상적인 미래를 상상함으로써 자신에게 가장 중요한 목표에 모든 능력을 집중시킬 수 있기 때문이다. 성공한 사람은 과거의 비슷한 성공 경험을 마음속에 떠올리고 기억하여 미래의 성공을 계획한다. 예를 들어, 성공한 판매원은 이전의 성공적인 판매를 마음속에 떠올리고, 성공한 변호사는 성공적인 재판에서 행했던 변론을 떠올린다. 그리고 성공한 운동선수는 지난 경기에서 보인 최고의 장면을 회상하며 기쁨과 만족을 느낀다. 그들은 앞으로 있을 판매, 재판, 경기에서도 잘하리라는 기대를 하고 이를 상상하며 행복해한다. 즉, 자신의 구체적인 목표를 기록하고, 달성했을 때의 모습을 상상하며 긍정적인 방식으로 시각화할 수 있는 목표를 설정하는 것이 좋다.

목표설정에서 고려할 또 하나의 원칙은 목표에만 매달리지 말아야 한다는 것이다. 단 하나의 목표를 추구하는 것에 자신의 삶을 바치는 사람은 거의 없다. 하나의 목표에 집착하면 고통을 받기 쉽다. 또한 하나의 목표만 가지고 있으면 이를 달성했을 때 이전에 목표가 주었던 힘과 중요성을 단번에 잃고 침체 상태에 빠지기 쉽다. 예를 들어, 새로운 직장을 원한다는 목표를 가진 사람이 새 직장을 얻고 나면 그 목표는 더 이상 의미가 없다. 그리고 학업, 직업, 일상생활, 가족에 대한 책임, 친구관계, 건강유지, 행복추구 등이 하나의 목표에 매진하는 것을 어렵게 할 수 있다. 때로는 하나의 목표만을 따라가는 것이 다른 일을 수행하는 데 지장을 주기 때문이다. 어떤 사람들은 여러 가지 일을 동시에 잘 처리할 수 있다. 그에 비해 다른 사람들은 동시에 수행하는 것을 힘들어하고 좌절하고 낙담하여 결국 목표를 포기하기까지 한다.

하나 이상의 중요한 목표를 달성하기 위해 노력하는 것은 마치 묘기를 하는 것처럼 어려울 수 있지만 각 목표의 우선순위를 고려하여 균형을 잡고 조화를 이루는 것이 필요하다. 여러 가지 목표 때문에 부담을 느낄 때는 한번에 모든 것을 실행할 수 없다는 사실을 받아들이고 가장 중요한 목표에 초점을 맞추어야 한다. 목표설정의 가장 중요한 요소는 시간을 투자하여 가장 중요한 것이 무엇인지 방향을 잡고 우선순위를 정하는 것이다. 목표를 설정하고 우선순위를 정하면 자신이 할 수 있고, 통제할 수 있는 일에 시간과 에너지를 쏟을 수 있다.

그래서 이 장에서는 자신의 목표설정방식을 잘 이해하여 활용할 수 있도록 도움을 주고자 한다. 지금까지 설명한 목표설정 지침을 기억하면서 〈연습문제 9.1〉을 통해 인생의 장기목표와 단기목표의 우선순위를 정해 보기 바란다.

- 목표를 보이는 곳에 붙여 두어야 한다.
- 목표를 써서 항상 볼 수 있도록 가지고 다녀야 한다.
- 여러 개의 목표를 동시에 설정해야 한다.
- 설정한 목표는 삶에 도움이 되어야 한다.

- 개인적인 것과 직업적인 것, 장기와 단기, 중요한 것과 덜 중요한 것과 같이 목표를 분류하는 범주가 있어야 한다.
- 목표설정은 단지 특별한 상황을 대비하기 위한 것이 아니라 규칙적인 활동이어야 한다.
- 일반적인 기준을 세워 목표를 점검해야 한다.
- 목표의 우선순위를 정해야 한다.
- 다른 사람들과 목표에 대해 대화를 해야 한다.
- 성공적으로 목표를 달성해야 한다.
- 성공하지 못할 경우, 목표에 대해 다시 생각해 보거나 목표를 변경해야 한다.
- 목표를 달성했을 때는 이를 축하해야 한다.

2. 목표실행을 위한 전략수립

1) 목표실행의 중요성

"꿈을 날짜와 함께 적어 놓으면 목표가 되고, 목표를 잘게 나누면 계획이 되며, 그 계획을 실행에 옮기면 꿈이 실현되는 것이다."라는 말은 목표실행의 중요성을 시사하는 말이다. 목표란 종착지이자 자신이 희망하던 상황일 뿐만 아니라 자신의 가치를 끌어내기도 한다. 그러나 목표실행은 자신의 능력에 대한 믿음, 기회에 대한 신중한 평가 그리고 이 두 가지의 실현가능성에 대한 평가에서 나온다.

우리는 종종 목표와 실천에 대해 주변 사람들에게서 많은 이야기를 듣곤 한다. 그러나 목표를 정하고 난 다음, 그 목표를 실행하기 전에 여러 가지 상황을 고려할 시간을 따로 갖는 사람은 드물고, 자신이 설정한 목표를 거의 실행하지 않는 사람도 많다. 더구나 다른 사람이 제시한 목표나 외부에서 심리적 압박을 받아 설정한 목표라면 수동적으로 실행하거나 거의 실천하지 않는다. 자기 스스로 목표를 설정하고 실행하기 위한 실제적인 전략을 세울 때 목표에 몰입하여 실행하게 된다.

자신의 목표를 정했다면, 다음으로는 목표실행에서 현실적으로 고려해야 할 것이 무엇인가에 대해 검토해 보아야 한다. 흔히 목표설정을 새 학기 다짐과 같은 것이라고 생각하고 있어서 아주 쉽게 그 목록을 만들곤 하지만, 목표는 삶의 일부가

되어 수행을 촉진하고 미래를 만들어야 하기 때문에 현실에 토대를 두어야 한다. 목표가 개인의 특성, 능력, 기회와 연결되지 않으면 충실한 실행이 아닌 막연한 소망으로 남게 될 것이다.

2) 실천을 촉진시키는 힘

사람들이 실패하는 일반적인 원인은 자신의 목표를 행동으로 옮기지 못하기 때문이다. 즉, 인생 여정에서 삶의 방향을 찾지 못하고 재능과 에너지를 중요한 곳에 집중시키지 못해서다. 또 목표를 가지고 있다고 생각하지만 목표라고 생각했던 것은 실제로 기대, 욕망, 희망에 지나지 않는 경우가 많다.

목표는 기대나 희망과는 큰 차이가 있는데, 목표는 실천하면서 실제적인 계획들로 바꿀 수 있어야 한다. 목표는 선택, 우선순위 매기기, 결정 등을 위한 기초가 되는 반면, 막연한 바람이나 소망, 희망은 백일몽을 위한 소재나 현실에서 도피하는 수단일 뿐이다. 기대나 희망을 목표와 혼돈하거나 행동을 통해 실현하기보다 환상을 통해 진실인 것처럼 믿을 때 희망과 꿈은 우리에게 부정적인 영향을 미친다. 그래서 기대나 희망은 단순한 바람이 아닌 목표로 전환될 필요가 있다.

실천으로 이행되는 목표는 삶에 일관된 방향을 제시해 준다. 목표는 자신을 일정한 방향으로 향하게 하며, 직접적으로 욕구를 충족시켜 준다. 또한 가장 가치 있는 물질적·심리적 보상을 획득할 수 있게 해 준다. 목표의 설정과 수행은 자신의 자원을 동원하고 행동하게 하는 에너지를 발생시킨다. 이렇게 목표실행을 위한 행동을 촉진하는 데에는 기본적인 내적 상태가 필요하다. 목표를 실행하는 데 있어서 행동을 촉진하는 세 가지 기본 태도인 성취동기, 자기통제감, 노력 낙관성에 대해 살펴보면 다음과 같다.

(1) 성취동기

성취동기는 가치 있는 목표를 달성하고 훌륭한 행위기준에 도달하려고 하는 개인의 동기 또는 욕구를 말한다. 어떤 의미로는 개인적인 노력을 통해 성공하려는 열망, 즉 그 일 자체에 즐거움과 의미를 부여하는 동기를 가지고 일을 성취하는 경우에 이를 성취동기라 한다. 성취동기 수준이 높은 사람은 실패에 대한 불안보다 성공에 대한 희망이 크지만, 성취동기 수준이 낮은 사람은 실패에 대한 불안이 더 크다고 한다.

성공한 사람들에게서 공통적으로 나타나는 심리학적 특성 중 하나는 높은 성취동기이며, 이러한 동기에 관한 연구에서는 높은 성취동기를 가진 사람들의 기본적인 특성을 다음 세 가지로 정의하고 있다. 이러한 세 가지 특성의 조합은 사람들에게 성공에 이르게 하는 생산적인 활동을 하도록 만든다.

- 문제에 대한 답을 발견하기 위하여 개인적인 책임감을 갖는 상황을 좋아한다.
- 어려운 목표를 설정하며 위험을 염두에 두고 주의를 기울이는 경향이 있다.
- 실패를 피하려는 것보다 긍정적인 성취에서 만족감을 얻으려는 경향이 있다.

(2) 자기통제감

목표를 정하고 실행하는 것에 대한 견해차는 '통제의 소재', 즉 삶과 운명이 무엇에 의해 결정되거나 영향을 받는다는 각자의 믿음과 관련이 있다. 어떤 사람들은 자신이 받은 보상, 성공, 실패의 원인을 주로 자신의 행동과 노력으로 돌린다. 이들은 내적 통제소재를 가진 사람들이다. 내적 통제소재를 가진 사람은 자신의 운명과 부를 통제할 수 있다고 느끼며, 자신의 성취가 스스로의 노력과 선택에 의해 결정될 것이라고 믿는다. 또 어떤 사람들은 아주 다른 경험을 하는데, 이들은 외적 통제소재를 가진 사람들이다. 외적 통제소재를 가진 사람은 부, 보상, 역경이 타인이나 운명, 상황에 의해 외부적으로 통제받는다고 믿는다.

물론 어떤 견해도 전적으로 맞거나 틀린 것은 없다. 사람들은 어떤 사건의 결과는 자신의 통제 밖의 힘에 의해서 결정된다고 인식하는 동시에, 어떤 사건의 결과는 전적으로 자신의 행동에 따라 좌우된다고 생각한다. 이렇게 삶에서 중요한 사건의 귀인을 내적으로 돌리거나 외적으로 돌리는 경향성은 실제로 목표를 실행하고 행동을 취하는 데 적지 않은 영향을 미친다.

(3) 노력 낙관성

노력 낙관성이란 한 개인이 올바른 방향으로 열심히 노력하는 것으로 자신의 삶을 긍정적으로 통제할 수 있다는 신념이다. 다시 말하면, 올바른 방향으로 열심히 일하는 것은 언제 어떤 상황에서나 개인과 사회에 보답한다는 믿음이다. 노력 낙관성은 삶에 대한 근거 없는 낙관성, 곧 폴리애나적 접근방식[1]이 아니라 합당한 신념과 확신으로 채워진 접근방식이다. 노력 낙관성은 계획을 세우고 실행을 하는 과정에서 중요한 부분이다.

3. 실천행동 계획하기

행동이 없는 계획은 단지 미루기일 뿐이다. 따라서 목표를 이루기 위해서는 어떤 행동을 할 것인가를 정하는 실천행동계획이 이루어져야 한다. 만약 실현 불가능한 계획을 세우기보다 실현 가능한 계획을 세운다면, 기다리지 않고 다른 사람의 동의를 구하지도 않으며 미루지도 않고 다음 단계로 넘어갈 수 있다.

앞서 불가능한 것을 현실에서 가능하게 하는 것을 계획이라고 정의했다. 만약 자신의 삶에서 방향을 정하여 이를 통제하고 싶다면, 목표를 설정하고 수행하며 계획을 통해 목표를 행동으로 전환시켜야 한다. 계획은 목표를 성취하기 위한 전략이다. 목표는 자신이 오랜 시간 동안 달성하고 싶어 하는 결과물이기 때문에 여러분은 매일매일 실천할 행동을 이끌 수 있는 계획을 개발해야 한다.

목표에 대한 실천과정을 공개하는 것도 실행을 촉진시킨다. 목표를 달성하기 위한 자신의 의지를 공식적으로 확인받는다면 자신 있게 목표를 실천해 갈 수 있다. 최단기목표를 세우고 그것을 공개적으로 확인받음으로써 자신 혹은 타인과 계약을 하거나 약속을 한다. 즉, 목표실행에서 각 개인이 최선을 다하는 방법은 성취 가능한 목표를 공개적으로 확인받고 그 목표달성에 헌신하는 것이다. 행동계획은 최단기목표, 행동전략, 행동목표, 행동과정 기록하기로 구성된다.

---

1) 무섭거나 감당하기 어려운 일이 닥쳤을 경우에 적극적으로 대처하기보다는 '어떻게든 되겠지' 하는 안일한 심리를 가지는 것을 말한다. 폴리애나(Pollyanna)는 엘리노 포터(Eleanor H. Porter)의 소설 『폴리애나』에 나오는 여주인공으로 대단한 낙천가다.

1) 최단기 목표

행동계획의 첫 번째 단계는 장기적인 목표를 즉시 실행할 수 있는 단기적인 목표와 최단기 목표로 재설정하는 것이다. 이 단계에서는 적합한 전략을 고려할 수 있도록 가능한 한 구체적으로 기술해야 한다. 최단기 목표는 장기적인 목표를 달성하는 과정 중에 있는 하나의 단계로 지금 당장 실행할 수 있는 단계다. 예를 들어, 대학 3학년 1학기 재학 중인 학생이 국제적으로 활동하는 머천다이저를 장기적인 목표로 세웠다고 가정해 보자. 그러면 졸업 후 유학을 단기목표로 설정하고 최단기 목표는 토익점수 900점으로 올리기, 또는 현재 자신에게 가장 부족한 체력을 강화하기 위해 헬스 등의 운동하기로 설정할 수 있다.

2) 행동전략

행동계획의 두 번째 단계는 단기적인 전략이나 최단기 목표를 달성하는 데 익숙한 접근방법을 개발하고 설명하는 것이다. 목표를 달성하는 데 더 많은 교육이 요구된다면 행동전략은 교육을 받도록 하는 것이다. 또 교육을 받기 위해서 입학시험에 통과해야 한다면, 그때는 그 과정을 성취하도록 준비하는 행동전략이 필요할지도 모른다. 앞서 예로 든 학생의 경우 최단기 목표가 체력과 몸매 관리를 위한 헬스였으므로 그 행동전략은 집이나 학교에서 헬스기구를 이용하여 웨이트 트레이닝이나 러닝을 하는 것이 될 수 있다. 행동전략은 자신의 통제 아래 스스로 할 수 있고 즉시 시작할 수 있는 것과 관련된다.

3) 행동목표

행동계획의 세 번째 단계는 행동목표, 즉 실제로 달성해야 하는 것이다. 행동목표는 성취했을 때 알 수 있도록 분명하게 표현되어야 하며, 구체적일수록 효과는 더 높아진다. 행동목표는 더 증가시키거나 강화시키고 싶은 '좋은 습관'일 수도 있고, 더 감소시키거나 약화시키고 싶은 '나쁜 습관'일 수도 있다. 행동목표는 관찰과 수량화가 가능하고 자신의 통제 안에 있는 것으로 선정해야 한다.

이 단계에서는 실제 동작, 언어행동, 활동으로 행동목표를 표현한다. 어떤 행동을 선정하든 간에 그 행동은 자신이 실제로 하는 행동이어야 한다. 즉, 관찰이 가능하고 헤아릴 수 있어야 한다. 지속시간, 늘어나거나 줄어든 체중, 성적 등은 행동목표라고 할 수 없다. 그보다는 그것을 성취할 수 있는 구체적인 행동을 목표로 삼아야 한다. 예를 들어, 체력 강화와 몸매 관리를 위해 6개월 동안 헬스라는 운동을 한다면, 6개월 동안 하루에 30분씩 웨이트 트레이닝을 한 다음, 30분씩 러닝을 하는 것 등이 행동목표가 될 것이다.

4) 행동과정 기록하기

행동계획의 마지막 단계는 구체적인 시간표에 따른 진행상황표를 작성하는 것이다. 구체적인 목표달성과 다음 목표달성에 관한 목표를 표 또는 그래프에 표시한다. 진행상황표를 작성하면 목표를 향해 나아가는 것을 한눈에 볼 수 있기 때문에 스스로를 격려하고 동기와 수행에 관해 스스로에게 솔직해질 수 있다. 이 진행상황표는 함께 살고 있거나 함께 활동하고 있는 사람들에게 공개하는 것이 좋다. 자신의 계획과 그 진전 상황을 공개해야 스스로 책임질 수 있기 때문이다. 〈연습문제 9.2〉는 이 과정을 실행하도록 도울 것이다.

4. 행동관리하기

앞서 살펴본 실천행동계획의 실행을 촉진하기 위해서는 행동을 스스로 관리하는 전략을 적용하는 것이 효과적이다. 인간 행동에 관한 지난 30년 동안의 연구에서 가장 뜻밖의 발견은 사람들이 자신의 행동을 관리하기 위해 보상과 벌을 사용할 수 있고, 실제로 사용하고 있다는 사실이다. 행동에 대한 자기관리는 변화시킬 행동에 대한 인식 및 그 행동과 보상 또는 벌 사이의 관련성이라는 두 가지 요소를 필요로 한다. 스스로 행동을 관리하는 자기관리의 절차와 과정을 알아보면 다음과 같다.

1) 행동관찰을 통해 행동목표 설정하기

행동을 변화시키기 전에 적어도 10일 정도는 기록을 하는 것이 좋다. 10일이 지나는 동안 자신이 한 행동과 그것이 일어나는 상황에 대해 확실하게 알게 될 것이다. 때로는 이런 인식 자체가 목표행동의 발생 빈도에 변화를 가져오기도 한다. 그런 경우가 아니라면 10일째 되는 날에는 그 기록을 토대로 목표를 세운다. 한꺼번에 높은 목표에 도달하기보다는 점차 목표를 높여 가는 '체계적 변화'계획이 변화를 촉진하게 된다. 체계적 변화계획은 목표행동에 대해 작지만 유의미한 보상과 벌을 주는 것이다. 예를 들어, '못하겠다'라는 말을 하는 습관을 바꿔야 한다면 '못하겠다'라는 말을 하지 않는 것을 목표행동으로 세운다. 그 말을 아주 여러 번 하고 있다면 그 빈도를 줄여 나가는 것을 목표로 할 수 있고, 그 빈도가 많지 않다면 아예 하지 않는 것을 목표로 설정할 수 있다.

2) 보상계획 세우기

행동 변화를 위한 목표를 설정했다면 그 결과에 대한 벌 또는 보상을 위한 계획도 필요하다. '못하겠다'라는 말을 할 때마다 스스로에게 1천 원의 벌금을 물리고 나중에 이 돈을 모아 자선단체에 기부하는 것은 벌을 적용하는 것이다. 또는 '못하겠다'라는 말을 한 번도 하지 않은 날에는 영화를 보거나, 좋아하는 TV 프로그램을 시청하거나, 갖고 싶었던 작은 사치품을 사는 것은 보상을 적용하는 것이다.

행동을 변화시키기 위한 첫 번째 시도가 제대로 되지 않거나 며칠 지나지 않아 포기하고 싶어진 경우에는 다시 시도해 보아야 한다. 계속해서 자신의 목표와 실천과정을 기록하고 그래프로 그려 보면서 목표를 재설정할 수도 있다. 또 여러 가지 새로운 보상과 벌을 다양하게 활용하여 효과적인 보상을 찾을 수도 있다. 그리고 다음으로 성공적인 변화에 대한 주간 보상과 월간 보상도 준비하는 것이 효과적이다.

3) 행동계약하기와 실행

앞서 관찰과 기록을 통해 설정한 행동목표와 효과적인 것으로 확인된 보상(또는 벌)의 내용을 담은 행동계약서를 작성하는 단계로 넘어간다. 관찰과 체계적인 기록은 모두 자신의 행동에 대한 통제 수단이고, 자신이 이루기 원하는 것들을 성취하기 위한 중요한 수단이다. 또한 당면하고 있는 과제에 대해 공개적인 확인을 받는 것이다. 이것이 행동계약의 과정이며, 이는 자기관리의 중요한 부분이다. 행동계약을 통해 미루는 버릇, 바람직하지 못한 습관, 부족한 자기관리능력 때문에 과거에는 회피했던 목표나 일에 헌신하겠다는 확고하고 명확한 약속을 할 수 있다.

행동계약서를 쓰기 전에 성취할 과업을 정확하면서도 포괄적으로 정의하기 위해 주의 깊게 상황을 분석하는 것이 필요하다. 또한 성취하기 위한 이전의 시도들을 분석하고, 성공적인 목표를 방해해 온 자신과 타인, 상황의 영향력이나 문제점에 대해 생각해 볼 필요가 있다. 나아가 목표를 성취하는 데 도움이 되는 자신과 타인, 상황의 영향력이나 요인들을 나열하고 생각해 보는 것도 필요하다. 여기에는 성취에 대한 좋은 느낌, 타인의 지지, 자신에게 주는 구체적인 보상, 과제 수행에 따른 긍정적 결과 등이 포함된다. 그런 것들을 상기시키기 위해 메모를 붙여 둘 수도 있다.

이러한 분석 이후에 아주 명확하고 구체적인 용어로 연관된 사람들, 장소, 결과물, 시기 등을 인용하여 행동계약서를 작성할 수 있다. 계약서에 서명하고 그것을 한 명 또는 그 이상의 중요한 사람들과 나누어 갖는다. 실제로 그들에게 그 계약서에 대한 증인이 되어 줄 것을 요청할 수도 있다. 그렇게 함으로써 하나의 공개적인 확인절차를 마치는 것이다. 〈연습문제 9.3〉을 통해 여러분의 행동계약서를 작성해 보기 바란다.

행동계획서 작성이 완료되면 행동 변화를 위한 자기관리 프로그램을 시작한다. 행동목표의 실행 정도를 매번 관찰하고 기록하며, 그 결과에 대해 행동계약서에 명시된 보상계획에 따라 보상(또는 벌)을 제공한다. 이렇게 진행하면서 차근차근 행동 변화를 이루어 나가는데, 행동 변화가 계획대로 나타나지 않을 경우에는 행동목표와 보상계획을 수정해야 한다.

요약

　　이 장에서는 일반적인 인생목표를 계획하고 구체적인 단기목표로 바꾸는 과정에 대해 설명했다. 비록 최종적인 선택이나 결정을 할 수 없을 때라도 가능성을 탐색하거나 기회를 잡을 준비를 한다는 점에서 목표를 설정하는 것은 중요하다. 또한 시간, 에너지, 개인적인 자원을 보다 잘 응집하기 위해 우선순위를 정하고 목표를 시각화해야 한다는 것과 목표를 실현하는 데 중요한 수행촉진과 목표달성을 위한 행동을 계획하고 관리하는 과정에 대해서 알아보았다.

▣ 참고자료

1. 『초등교사를 위한 행동수정 길잡이』(황매향 저, 학이시습, 2016)

2. 『습관의 힘: 반복되는 행동이 만드는 극적인 변화』(찰스 두히그 저, 강주헌 역, 갤리온, 2012)

3. 『목표 그 성취의 기술』(브라이언 트레이시 저, 정범진 역, 김영사, 2003)

4. 『꿈을 도둑맞은 사람들에게』(잭 캔필드 · 마크 빅터 한센 저, 김재홍 역, 슬로디미디어, 2000)

5. 『성공하는 10대들의 7가지 습관』(숀 코비 저, 김경섭 · 유광태 공역, 김영사, 2000)

6. 『아들아 머뭇거리기에는 인생이 너무 짧다』(강헌구 저, 한언, 2000)

연습문제 9.1 인생목표 설정하기

1. 다음 빈칸에 여러분의 인생목표 세 가지를 적습니다. 개인적 목표, 교육적 목표 또는 직업적 목표를 적을 수 있습니다. 그러나 이들 목표는 여러분에게 중요한 것, 목표달성이라는 점에서 타당한 것, 여러분이 통제할 수 있는 범위 안에 있는 것이어야 합니다. 각 목표마다 아래에 있는 질문에 답해 보세요.

① 언제부터 이 목표가 중요했나요?(시점)
② 이 목표를 통해 어떤 가치를 실현하고 싶나요?(가치)
③ 이 목표를 세우게 한 특별한 사건이나 경험이 있나요?(경험)
④ 목표설정에 도움을 준 사람은 누구인가요?(사람)

목표	시점	가치	경험	사람
1.				
2.				
3.				

2-1. 1번에서 작성한 인생목표 중에서 우선순위라고 생각되는 한 가지 목표를 선택하여 아래에 적어 보세요.

2-2. 이를 달성하기 위한 구체적인 단기목표 세 가지를 세워 보세요. 단기목표는 개인적 목표, 교육적 또는 직업적 목표로 나누어 쓸 수 있습니다.

－단기목표 1 :

－단기목표 2 :

－단기목표 3 :

연습문제 9.2   행동계획하기

여러분은 이 장을 통해 목표를 설정하고, 그 목표를 실행하는 과정을 살펴보았습니다. 이제 자신의 진로실현을 위한 목표를 정한 후에 행동계획 지침서에 따라 단기목표, 행동전략, 행동목표, 행동과정을 적어 봅시다. 다음의 예를 참고하여 작성해 보세요.

혜원이의 진로실현 목표를 위한 행동계획

혜원이는 의상학과에 재학 중이며 3학년 1학기를 마친 대학생입니다. 사람들이 어떻게 자신을 아름답게 가꾸는가에 관심이 많은데, 특히 패션에 관심이 많아 패션 분야에서 일하는 머천다이저가 되고 싶습니다. 국내에서뿐만 아니라 세계를 무대로 자신의 꿈을 펼쳐 보고자 합니다. 머천다이저의 꿈을 갖고 졸업 후 유학을 결심했습니다. 그래서 자신의 전공 분야뿐 아니라 영어공부도 열심히 하고 있습니다. 그러나 현재 자신의 몸무게가 너무 많이 나가 자신감이 없습니다. 특히 국제적으로 활동하는 머천다이저의 꿈을 이루려면 건강한 몸과 자신 있는 몸매가 중요하다고 생각하고 있습니다. 그런데 혜원이는 키 165cm, 몸무게 60kg으로 과체중입니다. 오래 걷기도 힘들고 사람들 앞에 나가기도 두렵습니다. 혜원이는 머천다이저로서 자신 있는 몸매를 갖추기 위해 다음과 같은 계획을 세웠습니다.

▶ 혜원이의 행동계획 지침서

최단기 목표	체력 강화와 몸매 관리를 위해 헬스하기			
행동전략	목표달성을 위해 내가 선택할 접근방식		웨이트 트레이닝	유산소 운동
행동목표	목표달성을 위해 실제로 해야 할 구체적인 행동 및 활동	무엇을	각종 웨이트 트레이닝 기구	런닝머신
		얼마나 자주	주 3회 30분씩 하기	주 3회 30분씩 하기
		얼마나 오랫동안	1개월 동안	1개월 동안
		어디에서	학교 체육관에서	집에서
		누구와	경숙이와	혼자
		성취되었음을 어떻게 알 수 있나	엎드려 팔굽혀펴기 20회	최대심박수 195

▶ 혜원이의 행동기록

최단기 목표	체력 강화와 몸매 관리를 위해 헬스하기		
목표를 세운 날	목표달성 목표일	실제 목표달성일	만약 성취하지 못했다면 그 이유는?
3월 1일	3월 31일	4월 12일	컴퓨터게임에 열중하느라 운동을 자주 빼먹었으며, 주로 과자를 먹으면서 게임을 함

▶ 행동기록 그래프: 체력 강화와 몸매 관리를 위해 헬스하기

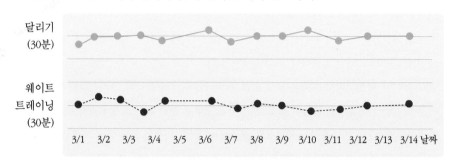

1. 앞의 예를 참고로 하여 여러분의 진로실현 목표를 달성하기 위한 행동계획 지침서를 작성해 봅시다.

▶ 나의 행동계획 지침서

최단기 목표			
행동전략	목표달성을 위해 내가 선택할 접근방식		
행동목표	목표달성을 위해 실제로 해야 할 구체적인 행동 및 활동	무엇을	
		얼마나 자주	
		얼마나 오랫동안	
		어디에서	
		누구와	
		성취되었음을 어떻게 알 수 있나	

2. 여러분이 만든 행동계획의 실행과정을 관찰해 봅시다. 그런 후에 목표달성을 위한 행동을 기록하는 표를 만들어 봅시다.

▶ 나의 최단기 목표: _____

목표를 세운 날	목표달성 목표일	실제 목표달성일	만약 성취하지 못했다면 그 이유는?

3. 여러분의 행동과정을 기록하세요. 여러분이 세운 목표를 실행하는 과정을 기록하기에 적합한 기록양식을 만들고, 그 양식에 매일매일 기록해 봅시다.

4. 여러분이 세운 최단기 목표를 달성했다면 스스로에게 어떤 보상을 하겠습니까?

5. 만약 달성하지 못했다면 어떻게 대처할 것입니까?

○○의 실천기록지

연습문제 9.3 행동계약서 작성하기

다음은 간단한 행동계약서 양식입니다. 목표를 실행해 나가는 데 있어서 특히 어려웠던 것과 관련된 계약을 다음의 준거들을 참조하여 작성해 봅시다.

- 말로 표현할 수 있어야 한다.
- 믿을 만한 것이어야 한다.
- 성취할 수 있어야 한다.
- 통제할 수 있어야 한다.
- 성취를 측정할 수 있어야 한다.
- 내가 하기를 원하는 어떤 것으로서 호감이 가야 한다.
- 분명한 하나의 행동이어야 한다.
- 자신 또는 다른 사람의 성장을 촉진하는 것이어야 한다.

나는 다음 사항을 반드시 지킬 것이다.

계약자 _____

증인 1 _____

증인 2 _____

증인 3 _____

제10장

진로장벽과 문제해결을 위한 도전

1. 진로장벽
2. 진로장벽에 대처하기

개요

　　이 장에서는 진로목표를 달성하고 직업을 선택하는 과정에서 매 순간 필연적으로 만나게 되는 진로장벽을 이해하고 이를 극복하는 방법에 대해 논의할 것이다. 그리고 진로목표를 향해 나아가는 데 필요한 효과적인 문제해결과정을 단계별로 소개하고, 문제에 대처하는 능력이 향상될 수 있도록 도울 것이다. 이를 통해 진로의 여정에서 만나는 장애물을 새로운 성장과 발전의 기회로 만들기를 기대한다.

진로장벽과 문제해결을 위한 도전

1. 진로장벽

1) 진로장벽의 정의

진로장벽(career barriers)이란 일반적으로 진로와 관련된 여러 경험, 예를 들어 취업, 진학, 직업생활, 승진, 직업전환 등을 수행해 나가는 과정에서 개인의 진로선택, 목표나 동기에 영향을 미치거나 역할행동을 방해하는 것으로 개인에게 지각되는 여러 가지 부정적인 사건을 통칭하여 말한다.

진로장벽은 개인과 작업환경에서 각각 나타날 수 있고, 또는 이 둘의 결합에서 발생할 수 있다. 진로장벽은 상실(직장의 상실, 지지체제의 상실 등), 핸디캡(신체적 · 지적 능력의 감소), 변화(새로운 직업, 고용이동 등), 사람이나 역할에 대한 갈등, 주위에서 증가하는 기대나 직무 요구사항들, 사회생활이나 직장 등에서의 차별(불공정한 대우 등) 등을 포함하고 있다.

2) 진로장벽의 종류

다양한 진로장벽을 분류하는 방식이 여러 가지로 제시되었는데, 우리나라에서 수행된 손은령(2001)의 연구에 따르면 진로장벽은 다음 세 가지로 분류된다.

(1) 이분법적 분류

가장 널리 사용되는 방법은 진로장벽을 크게 내적 요인과 외적 요인으로 구분하는 것이다. 내적 요인은 개인의 특성과 주로 관련된 것으로 자아개념, 가치관, 성취동기 등이며, 외적 요인은 사회적·경제적·문화적 구조, 회사에서의 차별, 근무조건 등을 들 수 있다. 일반적으로 여성의 경우 남성에 비해 더 많은 진로장벽을 갖는 것으로 나타난다. 베츠는 여성의 내적 진로장벽으로 낮은 자존감 및 자아효능감, 진로갈등 등을 들었으며, 외적 진로장벽으로 성역할 고정관념, 직업적 고정관념, 교육에 있어서의 성 편견, 교육장벽, 인종차별 등을 들었다.

(2) 삼분법적 분류

이분법적 분류의 단순하고 명확한 장점에도 불구하고 현실적으로 내적·외적 장벽만으로는 명확하게 분류하기 어려운 영역이 있다. 이러한 문제점을 해결하고자 하는 것이 삼분법적 분류의 출발이다. 스완손과 토카의 연구에서는 대학생들을 대상으로 처음 직장을 구할 때 지각되는 진로장벽을 태도장벽, 사회적·대인적 장벽, 상호작용적 장벽의 세 가지 요인으로 나누어 설명하고 있다. 태도장벽은 원래 내적인 것(자아개념, 직업에 대한 태도, 적성)으로 분류되며, 사회적·대인적 장벽은 원가족, 미래의 결혼과 가족계획 등을 포함하는 것으로 진로와 가사활동을 조화시키고자 할 경우에 주로 지각되는 진로장벽이다. 상호작용적 장벽은 성, 연령, 인종과 같은 인구학적 특성으로 인한 장벽, 진로에 대한 교육과 경험을 말한다.

(3) 다원분류

다원분류는 이분법, 삼분법과 같이 진로장벽을 유형으로 분류하여 틀에 맞추어 해석하는 것이 아니라 실제 직업 현장에서 지각되는 진로장벽을 위주로 조사와 연구를 통해 분류하는 연구체계를 도입하고 있다. 따라서 진로장벽의 요인은 연구자에 따라 여러 가지 유형으로 다양하게 분류될 수 있다. 루조의 연구에서는 남녀 대학생이 지각한 진로장벽 내용을 가족 관련 장벽, 학업기술 장벽, 인종차별 장벽, 성차별 장벽, 재정 장벽, 연령차별 장벽의 여섯 가지 유형으로 분류하고 있다. 또한 다니엘 등의 연구에서는 70문항으로 된 진로장벽검사 개정판(Career Barriers Inventory-Revised)을 남녀 대학생에게 실시한 결과를 토대로 열세 가지 진로장벽 요인을 설명하고 있다. 이 연구에서 추출된 열세 가지 진로장벽 요인은 성차별, 자신감 부족, 다중역할 갈등, 자녀와 진로 요구사항 간의 갈등, 인종차별, 부적절한 준비, 타인의 불인정, 의사결정의 어려움, 진로 불만족, 비전통적 진로선택에 대한 지지 부족, 장벽이나 건강에 대한 염려, 노동시장의 제약, 관계망 만들기 · 사회화의 어려움이다.

3) 심리적 회복탄력성

일반적으로 성공한 사람들의 특성을 이야기할 때는 어려운 일을 극복하고 다시 일어서는 능력을 뜻하는 심리적 회복탄력성(resilience)이라는 단어가 많이 등장한다. 심리적 회복탄력성은 심리적으로 어려움을 주는 환경적 요소를 극복해 내는 능력을 의미한다. 시험에서의 실패, 부모님의 죽음, 질병, 실직, 이혼, 갑작스런 교통사고 등과 같은 극심한 스트레스와 좌절을 이겨 내는 능력이다. 이런 상황에 닥치면 많은 사람이 어려움을 이겨 내지 못하고 '외상후 스트레스 장애(post traumatic stress disorder: PTSD)' 등과 같은 심리적 충격을 경험한다. 그러나 심리적 회복탄력성이 높은 사람들은 이러한 어려움에 좌절하지 않고 이를 극복해 내는 특징이 있다. 심리적 회복탄력성은 목표를 달성하기 위하여 갖추어야 할 지적인 탁월함이나 야망보다 훨씬 더 중요한 의미를 가진다. 축구경기에서 멋있는 공격과 완벽한 수비가 적절한 조화를 이룰 때 우승을 거둘 수 있는 것처럼 진로에서도 심리적 회복탄력성은 목표달성을 위한 필수적인 성공 요인이다.

"성공으로 이르는 길에는 언제나 깊은 웅덩이가 곳곳에 패어 있다."라는 말이 있듯이, 진로목표를 달성해 가는 과정에는 언제나 진로장벽이 기다리고 있게 마련이다. 그러나 다행스럽게도 목표에 다다르기 위한 우리의 노력을 가로막는 진로장벽의 대부분은 해결 가능한 것들이다. 단지 문제를 해결해야 할 상황에서 비효율적으로 대처하는 사람들이 많다는 점이 안타까울 뿐이다. 많은 사람은 누군가를 탓하거나 죄책감과 같은 감정적인 대처로 인해 실제로 아무것도 성취하지 못하기도 한다. 또 다른 사람들은 문제의 본질을 확인하여 근본적인 해결방안을 찾기보다는 실패에 대한 두려움으로 인해 시작도 하기 전에 쉽게 포기해 버리기도 한다. 그러나 이러한 장벽은 어쩔 수 없는 인생의 한 부분이다. 아무리 완벽하게 잘 짜인 계획이라하더라도 예상치 못한 문제에 봉착하게 되는데, 반드시 그것을 극복해야만 진로목표를 달성할 수 있다.

심리적 회복탄력성의 개념에서 발전해 진로탄력성(career resilience) 개념이 등장했다. 진로탄력성은 진로와 관련하여 개인이 좌절하거나 스트레스가 심한 상황에도 불구하고 긍정적인 정서를 유지하는 능력 및 태도를 말한다. 즉, 자기신뢰를 토대로 개인이 세운 진로목표를 성취하기 위한 열망과 이에 대한 노력으로 지속적인 학습과 기술 습득을 통하여 변화에 적극적으로 대처하며, 자신을 지지하는 긍정적인 대인관계를 활용하는 능력 및 태도라 할 수 있다. 진로탄력성은 자기신뢰, 성취열망, 진로자립, 변화대처, 관계활용 등의 하위 요인으로 구성되는 개념이다. 여기에서 자기신뢰는 자신에 대한 긍정적인 자각과 어려운 상황이나 스트레스에도 불구하고 자신을 믿고 확신하며 자기긍정성을 발휘하는 것이다. 성취열망은 개인이 세운 목표를 달성하고자 하는 의미이며, 어려움과 역경에 부딪혔을 때에도 자신의 미래를 낙관적으로 보고 인내와 끈기로 더 높은 목표를 달성하고자 하는 태도나 행동을 말한다. 진로자립은 개인이 원하는 진로목표를 달성하는 능력과 노력을 의미하며, 변화대처는 개인이 세운 진로목표를 달성하는 과정에서 예기치 않게 발생한 사건 또는 그로 인한 결과를 받아들이며 실패를 두려워하지 않고 부정적인 결과에도 긍정적인 요소를 찾아 대처하는 태도나 행동을 의미한다. 관계활용은 진로 상황에서 어려움이나 역경에 부딪혔을 때 개인이 활용할 수 있는 사회적 자원을 확보하고 대인관계 네트워크 구축과 긍정적인 관계를 활용하는 태도나 행동을 말한다.

출처: 김미경(2013), p. 100.

2. 진로장벽에 대처하기

진로장벽을 극복하는 가장 신속한 방법은 진로에 방해가 되는 문제를 찾아내고 해결방법을 찾는 것이다. 문제해결능력은 인간의 사고기능 중 중요한 일부다. 학교에서는 학생들에게 비판적인 사고능력을 향상시켜 문제를 잘 해결할 수 있도록 교육하고 있다. 오늘날 기업체에서는 인재 선발의 중요한 기준으로 문제해결능력을 제시하고 있다. 그러나 이러한 노력이 있다 하더라도 문제에 대해 언제나 합리적이고 체계적인 방법으로 접근하는 사람은 매우 드물다.

1) 문제해결능력

효과적인 문제해결능력을 가진 사람이 드문 이유는 일반적인 문제해결능력이나 기술을 가르칠 수 있는 특별한 방법이 없고, 그것이 무엇인지 정의하기도 어려우며, 간단히 가르칠 수도 없기 때문이다. 문제해결은 여러 가지 서로 다른 기술들이 동원되는 매우 복잡한 과정이다. 그리고 합리적인 측면뿐만 아니라 강력한 정서적인 요소도 포함하고 있다.

문제를 해결하지 못하고 어려움을 겪는 사람들의 대부분은 문제해결에 도움이 되는 효과적인 정보를 거의 가지고 있지 못한데, 그 이유를 살펴보면 다음과 같은 공통점을 찾아볼 수 있다. 첫째, 많은 사람이 자신과 문제 상황에 존재하고 있는 중요한 요인들을 거기에 얽힌 강한 정서적 요소 때문에 왜곡하거나 부인해 버리기 때

진로와 관련된 문제를 해결하고 변화에 적응하는 능력에 초점을 둔 진로적응성(career adaptability) 개념이 소개되었다. 진로적응성이란 미래 직업세계로의 순조로운 전환을 위한 예측 가능한 과제에 대한 준비성뿐만 아니라 미래의 직업환경 변화로 인해 생길 수 있는 예측 불가능한 상황에 대한 대처능력을 의미한다. 진로적응성은 진로관심, 진로통제, 진로호기심, 진로자신감의 하위 요인으로 구성되는 개념이다. 여기에서 진로관심이란 '나에게 미래가 있는가?'라는 진로질문을 통해 자신의 미래 직업에 대한 관심 여부를 나타내는 것이다. 진로통제는 '내 미래는 누구의 것인가?'라는 진로질문을 통해 미래를 스스로 만들어 갈 수 있다는 사고와 통제력을 의미하는 것이다. 진로호기심은 '미래에 나는 무엇을 하고 싶은가?'라는 진로질문을 통해 미래를 위해 외부와 자신의 정보를 수집하는 탐색성향을 말한다. 진로자신감은 '내가 할 수 있을까?'라는 진로질문을 통해 자신이 할 수 있다는 능력에 대한 믿음을 가지는 것을 말한다.

출처: 장혜민(2014), pp. 31-32.

문이다. 둘째, 발생했거나 예상되는 문제 상황에 대해 충분히 검토하거나 분석하지 않고 너무 성급하게 어떤 해결방안에 매달리면서 시간을 허비하기 때문이다. 셋째, 새로운 도전과 기회 앞에서 자신의 창의적인 능력은 사용하지 않고, 이전의 낡은 방식을 가지고 기계적으로 대응하기 때문이다.

2) 문제해결과정

효과적인 문제해결과정을 살펴보면 [그림 10-1]과 같다. 먼저, 문제를 인식해야 한다(locate). 다음으로 문제를 정의하여야 하며(define), 문제에 대한 여러 해결방안을 발견하고(find), 검토해야 한다(examine). 그리고 이 해결방안들 가운데 하나 또는 몇 가지를 선택하여(select) 실행에 옮긴다(action). 나아가 행동으로 옮긴 해결방안들이 효과가 있는지를 잘 평가하고(evaluate), 실제 생활에 적용해 본다(apply).

[그림 10-1] 효과적인 문제해결과정

(1) 문제의 인식

문제해결과정의 첫 단계는 문제 상황에 대한 인식과 이해를 높이는 것이다. 많은 사람은 실제 문제가 무엇인지조차 모르고 있다. 문제는 욕구를 충족시키거나 목표에 도달하는 것을 가로막는 장벽이며, 문제가 있다는 첫 번째 신호는 바로 원하는 목표를 성취할 능력이 없다고 생각되는 것이다. 문제가 일으키는 주요 증상은 바로 좌절감이며, 모든 문제는 정서적 측면을 가지고 있다. 사람들은 좌절에 빠질 때마다 어느 정도 분노를 경험한다.

더운 여름의 어느 날을 떠올려 보자. 여러분은 뜨거운 태양 아래 3시간 동안 운동을 하고 왔다. 만약 마지막 남은 동전을 음료수 자판기에 넣었는데, 마침 자판기가 고장이 나서 음료수도 동전도 모두 나오지 않는다면 어느 누구라도 화가 많이 날 것이다. 이러한 좌절 상황에 직면하면 곧바로 문제해결에 들어갈 것 같지만 실제로는 그렇지 않다. 좌절 상황에 대한 사람들의 반응은 합리적이고 체계적이기보다 즉각적이고 폭발적이다. 좌절에 대한 가장 흔한 반응은 공격성이다. 다른 사람, 조직, 물건 등을 대상으로 분노를 폭발하여 폭력을 쓰게 되는 것이다. 이 경우에서는 '자판기를 발로 차는 것'과 같은 행동을 말한다. 일단 자신의 감정을 분출하고 나면 기분은 한결 나아질지 모르지만, 그렇다고 문제가 해결된 것은 아니다.

문제해결과정에서 범하는 가장 흔한 오류는 바로 좌절에 대한 공격 반응이 무엇인가를 탓하는 것으로 바로 넘어가는 것이다. 목표성취를 방해하는 장벽을 해결하기보다 다른 사람을 비난하기만 하는 방식은 매우 비생산적이다. 다른 사람을 비난하면 일시적으로 화가 조금 누그러지지만 실제 문제 상황을 없애 주지는 못한다. 또한 남을 비난하는 것은 문제의 주체를 잘못 인식하게 만드는 악영향도 있다. 즉, 다른 사람을 비난할 때 자신이 가진 문제를 다른 사람의 문제인 것으로 여기게 된다. 그 사람이 시간을 지키지 않아서, 책임감이 없어서, 진실하지 않아서 자기가 화가 났다는 식으로 상대방에게 잘못을 돌리는 표현을 하게 된다. 이렇게 말하고 나면 일시적으로는 기분이 나아질 수도 있다. 그리고 때로는 자신이 다른 사람에 비해 더 훌륭하다고 느낄 수도 있겠지만 이는 스스로를 속이고 있는 것이며 문제를 해결할 기회마저 놓치고 마는 것이다. 어떤 문제이든 문제해결의 주체는 좌절을 한 자기 자신이다. 자신이 좌절할 때 문제는 계속 자신에게 남아 있게 되는 것이다. 문제를 벗어나는 유일한 방법은 이성적으로 생각하여 자신의 욕구 충족을 가로막고 있는 장벽을 극복하는 것, 즉 문제 자체를 해결하는 것이다.

(2) 문제의 정의

문제해결과정 전체에서 가장 중요한 부분은 문제를 정의하는 것이다. 실제로 문제해결에 실패하는 것은 문제를 정확하게 정의하지 못했기 때문이다. 문제를 정의할 때는 두 가지 필수 구성요소가 있다.

첫째, 문제 상황 속에 있는 두 가지 핵심 요소인 장벽이라는 원인과 목표 방해라는 결과의 인과관계를 가정해야 한다. 그리고 문제를 정의 내린 후에 장벽을 없애거나 줄이기 위해 노력해야 한다. 만일 원인과 결과의 관계를 제대로 정의하지 못한다면 효과적인 해결방안을 찾을 수 없을 것이다.

둘째, 어느 정도 통제할 수 있도록 문제를 정의하는 것이다. 만일 목표와 장벽의 관계를 전적으로 자신의 통제 밖에 있는 것으로 규정한다면 문제를 제대로 정의하지 못한 것이다. 만일 자신을 좌절시키는 사건이 전적으로 통제할 수 없는 것이라면, 문제는 '그 사건에 대해 무엇을 할 것인가'가 아니라 '통제할 수 없는 상태에서는 어떻게 지낼 것인가'라고 정의해야 한다.

결국 문제를 올바르게 정의한다는 것은 목표를 달성하는 데 장벽이 있는 상황이지만 잠재적으로 통제할 수 있는 요인이 있는 것이라고 할 수 있다. 이렇게 문제를 정의 내릴 때만이 가능한 해결방안을 찾을 수 있는 단계로 들어갈 수 있다. 문제를 정의할 때는 시간, 주의력, 정보가 아주 많이 필요하다. 많은 사람은 극도로 좌절했을 때 종종 이 단계를 건너뛰고 성급하게 그 문제를 비관적 상황이라고 정의하는 경향이 있다.

(3) 해결방안의 발견

이 단계에서는 문제를 해결하는 데 창의성이 요구된다. 해결방안을 발견하기 위해서는 가능한 대안에 대해 철저하면서도 포괄적이고 유연하게 탐색해야 한다. 연구에 따르면 사람들은 이 단계에서 문제해결력 저하로 인해 어려움을 겪는 것으로 나타나고 있다. 가장 아쉬운 것은 여러 가능성에 대해 체계적으로 꼼꼼하게 탐색하지 않고 대안들 중에서 하나를 성급하게 선택하는 경향이 있다는 것이다.

사람들은 문제에 부딪히면 좌절을 한다. 이러한 좌절과 불안은 종종 충동적이고 비합리적인 행동을 유발한다. 비록 문제를 잘 파악하여 합리적으로 문제를 정의하더라도, 극도의 좌절과 불안을 경험하면 성급하게 표면적인 대안을 탐색하게 될 것이다. 대체로 사람들은 해결방안을 탐색하면서 기다리는 것보다 행동하는 것을 선호한다. 또 다른 오류의 원인은 대안을 탐색할 때 유연하거나 창의적이지 못하다는 것이다. 사람들은 실제로 새롭거나 특별한 가능성을 검토하지 않으며, 새로운 측면에서 문제를 다루어 보려고 노력하지 않는다. 대안을 탐색하는 데 과거에 성공한 적이 있는 방법만을 쓰는 경향 역시 한계점으로 볼 수 있다. 예를 들어, 어떤 사람이 특정 방식으로 세 가지 문제를 해결했다면 네 번째 문제는 다른 방식으로 접근해야 한다. 네 번째 문제는 기존의 문제들보다 해결하기가 훨씬 어렵기 때문이다. 이전에 문제를 풀었던 방식이 네 번째 상황에서 매우 비효율적일지라도 사람들은 이 방식을 고수하는 경향이 있다. 인생을 살다 보면 문제해결을 방해하는 수많은 전략을 배우게 된다.

(4) 해결방안의 검토

여러 가지 해결방안을 검토할 때는 실제로 얼마나 잘 해결할 수 있을 것인가를 예측하게 된다. 다시 말해, 문제해결에 대한 예상 결과를 비교하는 것이다. 이는 '가능성 연구'라고 할 수 있다. 가능한 해결 목록을 만들 때 참신한 방법을 생각하는 것과 달리, 해결방안을 검토하고 비교할 때는 이전의 경험과 비슷한 상황에 있었던 다른 사람의 경험에 많이 의존하게 된다. 과거를 철저하게 이해해야만 미래를 제대로 예측할 수 있으므로 관련 있는 모든 경험을 검토해 보는 것이 바람직하다. 이러한 관점에서 볼 때 문제해결과정의 경험은 가치가 있다. 각각의 해결방안에 대한 비용, 결과, 수익을 예측해야 하는데, 이 예측의 정확성은 성공적인 문제해결에 많은 영향을 줄 것이다.

(5) 해결방안의 선택

해결방안의 검토가 끝났으면 이제 여러 해결방안 중에 하나를 선택하게 된다. 이 단계에는 의사결정과정이 포함되어 있다. 의사결정과정의 결정 요소는 시간, 돈, 인간관계를 고려하여 최소의 비용으로 최대의 효과를 가져올 수 있는 가장 효과적이고 효율적인 해결방안을 선택하는 것이다.

(6) 해결방안의 실행

아무런 생각도 분석도 하지 않고 계획을 세우지 않아도 저절로 해결되는 문제는 실제로 없을 것이다. 자신의 삶에 변화를 주기 위해서는 문제해결방안을 마련한 후에 실행해야 한다. 문제해결과정에는 행동계획을 실행하는 것이 들어 있다. 행동계획의 핵심 요소를 제시하면 다음과 같다. 먼저, 구체적인 단계로 계획을 분리시켜 일련의 순서로 조직하고, 각 단계를 달성하는 목표시점을 분명하게 정하며, 자신이 소중히 여기는 것을 존중하는 사람들에게 행동계획을 알린다. 그리고 계획의 진행 상황을 측정할 수 있는 점검표를 만들고, 진행되는 상황을 즐기거나 다른 방식으로 자신에게 보상하며 즉시 행동으로 실천한다.

(7) 해결방안의 평가

만일 문제를 적절히 정의했다면 그것이 해결되었을 때의 상태가 어떤지를 알고 있어야 한다. 목표를 달성하고 요구를 만족시키기 위해 장벽을 극복할 때 구체적인 변화나 결과를 알고 있는 것은 문제해결의 열쇠가 된다. 살아가면서 복잡한 문제에 직면할 때 전략의 효과성을 위해서는 전략수립 초기부터 여러 가지 평가사항을 고려하여 포함시키는 것이 중요하다.

(8) 실생활의 적용

문제해결과정은 매우 현실적이고 자신과 관련되어야 실제적인 변화를 가져올 수 있다. 계획이 아무리 좋고 목표가 현실적이라 하더라도 장벽을 경험하게 마련이다. 때로 장벽은 자기 마음속에 있기도 하고 세상 밖에 있기도 하다. 그것을 극복하고자 한다면 작은 일부터 솔직하게 직면하고 용기 있게 도전해야 한다.

지나간 문제들에 대한 여러분의 전형적인 반응을 생각할 수 있도록 지금 잠시 시간을 가져라. 그리고 〈연습문제 10.1〉에서 여러분의 전형적인 과거의 반응을 솔직하게 평가하라. 그러면 과거 반응에서 문제해결기술을 강화할 수 있는 중요한 방법들을 찾을 수 있을 것이다. 만일 각 문항에서 '아니요'로 응답된 문항이 있다면 앞에서 기술한 문제해결방법을 통해 도움을 받을 수 있을 것이다.

요약

　　이 장에서는 진로장벽과 그에 대한 해결방법을 제시해 주고 있다. 진로선택이나 진로결정과정에 영향을 미치는 진로장벽을 인식하게 되면 진로갈등을 최소화하는 방법도 찾을 수 있다. 그리고 진로장벽에 대한 이해를 통해 예측 가능하고 효과적인 문제해결방법을 사용하는 것은 진로목표 달성에 큰 도움이 될 수 있다.

▣ 참고자료

1. 「부모의 공감적 태도가 자녀의 진로적응성에 미치는 영향: 자녀의 진로존중감 및 자기조절력의 매개역할」(장혜민, 건국대학교 대학원 석사학위논문, 2014)

2. 「전문대학생 진로탄력성 척도개발」(김미경, 경북대학교 대학원 박사학위논문, 2013)

3. 「Career adaptability: An integrative construct for life span, life space theory」(Mark L. Savickas, *Career Development Quarterly*, 2011)

4. 「생각의 탄생: 다빈치에서 파인먼까지 창조성을 빛낸 사람들의 13가지 생각도구」(로버트 루트번스타인 · 미셸 루트번스타인 공저, 박종성 역, 에코의 서재, 2007)

5. 「여자 대학생이 지각한 진로장벽」(손은령, 서울대학교 대학원 박사학위논문, 2001)

연습문제 10.1 나의 전형적인 문제해결행동

과거에 여러분이 문제 상황에 처했을 때 대체적으로 어떻게 행동했는지를 생각해 보세요. 그리고 여러분의 전형적인 반응을 솔직하게 적어 보세요.

1. 문제가 발생하면 문제가 왜 생겼는지 그 원인부터 찾아본다. (　　)
① 그렇다　　　② 그렇지 않다

2. 내가 겪고 있는 문제를 분석하거나 정의하기 위한 시간을 가진다. (　　)
① 그렇다　　　② 그렇지 않다

3. 문제의 해결방안을 찾기 위해 계속 새로운 방법을 찾아본다. (　　)
① 그렇다　　　② 그렇지 않다

4. 한 문제에 몇 가지 대안적 해결방안을 찾아 장단점을 알아본다. (　　)
① 그렇다　　　② 그렇지 않다

5. 해결방안들 중에서 시간과 비용을 고려하여 합리적인 방법을 선택한다. (　　)
① 그렇다　　　② 그렇지 않다

6. 문제의 해결 방향이 정해지면 바로 실행에 옮기는 편이다. (　　)
① 그렇다　　　② 그렇지 않다

7. 나의 전략의 효과성을 판단할 수 있는 정확한 평가기준을 가지고 있다. (　　)
① 그렇다　　　② 그렇지 않다

8. 문제해결방법의 적용을 통해 실생활의 변화가 일어났다. (　　)
① 그렇다　　　② 그렇지 않다

각 문항에 대한 답변이 끝났다면, '② 그렇지 않다'로 표시된 문항의 개수를 세어 보세요. 만일 4~8개이면 체계적인 문제해결이 잘 되지 않아 문제해결 연습이 많이 필요한 경우입니다. 제10장의 내용을 다시 한번 잘 읽어 보고 다음 순서에 따라 적어 보세요.

－문제해결단계 중에서 가장 어려운 단계는 무엇이며, 잘 안 되는 이유는 무엇인가요?
－만일 과거에 문제해결에 성공한 경험이 있다면 그 원인은 무엇이었는지 잘 생각해 보고 적어 보세요.

연습문제 10.2 진로장벽과 문제해결 연습

1. 여러분이 설정한 진로목표와 목표전략을 다시 한번 생각해 보세요. 여러분이
   원하는 진로목표를 달성하는 과정에서 현재 예상되는 자신의 진로장벽에 대
   하여 적어 보세요.

   1) _____

   2) _____

   3) _____

   4) _____

   5) _____

2. 위에 작성한 진로장벽 중에서 가장 해결이 어렵다고 생각되는 항목을 골라서
   아래 순서에 따라 적으며 해결방안을 생각해 보세요.

   1) 문제를 어떻게 인식하고 있나요?

   _____

   _____

   _____

   _____

   2) 문제를 정확히 정의해 보세요.

   _____

   _____

   _____

   _____

   3) 문제를 해결하기 위한 여러 가지 해결방안을 찾아보세요.

   _____

   _____

   _____

   _____

4) 여러 가지 해결방안을 서로 비교하고 검토해 보며 장단점을 적으세요.

_____
_____
_____
_____

5) 여러 가지 해결방안 중에서 가장 실현 가능한 해결방안을 선택하세요.

_____
_____
_____
_____

6) 해결방안의 구체적인 실천사항을 기록하세요.

_____
_____
_____
_____

7) 만일 문제가 해결되었다면 문제해결을 가능하게 한 원인을 생각하고 적어 보세요.

_____
_____
_____
_____

8) 실생활에 적용하기 위한 방안을 적어 보세요.

_____
_____
_____
_____

연습문제 10.3 진로탄력성 척도

* 문항을 자세히 읽고 자신의 생각과 일치하는 칸에 ✓ 표시를 해 주세요. 옳고 그른 답이 없으므로 솔직하게 응답해 주세요.

번호	문항	전혀 그렇지 않다	약간 그렇지 않다	보통이다	약간 그렇다	매우 그렇다
1	나는 잘할 수 있을 거라고 믿는다.	1	2	3	4	5
2	나는 진로에서 어떤 일도 결국에는 잘될 것이라고 확신한다.	1	2	3	4	5
3	나는 나의 진로에서 성공할 수 있을 것이라고 자신한다.	1	2	3	4	5
4	어떤 상황에서도 나에 대한 믿음을 가진다.	1	2	3	4	5
5	내가 원하는 진로에서 성공할 자신이 없다.	1	2	3	4	5
6	진로과정에서 어려움에 부딪힐 때도 나 자신을 믿는다.	1	2	3	4	5
7	내가 추구하는 삶의 비전(목적)이 있다.	1	2	3	4	5
8	나는 이루고 싶은 뚜렷한 목표를 가지고 있지 않다.	1	2	3	4	5
9	나는 이루고 싶은 구체적인 목표와 계획이 있다.	1	2	3	4	5
10	내가 생각하는 분명한 성공의 기준이 있다.	1	2	3	4	5
11	나는 꿈과 목표를 이룬 모습을 생각하면 의욕이 생긴다.	1	2	3	4	5
12	나는 목표의식이 분명한 편이다.	1	2	3	4	5
13	진로와 관련해서 더욱 발전하기 위해 꾸준히 학습한다.	1	2	3	4	5
14	나의 전문성을 발전시키기 위해 노력한다.	1	2	3	4	5
15	내 진로에서 전문가가 되기 위해 계속 배우려 한다.	1	2	3	4	5
16	나는 진로와 관련하여 새로운 기술을 배우려 한다.	1	2	3	4	5
17	진로와 관련해서 잘 모르는 것이 있더라도 배우려고 하지 않는다.	1	2	3	4	5
18	나는 진로를 위해 준비하며 노력한다.	1	2	3	4	5
19	나는 역동적인 변화를 오히려 즐기는 편이다.	1	2	3	4	5
20	나는 실패와 좌절에 대해 두려움이 크다.	1	2	3	4	5
21	낯설고 새로운 사람들과 함께 일하는 것이 힘들지 않다.	1	2	3	4	5
22	갑작스런 변화에도 짜증 내지 않고 차분히 대처한다.	1	2	3	4	5
23	사회 변화에 민감하고 적절하게 대처하지 못한다.	1	2	3	4	5
24	나의 진로에서 갑작스런 변화에도 유연하게 대처한다.	1	2	3	4	5

25	나를 재충전할 수 있는 활동을 함께하는 사람들이 있다.	1	2	3	4	5
26	진로에서 좌절했을 때 친구나 가족의 위로가 도움이 된다.	1	2	3	4	5
27	주위 사람들과 대화를 나누며 진로 스트레스를 해소한다.	1	2	3	4	5
28	나의 스트레스를 털어놓을 수 있어서 큰 힘이 되어 주는 사람들이 있다.	1	2	3	4	5
29	내 주위에는 나를 응원하고 격려해 주는 사람들이 없다.	1	2	3	4	5
30	내 주변 사람들은 나에게 관심과 사랑을 가지고 있다.	1	2	3	4	5

○ 채점방법 및 해석

- 역채점 문항 6문항(5, 8, 17, 20, 23, 29번 문항)은 점수를 역으로 환산하여 채점한다.
- 하위 척도: 자기신뢰(1~6번 문항), 성취열망(7~12번 문항), 진로자립(13~18번 문항), 변화대처(19~24번 문항), 관계활용(25~30번 문항)
- 역채점을 한 다음 각 하위 영역별로 문항 점수를 합산하고, 하위 영역별 점수를 합산하여 진로탄력성 총점을 산출한다.

연습문제 10.4 진로적응성 척도

 * 문항을 자세히 읽고 자신의 생각과 일치하는 칸에 ✓ 표시를 해 주세요. 옳고 그른 답이 없으므로 솔직하게 응답해 주세요.

번호	문항	전혀 그렇지 않다	약간 그렇지 않다	보통 이다	약간 그렇다	매우 그렇다
1	(나는) 나의 미래 모습을 상상하곤 한다.	1	2	3	4	5
2	(나는) 현재 나의 선택이 나의 미래를 만든다는 것을 알고 있다.	1	2	3	4	5
3	(나는) 내가 원하는 미래를 위한 준비를 하고 있다.	1	2	3	4	5
4	(나는) 나의 목표를 이루기 위해 필요한 교육 및 진로와 관련된 활동들이 무엇인지 알고 있다.	1	2	3	4	5
5	(나는) 나의 목표를 어떻게 달성할 것인지 계획하고 있다.	1	2	3	4	5
6	(나는) 나의 진로에 대해 관심을 갖고 있다.	1	2	3	4	5
7	(나는) 긍정적인 태도를 유지한다.	1	2	3	4	5
8	(나는) 내 스스로 결정을 내린다.	1	2	3	4	5
9	(나는) 나의 행동에 책임을 진다.	1	2	3	4	5
10	(나는) 나의 신념을 지키며 산다.	1	2	3	4	5
11	(나는) 나 자신을 믿는다.	1	2	3	4	5
12	(나는) 나에게 적합한 선택을 한다.	1	2	3	4	5
13	(나는) 나를 둘러싼 주변 환경을 탐색한다.	1	2	3	4	5
14	(나는) 나의 성장을 위한 기회를 찾는다.	1	2	3	4	5
15	(나는) 선택을 하기 전에 여러 대안을 살펴본다.	1	2	3	4	5
16	(나는) 일을 처리할 때 다양한 방법을 고려해 본다.	1	2	3	4	5
17	(나는) 내가 가지고 있는 문제에 대해 깊이 탐색한다.	1	2	3	4	5
18	(나는) 새로운 일(기회)을 접하면 호기심이 생긴다.	1	2	3	4	5
19	(나는) 주어진 과제를 효율적으로 수행할 수 있다.	1	2	3	4	5
20	(나는) 내게 주어진 일을 잘 처리할 수 있다.	1	2	3	4	5
21	(나는) 새로운 스킬(기술)을 잘 배울 수 있다.	1	2	3	4	5
22	(나는) 내 능력을 발휘할 수 있다.	1	2	3	4	5
23	(나는) 난관을 잘 극복할 수 있다.	1	2	3	4	5
24	(나는) 문제를 잘 해결할 수 있다.	1	2	3	4	5

○ 채점방법 및 해석

　－하위 척도: 진로관심(1~6번 문항), 진로통제(7~12번 문항), 진로호기심 (13~18번 문항), 진로자신감(19~24번 문항)

　－각 하위 척도별로 문항 점수를 합산하고, 하위 영역별 점수를 합산하여 진로 적응성 총점을 산출한다.

제11장

구직자를 위한 가이드

1. 최근의 노동시장 동향
2. 직업선택을 위한 준비
3. 구직기술의 습득

개요

　　이 장에서는 실제적인 진로선택과정에 필요한 구직기술에 대해 알아본다. 이제부터 자기
내면에 대한 관심에서 잠시 눈을 돌려 자신이 원하는 일자리를 제공해 줄 고용주들에게 어떻
게 자신을 잘 소개할 것인가에 초점을 두기 바란다. 이력서와 자기소개서, 면접방법에 대한
가이드는 큰 꿈을 위해 도전하는 사람들의 첫 발걸음을 도와줄 것이다.

제**11**장

구직자를 위한 가이드

1. 최근의 노동시장 동향

1) 경기 전망

2019년 통계청에서 발표한 자료에 따르면 우리나라의 경기는 2013년 3월 저점 이후 내수를 중심으로 서서히 회복하다가, 2016년 4분기 이후 세계경제 성장세 강화 및 교역 확대 등으로 개선세가 확대되었으며, 2017년 9월 이후 조정 국면을 맞이한 가운데, 2018년 들어 세계 경제성장률 둔화 및 미국과 중국의 무역분쟁 심화, 일본의 경제보복 조치 등 대외환경이 악화되면서 위축되고 있는 것으로 판단된다고 발표했다. 경기변동(business cycle)의 국면, 전환점, 경기속도, 진폭을 측정하면, 향후 경기 국면의 판단과 예측, 기준순환일(turning Point, 저점, 정점)을 파악할 수 있다. 다음 〈표 11-1〉에서 보는 바와 같이 한국 경제는 앞으로 상당기간 저점으로 향하는 경향을 보이며 어려움을 겪을 것으로 전망된다.

표 11-1 우리나라 기준순환일 및 국면 지속기간

	기준순환일			지속기간(개월)		
	저점	정점	저점	확장기	수축기	순환기
제1순환기	1972. 3.	1974. 2.	1975. 6.	23	16	39
제2순환기	1975. 6.	1979. 2.	1980. 9.	44	19	63
제3순환기	1980. 9.	1984. 2.	1985. 9.	41	19	60
제4순환기	1985. 9.	1988. 1.	1989. 7.	28	18	46
제5순환기	1989. 7.	1992. 1.	1993. 1.	30	12	42
제6순환기	1993. 1.	1996. 3.	1998. 8.	38	29	67
제7순환기	1998. 8.	2000. 8.	2001. 7.	24	11	35
제8순환기	2001. 7.	2002. 12.	2005. 4.	17	28	45
제9순환기	2005. 4.	2008. 1.	2009. 2.	33	13	46
제10순환기	2009. 2.	2011. 8.	2013. 3.	30	19	49
제11순환기	2013. 3.	2017. 9.	–	54	–	–
평균	–	–	–	33	18	49

출처: 통계청(2019. 9. 20.).

2) 신입사원 채용 경향 및 취업률

최근 우리나라는 4차 산업혁명 시대 도래 이후에 대내외적인 경제적 어려움을 겪고 있다. 한국은행의 발표에 따르면 최근 국내외 여건 변화 등을 고려할 때, 경제성장률은 2019년에 2.2%, 2020년에 2.5%를 나타낼 전망이다. 상품수출은 전년에 비해 증가세가 상당폭 둔화될 전망이며, 이에 따라 기업들의 인력 채용도 꼭 필요한 인력 위주로 변화하여 이전에 비해 고용도 감소할 것으로 전망된다.

이제는 대기업뿐만 아니라 중소기업 등을 비롯한 대부분의 기업이 경제위기 극복을 위해 성과주의 경영으로 전환하고 있다. 이 과정에서 기업들의 채용관행에도 큰 변화가 이루어졌다. 과거에는 대부분 신입사원을 우선 채용하는 방식이었지만 이제는 현장에 바로 투입할 수 있는 경력사원을 주로 채용하는 방식으로 채용 패턴이 크게 바뀌었다. 이러한 채용구조의 변화는 기업마다 원가절감과 생산성 향상을 추구해야 하는 절박한 경영 현실에서 출발하고 있다. 그러나 이러한 채용 패턴의 변

화는 대학을 졸업하고 사회에 진출해야 하는 청년들에게 또 다른 경력준비를 해야 하는 적지 않은 부담과 많은 좌절을 안겨 주고 있다.

교육부와 한국교육개발원의「2017년 고등교육기관 졸업자 취업통계」조사결과 발표를 보면 대졸 취업률은 66.2%로 2011년 이후 최저치를 보이고 있고, 이러한 추세가 당분간 지속될 것이다. 그리고 학제별 취업률은 전문대학이 일반대학보다 높고, 계열별 취업률은 공학계열과 의약계열이 80%대 취업률을 보여 다른 계열에 비해 상대적으로 높다. 지역별 취업률에서는 수도권 대학 졸업자의 취업률이 비수도권 취업률보다 높고, 성별 취업률은 남성 졸업자가 여성 졸업자보다 높다.

2017년 한국경영자총협회가 전국 312개 기업을 조사하여 발표한「2017년 신입사원 채용실태 조사」에 따르면, 대졸 신입사원 취업경쟁률은 평균 35.7:1로 예년보다 높은 것으로 조사되었고, 기업 규모별로는 300인 이상 기업(38.5:1)이, 300인 미만 기업(5.8:1)보다 월등히 높은 취업경쟁률을 보였다. 또한 300인 이상 기업의 취업경쟁률은 상승 추세를 보이는 반면, 300인 미만 기업의 취업경쟁률을 오히려 감소해 쏠림 현상이 확인되고 있다. 전형방법을 살펴보면 면접전형은 대부분의 기업이 시행하고 있으나, 필기전형은 주로 300인 이상 기업에서 더 많이 채택하는 것으로 나타났다. 필기전형은 300인 이상 기업의 52.6%, 300인 미만 기업은 11.9%가 시행하는 것으로 조사됐다. 한편, 필기전형을 시행하고 있는 기업의 비중은 점차 증가하는 추세다.

3) 치열해지는 입사경쟁

2000년 이전의 신입사원과 경력사원의 채용비율은 대략 7:3 정도였으나, IMF 외환위기를 거치면서 기업들의 경영합리화 등으로 인해 그 비율은 2:8 정도로 역전되어 고착되는 경향을 보여 주고 있다. 앞서 살펴본 것처럼 기업들의 신입사원 채용에 따른 과도한 시간적·경제적 부담은 신입사원보다 경력사원을 더 선호하게 만드는 주요 요인이 되고 있다. 2000년 이전에는 한 회사에서 10년, 20년 장기근속하는 것이 일반적인 고용관행이었지만, 최근에는 기업환경의 급격한 변화로 상시 구조조정이 이루어지고 있어 직업전환이 일상화되고 있다. 대기업이나 공사, 공무원 등 이른바 '괜찮은 일자리(decent job)'에 대한 입사경쟁도 날이 갈수록 치열해져 많은 사람이 선망하는 대기업 입사경쟁률이 100:1을 넘는 경우가 보통이고, 300:1을 넘어 가는 사례도 자주 발생하여 '취업전쟁'이라는 용어를 더욱 실감나게 하고 있다.

최근 통계청의 「2019년 5월 경제활동인구조사 청년층 부가조사 결과」에 따르면 대학 졸업생들이 졸업 후에 임금근로자로 처음 입사를 하는 데 걸리는 평균 구직기간은 약 10.8개월이며, 전년동월대비 0.1개월 증가했다. 그리고 입사 후에도 첫 직장(임금근로자)의 평균 근속기간은 17.3개월로 전년에 비해 0.6개월 줄어들어 고용사정이 악화되는 추세에 있다. 첫 일자리의 직업별 분포는 서비스 · 판매 종사자 32.1%, 관리자 · 전문가 24.1%, 사무종사자 21.7%의 순으로 나타났다. 아울러 첫 일자리의 근로형태는 계약기간을 정하지 않았으나 계속 근무할 수 있는 일자리인 경우가 56.7%로 가장 높았으며, 근무형태별로는 전일제 근로가 78.3%를 차지했다.

2. 직업선택을 위한 준비

1) 취업준비과정

대학생들이 자신이 원하는 곳에 취업하기 위해서는 1~2학년 시기부터 분명한 직업 분야를 정해 목표를 세우고 체계적으로 취업을 준비해야 한다. 직업목표를 세울 때에는 일차적으로 자신의 흥미와 적성을 파악하는 것이 필요하다. 그리고 대학의 학생상담센터나 경력개발센터, 지역사회의 대학일자리센터나 고용노동부 고용센터(www.work.go.kr) 등 취업전문기관의 도움을 받아 맞춤형 진로지도를 받는 것이 필요하다. 원하는 직업 분야가 정해지면, 이제는 성공취업을 위한 구체적인 취업전략을 수립해야 한다. 취업준비과정은 보통 도입단계(gateway), 선택과정(options), 입사지원준비(follow-through support)로 나누어 볼 수 있다. 또한 최근에는 인턴과정에 대한 지원도 경쟁률이 높아지면서 인턴지원과정도 취업지원과정과 동일하게 준비하고 응시해야 한다. 여기에서 살펴볼 취업준비과정은 인턴준비과정에도 그대로 적용할 수 있다.

(1) 도입단계

자신이 희망하는 직업을 준비하는 단계로, 자신의 진로 및 직업적성과 흥미를 파악하여 관련 직업을 알아보는 것이다. 직업심리검사로는 고용노동부 직업선호도검사(L형, S형), 일반직업적성검사(GATB), 구직욕구 진단검사, 구직효율성 검사 등 여러 가지 검사가 다양하게 활용되고 있다. 대학의 상담센터나 경력개발센터, 고용노동부 워크넷에서는 다양한 심리검사를 무료로 실시하고 있으므로 관련 전문가의 도움을 받아 자신에게 가장 적합한 검사를 실시하고, 검사결과의 해석을 참고하여 진로 방향을 설정하면 된다. 이 책의 제2~5장에는 이러한 과정에 대해 자세히 설명하고 있다.

오늘날 직업의 변화 추세는 날이 갈수록 전문화되고 세분화되고 있는 것이 특징이다. 대학생들이 취업난을 극복하는 효율적인 방법은 대학 1학년 때부터 미리 관심 있는 업종이나 직업 분야를 잘 탐색하고 구체적인 직업목표를 수립하는 것이다. 취업에 성공한 대졸 구직자들의 공통점은 자신이 재미있게 일할 수 있는 분야를 다른 경쟁자들에 비해 미리 결정하고 다양한 직업정보를 잘 수집하여 활용하는 데서 출발하고 있다.

(2) 선택과정

자신이 원하는 일이 무엇인지 명료해지면, 자신이 원하는 직업을 얻기 위해 구체적인 일자리를 찾아보는 단계로 들어가게 된다. 이 단계에서는 관심 있는 직업 분야의 여러 기업체 목록을 확보하고, 그중에 자신이 가장 입사하고 싶은 5~7개의 기업체를 구체적으로 선택한다. 이 단계는 취업을 위한 실질적인 준비단계로서 입사하기 최소한 1~2년 전부터 관심 있는 기업을 선정하고, 지속적으로 그 기업의 주요 경영 현황과 구인 공고, 경쟁회사의 현황들을 스크랩하여 '나만의 맞춤형 입사기업 파일'을 만드는 작업을 실시해야 한다. 입사기업 파일에는 기업 최고경영자(CEO)의 경영이념과 기업가치, 주요 생산품의 시장경쟁력, 인지도, 기업의 장기발전 비전, 채용 직종 및 현황 등 다양한 정보를 수집해 정리한다.

이 과정에서 해당 기업의 직무체험에 참가해 보는 것이 좋은데, 일부 기업에서는 대학생 인턴제도나 각종 공모전, 청년 프로그램(지역탐방 등), 해외 봉사활동 프로그램 등을 실시하고 있으므로 관심을 가지고 적극적으로 참여하는 자세가 필요하다.

대부분의 회사는 자사의 각종 대학생 대상 공모전 및 인턴제도에 참여한 대학생들은 신입사원 채용 때 우대하는 경우가 많은데, 구직자의 입장에서는 사전에 기업과 친숙해지고 기업문화와 비공개 채용정보, 인적 네트워크를 구축할 수 있는 좋은 기회가 된다. 그리고 먼저 입사한 학교 선배, 기업체 홈페이지, 취업준비 동호회 카페 등을 통해 최근의 채용형태나 채용경로를 파악하고, 취업시험과 면접문제의 정보를 공유하면 의외로 도움이 되는 경우가 많이 있다.

(3) 입사지원준비

입사지원을 위해 구체적인 입사서류를 준비하는 단계다. 기업의 채용전형은 회사마다 조금씩 차이가 있으나 보통 서류전형과 필기시험, 면접으로 이루어진다. 서류전형에 필요한 서류는 보통 이력서와 자기소개서다. 이력서와 자기소개서는 입사를 위한 첫 번째 관문으로서 중요한 위치를 차지한다. 많은 이력서 중에서 선택되어 면접까지 가기 위해서는 먼저 인사담당자의 눈길을 끌 수 있는 개성 있고 참신한 내용이 많이 포함되어야 한다. 1차 서류전형을 통과하면 필기시험과 면접이 이루어지게 되는데, 중소기업에서는 필기시험이 생략되는 경우가 많다. 최근에는 서류전형에서 인공지능(AI)이 활용되기도 하고, 블라인드 채용이 적용되는 경우도 있어 실력을 키우는 것이 무엇보다 중요해졌다. 최근 면접은 1회에서 2~3회로 계속 강화되는 추세이며, 신입사원이지만 경력사원과 유사한 경험이나 실력을 요구하는 경향을 보이고 있으므로 더 많은 준비가 필요하다.

3. 구직기술의 습득

1) 이력서 작성

서류전형의 경쟁률이 점차 치열해지면서 다른 지원자와 차별화된 이력서의 중요성이 부각되고 있다. 취업의 첫 관문인 서류전형에서 떨어지면 나중에 면접을 볼 기회조차 주어지지 않고, 서류전형만으로 채용을 결정하는 곳도 있으므로 구직자들이 자신만의 개성 있는 이력서를 작성하는 것은 매우 중요하다. 대기업처럼 자사의 규격양식을 원하는 경우에는 해당 양식에 맞추어 작성하면 되고, 특별한 이력서 양식이 없는 중견기업이나 중소기업에 지원하는 경우에는 자신만의 이력서 양식을 만들어 작성해야 한다. 특히 회사의 업종이 서비스업이거나 입사 직종이 창의력을 요구하는 기획, 상품개발, 물류, 무역, 디자인 계통인 경우에는 제출한 이력서의 양식이나 구성 자체를 업무능력의 판단척도로 심사하기도 한다. 이 경우에는 가급적 독창적인 이력서를 작성하여 제출하는 것이 보다 유리하다. 일반적으로 많이 사용하는 이력서의 구성요소를 살펴보면 다음과 같다.

(1) 성명 및 생년월일

성명은 한글과 한자, 또는 영문을 모두 적는다. 생년월일은 서기로, 나이는 만 나이로 적는다.

(2) 연락처(응시 부문)

직접 연락이 가능한 전화번호를 적고, 이메일 주소와 다른 연락처도 추가한다. 응시 부문은 이력서의 우측 상단에 적는다.

(3) 현주소

자신이 현재 거주하고 있는 주소를 쓴다. 지방에 소재한 회사의 경우에는 서류전형 시 가급적 출퇴근이 용이한 지역의 지원자를 선발하려는 경향이 있으므로 자신이 실제 거주하는 곳의 주소를 써야 한다.

(4) 학력사항

보통 고등학교부터 최종학력까지 입학과 졸업 연월일을 작성한다. 군 경력도 학력 속에 포함시켜 연대순으로 기입한다. 최근에는 최종학력부터 역순으로 작성하는 경우가 많다.

(5) 자격사항

자격증을 가지고 있을 경우 모두 적는데, 입사 분야의 직종과 관련이 있는 자격증을 우선적으로 기입한다. 그리고 컴퓨터, 어학 관련 자격, 운전면허증을 기록한다.

자격증 순서는 국가자격증, 국가공인자격증, 민간자격증 순으로 기재하면 된다.

(6) 경력사항

업무와 관련된 경력을 위주로 최근의 것부터 기재한다. 근무기간과 회사명도 명확히 적는다. 아르바이트, 계약직과 같은 단기 일자리도 입사 분야와 관련이 있는 경우 기록한다.

(7) 특기 및 상벌 사항

자신의 장점을 잘 보여 줄 수 있는 학점, 특기, 교내 행사나 대외 수상경력, 외국어 능력, 학점, 어학연수 등을 기록한다.

(8) 사진

최근 3개월 이내에 촬영한 것으로 단정하고 밝은 인상을 주는 사진을 붙인다. 즉석 사진이나 스냅 사진을 잘라 붙이는 것은 무성의하게 보일 수 있다. 특히 머리 모양과 옷에도 신경을 써야 하는데 단정하고 깔끔한 옷차림과 헤어스타일이 무난하다. 예컨대, 긴 머리는 뒤로 깔끔하게 묶고, 파마머리는 단정하게 정리하는 것이 일반적이다. 자신의 머리 스타일이 지원 부서에 맞는지를 알아보려면 해당 부서 직원들의 헤어스타일을 살펴보면 참고가 될 것이다. 최근에는 포토샵 기술의 발달로 얼굴을 컴퓨터로 지나치게 멋있게 처리하여 구직자들의 얼굴이 소위 분장을 넘어서 변장의 수준으로 가고 있다는 말까지 나오고 있다. 다행히 최근에는 블라인드 면접이 도입되면서 사진을 제출하지 않는 기업들도 점차 늘어나고 있으나, 사진을 제출할 때 이력서의 사진과 면접 시의 실물이 너무 다를 경우에는 감점을 당할 수도 있으니 유의할 필요가 있다.

(9) 마무리

"위의 내용이 사실임을 증명합니다."라고 기입한 후 하단에 작성 연월일, 본인 성명을 자필서명한 후 서명이나 날인하여 마무리한다.

지원 분야: 기계관리

이 력 서

사진
(적당한 크기)
보통 3×4cm

성명: 홍 길 동(洪吉東, Kildong Hong)

생년월일: 1994년 3월 21일(만 25세)

주소: ○○시 ○○구 ○○로 801, ○○아파트 10동 100호

휴대 전화: 010-1234-××××

긴급연락처: (02) 123-3456

E-mail: dong02@hanmail.net

업무수행목표: 내 손을 거쳐 간 기계는 모두 혼을 담아 최상의 상태를 유지한다.

학력사항	2012. 2.	제일고등학교 졸업
	2012. 3.~2020. 2.	한국대학교 공과대학 기계공학과 졸업예정
경력사항	2012. 3.~2014. 5.	학술동아리 '자동차 세상' 활동(기술부장)
	2019. 7.~2019. 8.	한국산업안전공단 시설팀 직장체험
		(안전시설물 제작업무 보조 및 행정업무)
자격 및 특기 사항	2012. 8.	운전면허 1종 보통(인천지방경찰청)
		일본어 회화 가능
	2013. 4.	컴퓨터 활용능력 1급(대한상공회의소)
	2019. 5.	일반기계기사 1급(한국산업인력공단)
	2019. 9.	TOEIC 820점 취득(TOEIC위원회)
병역사항	2015. 1.~2016. 12.	육군(보병) 병장 만기제대
기타사항	2012. 7.~2018. 12.	성적 우수 장학금 3회 수혜, 학점평균: 4.1/4.5
	2018. 1.~2018. 2.	미국 및 유럽 5개국 자유여행

위의 내용이 사실임을 증명합니다.

2019. 9. 25.

작성자 홍길동 (인) 또는 서명

기업체에서 이력서 제출양식에 대해 특별히 제한을 두지 않는 경우에는 예시로 제시한 이력서를 응용하여 좀 더 개성 있는 '나만의 이력서'를 작성하여 제출하는 것도 가능하다. 일반적인 이력서의 내용을 중심으로 재구성하여 컬러로 깔끔하게 편집해서 메일로 제출하면 인사담당자에게 좋은 인상을 줄 수 있다.

2) 이력서 작성요령

이력서는 워드나 한글로 작성한다. 마지막 서명은 도장이나 사인을 하는 것이 구인업체에 보다 깔끔한 인상을 줄 수 있다. 도장은 간이용 목도장보다 원형의 한문 도장을 사용하는 것이 좋은 느낌을 주며, 외국계 기업과 서비스업의 경우에는 도장보다는 사인을 사용하는 것이 좋다. 사인은 조잡하지 않은 느낌이 들도록 기재하고, 자신의 이름을 그대로 쓰는 것이 무난하다. 이력서 분량에는 제한이 없지만 특별한 내용이 제시되어 있는 경우가 아니라면 1매를 넘기지 않는 것이 좋다.

표 11-2 이력서 작성요령

작성 포인트	작성 내용
간단명료하되 구체적으로 작성	출신학교나 학과, 자격증뿐만 아니라 수상경력, 대내외적 활동 등 자신의 능력이나 장점을 최대한 돋보이게 할 수 있는 사항들을 관련 서류와 대조하면서 일목요연하게 정리한다. 이력서의 일자가 틀린 경우에는 지원자 자체의 신뢰에도 문제가 될 수 있으므로 인사담당자가 알기 쉽도록 정확하게 기술하는 것이 좋다.
과장 없이 솔직하게 기술	허위사실이나 과장된 내용을 기입해서는 안 된다. 다른 사람의 글을 모방하여 적어도 안 된다. 입사과정이나 입사 후라도 허위사실이 드러날 경우에는 입사가 취소될 수 있으며, 나중에 다른 기업의 입사에도 영향을 주어 취업이 어려울 수 있다. 그러므로 있는 그대로 솔직하게 작성한다.
오타가 없도록 깔끔하게 작성	이력서를 작성할 때 오자나 탈자가 없도록 여러 번 오탈자를 교정한다. 이력서를 서면으로 직접 제출할 때에는 컬러 프린트로 인쇄하는 것이 깔끔한 인상을 준다. 그리고 지원 분야의 잘 작성된 샘플 이력서나 참고자료는 버리지 말고 파일을 잘 보관해 두었다가 다음에 필요할 때 참고할 수 있다.

지금까지 자기를 알리는 첫 관문인 이력서 작성방법에 대해 살펴보았다. 자기소개서를 작성하는 방법을 검토하기 전에 먼저 〈연습문제 11.1〉의 이력서를 작성해 보도록 하자.

3) 자기소개서

　자기소개서는 이력서와 더불어 서류전형에서 매우 중요한 서류다. 최근에는 대기업뿐만 아니라 중소기업에서도 대부분 필수 서류로 요구하고 있다. 기업이 원하는 양식과 내용이 정해져 있는 경우에는 주어진 양식에 따라 충실하게 작성하면 되고, 특별한 양식이 정해져 있지 않은 경우에는 일반적인 내용으로 A4 용지 1~2매 정도 분량으로 작성하면 된다.

(1) 자기소개서를 요구하는 이유

　기업체에서는 이력서만으로 각 개인의 성장배경, 성격, 가치관, 지원동기 등을 파악하기 어려우므로 이러한 내용들을 한눈에 파악하고자 자기소개서를 원하는 경우가 많다. 자기소개서를 통해 그동안의 학교생활, 동아리활동, 대인관계, 조직에 대한 적응력, 성실성, 책임감, 창의성 등을 파악하게 된다.

　기업체에서 특히 주의 깊게 보는 것 중 하나는 입사 지원동기와 입사 후 포부의 기술 부분이다. 무슨 일이든 시작에서 그 동기가 뚜렷하지 않은 사람은 일에 대한 몰입도와 성취감을 느끼기 힘들다. 입사를 앞두고 취업하고자 하는 직종과 기업에 대한 동기가 뚜렷하지 않으면 입사를 하더라도 그다지 의욕을 느끼지 못하게 된다. 따라서 기업에서는 지원자가 어떠한 동기로 입사를 희망하게 되었는지, 입사 후에는 어떠한 자세로 업무에 임할 것인지, 지원자의 장래 비전은 무엇이며 개인의 비전이 회사의 경영방침과 부합하는지 등을 전체적으로 파악하고자 한다. 회사에서는 공식적인 업무가 주로 서류를 통해 이루어지므로 자신의 생각이나 의견을 글로 표현하는 능력은 업무능력의 지표로서 매우 중요한 위치를 차지한다. 이에 기업체에서는 자기소개서에 나타난 문장전개능력과 논리적 사고 등을 통하여 지원자의 성격이나 잠재능력을 파악하기도 하므로 전체적인 문맥에도 신경을 써서 작성하는 것이 유리하다.

(2) 자기소개서 작성요령

① 성장과정

우선 가족관계를 기술하고 그동안의 성장 환경과 배경에 대해 설명한다. 너무 장황하게 적지 말고 남들과는 다른 스토리를 구상하여 되도록 쉽게 적는다. 학교나 경력 등은 이미 이력서 또는 지원서에 기록되어 있으므로 이중으로 기술할 필요는 없지만 중요한 사항은 언급할 수 있다. 지원 분야와 관련하여 가훈이나 어려운 환경 속에서 아르바이트 등을 통해 역경을 딛고 일어선 의지 등을 기술하면 좋다.

② 성격 소개

성격의 장단점과 가치관을 주로 기록한다. 장점을 지나치게 부각시키는 것보다는 솔직하게 자신을 소개하는 것이 중요하다. 단점도 언급하면서 그것을 극복하기 위해 어떤 노력을 하고 있는지를 기술하면 오히려 장점으로 부각될 수 있다. 이 세상에 완벽한 인간이란 존재하지 않기 때문에 스스로 완벽하다고 생각하여 장점만 나열하는 것은 오히려 마이너스가 된다는 것을 명심해야 한다. 또한 자신의 생애가치관과 일을 통해 실현하고자 하는 직업가치관을 자신의 특성의 한 부분으로 기술한다. 일에 대한 사명감을 비롯해 자신이 삶과 일에 얼마나 진지한 태도로 임하고 있는지를 알리는 것은 자기소개에서 중요한 부분이다.

③ 특기사항

전공(복수전공 포함) 외에도 부전공이나 특별히 자랑하고 싶은 국내외 관련 자격증 또는 경험을 가지고 있다면 기록한다. 학창시절을 얼마나 노력하면서 알차게 보냈는지 최대한 잘 표현한다. 특히 외국어 구사능력, 번역 등의 숨은 실력은 구체적으로 밝힐 필요가 있다. 요즘 기업체에서는 공인 성적보다는 말하기 등 실제 언어구사능력을 중요시하는 경향이 많으므로 이에 초점을 두어 기술하면 좋다. 영어만이 아니라 중국어, 일본어, 스페인어, 러시아어, 아랍어 등 제2외국어 능력을 기록하면 가산점을 받을 수 있다. 무전여행이나 워킹홀리데이, 교환학생 등과 같은 경험도 직종과 연관시켜 일화 형식으로 기록하면 도움이 된다.

④ 지원동기

취업하고자 하는 기업의 업종, 경영이념, 창업정신, 성격 등을 미리 파악하여 그 기업에서 원하는 인재상과 부합하도록 적극적인 사고, 열정, 미래에 대한 도전의지, 문제해결능력, 패기 있는 성격 등을 기록하는 것이 좋다. 기업에서 가장 눈여겨보는 부분이므로 구체적인 예를 들어 작성하면 가산점을 받을 수 있다. 여기에서도 자신의 장점만을 나열하기보다 자신의 현재 준비 상태와 앞으로 이루어 나갈 성장에 대한 기대를 담아내는 것이 좋다.

⑤ 희망업무 및 포부

희망업무는 자신의 전공이나 적성을 살릴 수 있도록 연관 있는 분야를 선정하는 것이 바람직하다. 평소에 지원 분야의 업종에 대한 관심과 연구가 있다면 더욱 좋을 것이다. 공고를 보고 입사를 생각한 것이 아니라 구체적으로 자기가 선택한 업종에 대한 목표성취나 개발을 위해 계획을 가지고 있다는 것을 언급하면 기업에 좋은 인상을 줄 수 있다. 또한 희망업무를 통해 기업에 기여하고 자신의 미래 비전이나 포부를 달성할 수 있는 방안을 제시한다면, 설득력 있는 내용이 될 수 있다.

지원 분야별 자기소개서 작성요령

회사에서는 지원 분야별로 희망하는 성격이나 인재상이 다르므로 이를 고려하여 작성하는 것이 서류전형에 도움이 되며, 희망 직종을 아직 정하지 못한 경우에는 직종선택에 참고할 수 있다.

① 기획, 상품개발, 디자인 업무와 같이 창의성이 강조되는 직종
  −그동안의 성장과정, 성격소개에서 새로운 일을 계획하고 추진해 본 경험, 도전적인 업무를 수행한 경험이나 다른 사람과는 다른 차별성을 기술한다.
② 인사, 총무, 회계, 공학계열과 같이 규정, 원칙을 바탕으로 수행하는 직종
  −기본을 중심으로 성실하게 업무를 수행해 본 활동이나 경험, 차분하고 꼼꼼하게 일을 처리하는 차분하고 이성적인 성격 부분을 기재한다.

③ 영업관리, 마케팅, 홍보와 같이 설득과 사회성이 중요한 직종

　－다른 사람에게 자신과 다른 의견이 있으면 설득하고, 자신의 목적을 관철해 본 경험이나 어려움을 만나서 극복한 경험, 갈등 상황에서 공통점을 찾아서 해결한 사례가 있으면 유리하다.

　조직의 모든 직무는 서로 연계되어 관련성이 있으며, 업무를 수행하는 과정에서 다양한 성격과 활동이 필요하나, 해당 직무에 따라서는 특히 강조되는 부분이 있으므로 이를 파악하여 작성하는 것이 도움이 된다. 일반적으로 대기업의 경우에는 개인의 역량보다는 조직적인 팀워크가 강조되고, 중소기업이나 스타트업 기업의 경우에는 부서에서 한 명의 직원이 여러 업무를 다양하게 수행하는 경우가 많으므로 다양한 역량을 갖춘 적극적인 성격의 인재를 원하는 경향이 있다. 최근에는 실무자급(대리, 과장, 차장)에서도 서류전형 및 면접 위원으로 참여하는 경우가 늘어나고 있는데, 실무자들은 회사에서 해당 업무를 직접 담당하고 있으므로 실무에 적합한 인재라는 인상을 주는 것이 중요하다.

　다음 자기소개서 예시를 읽어 본 후에 〈연습문제 11.2〉의 자기소개서를 작성해 본다.

> **자기소개서 예시**

협력으로 성공을 만드는 마술사

지원 분야: 인사, 총무

♣ 성장과정 및 비전

　저는 어려운 청소년기를 이겨 내면서 인사 분야 전문가의 꿈을 키우게 되었습니다. 인천에서 소형가구 제작 및 납품을 하던 아버지는 제가 초등학교 5학년 때 부도가 나 사업을 정리하고 빌딩의 경비로 취업을 하셨으나 오랜 지병을 견디지 못하고 중학교 1학년 때 돌아가셨습니다. 비교적 부유한 환경에서 살다가 갑자기 지하 단칸방으로 이사하는 과정에서 많이 혼란스러웠습니다. 중학교 1학년 때에는 학교에 가기 싫어서 결석도 많이 했고, 사회를 원망하면서 학업을 소홀히 해 학업성적도 하위 10%였습니다. 그러나 중학교 2학년 때 아버지의 이전 거래처 직원의 도움으로 어머니가 빌딩 청소 일을 시작하면서 생활이 조금씩 나아졌고, 지역아동센터

사회복지사의 도움으로 대학생 형과 멘토링을 시작하면서 학업적·정서적으로 많은 도움을 받게 되어 5년 뒤 대학에도 입학을 할 수 있었습니다. 그동안 저를 이해해 주고 마음이 상하지 않게 배려해 준 주변 사람들의 도움이 있었기에 저도 앞으로 사람들이 서로 잘 도울 수 있는 직업을 갖고 싶다는 생각을 했습니다. 저는 앞으로 HR 분야에서 최고의 전문가가 되고자 하는 비전을 갖고 있습니다.

♣ 직업흥미유형 및 성격의 장단점

저의 직업흥미는 홀랜드 분류상 SE형(사회형, 진취형)으로, 다른 사람들과 어울리는 것을 좋아하고 다른 사람을 설득하는 직업 적성을 갖고 있어 인사, 총무 업무에 적합합니다.

◆ 성격의 장점: 팀워크와 낙관성

저는 혼자보다는 둘이 하는 것을 좋아합니다. 그래서 운동도 농구나 축구 같이 팀을 이루어 조직 속에서 성과를 달성하는 것에 익숙합니다. 고등학교 1학년 때부터 취미로 농구를 시작하였으며, 고등학교 3학년 때에는 교내 농구대회에서 우수선수상을 2회 받기도 하였습니다. 운동을 통해 성격도 점차 낙관적으로 변하는 것을 경험하였고, 운동경기처럼 팀워크를 이루는 일에 도전하자는 좌우명으로 생활하고 있습니다.

◆ 성격의 단점: 집중력

제 성격의 단점은 오랫동안 무언가에 몰두하는 집중력과 꾸준한 끈기가 부족하다는 것입니다. 그동안은 깊이 연구하고 원리를 찾는 것이 마음에 들지 않아 외면하는 경우가 많았습니다. 그러나 지금은 일의 결과도 중요하지만 과정도 중요하다는 생각으로 과정에 대해 조금씩 관심을 가지며 단점을 보완하기 위해 노력하고 있습니다.

♣ 특기사항 및 직장체험

인사, 총무 업무의 수행에 필요한 능력개발을 위해 3년 전부터 Harvard Business Review 등 HR 관련 잡지를 구독하고 토론하는 모임에 참석하고 있으며, 새로운 인사, 노무, 교육, 총무 업무에 대한 자료를 학습하고 있습니다. 그리고 지난 여름학기에는 외국계 회사에서 무급인턴으로 1개월간 인사업무의 실무를 경험했습니다. 지방대생에게 외국계 회사의 인턴 기회는 쉽게 주어지지 않는데 그 기회를 가질 수 있었던 것은 대학교 3학년 겨울방학 때 여러 나라의 젊은이들과 함께 12일간 트럭을 타고 미국 서부를 여행하면서 알게 된 영국 친구의 도움 덕분이었습니다.

♣ 지원동기 및 포부

　전공을 선택할 때는 돈을 많이 벌겠다는 마음이 컸던 것도 같습니다. 그러나 경영학을 전공하면서 인간에 대한 관심으로 인사관리 과목이 끌렸고, 기업활동의 가장 기본이 되는 핵심 직무로 인사, 총무 업무를 지원하게 되었습니다.

　여러 회사 가운데 귀사를 지원하게 된 것은 귀사의 창업자 김○○ 님의 자서전을 읽고 나서부터입니다. 창업자께서는 과거 귀사의 CEO 시절에 최종 면접을 보면서 항상 이런 질문을 하셨습니다. "오늘 최종 면접에 오게 된 여러분을 축하합니다. 그런데 오늘 이 자리는 여러분 스스로의 노력으로 오게 된 것입니까? 아니면 다른 사람의 도움 덕분에 오게 된 것입니까?" 이 질문에 스스로의 노력으로 오게 되었다고 응답한 면접자들은 모두 탈락했고, 다른 사람의 도움으로 오게 되었다고 응답한 면접자들은 모두 합격했습니다. 사람들이 모두 그 이유를 궁금해하자 창업자께서는 "오늘의 결과가 나의 노력으로 되었다고 생각하는 사람은 어려운 일을 만나면 쉽게 좌절하고 일어나기가 어렵습니다. 그러나 항상 다른 사람의 도움 덕분에 오늘날의 내가 있다고 생각하는 사람은 어려움을 극복하는 데 다른 사람들과 협력하는 마음이 강하고 쉽게 일어설 수 있습니다."라고 대답하셨습니다. 회사의 모든 일은 직원들이 함께하는 것이고 직원들의 마음가짐에 따라서 성과가 달라지는 것을 생각하면 많은 공감이 되는 일화라고 생각합니다.

　저는 항상 그동안 저를 지지해 주고 많은 도움을 준 주변 사람들의 도움을 늘 기억하고 있으며, 사람들은 서로의 협력을 통해 시너지를 낼 수 있다고 확신합니다.

　귀사에 입사의 기회가 주어진다면 직원 개인의 특성을 반영하여 적합한 직무배치와 함께 직무분석을 통해 체계적인 경력개발로 개인과 조직이 함께 발전하는 모델을 구축하여 즐거운 회사생활이 되도록 노력하겠습니다.

20○○년 ○월 ○○일

미래의 인재 컨설턴트 김○○ (사인)

옷의 날개를 달아 주고 싶은 사람

지원 분야: 패션 디자이너

♣ 성장과정 및 비전

"엄마, 이 작은 천 써도 돼요?" 초등학교 때부터 학교에 다녀와서 옷 수선을 하시는 어머님의 가게에서 인형에 옷을 만들어 입히면서 놀았습니다. 인형에 옷을 입히고는 퇴근하시는 아버지를 마중 나가곤 했습니다. 아버지는 자영업(식당)에 종사하셨는데 저를 보면 항상 함박웃음으로 맞아 주셨습니다. 저의 가족은 명절 때마다 가족회의를 통해 서로의 의견을 주고받고 진로를 이야기하는 시간을 가졌습니다. 저는 고등학교에 진학하면서부터 본격적으로 의상디자인에 관심을 갖게 되었습니다. 의식주(衣食住)라는 말에서 보듯이 사람들에게 있어서 의복은 살아가는 데 매우 중요한 위치를 차지한다고 생각합니다. 그래서 대학에서 의류학을 전공(경영학 부전공)했고, 앞으로 일생을 바쳐 세계적인 패션 디자이너로 우뚝 서고 싶은 꿈을 가지고 있습니다.

대학에 다니면서 충실히 이론 공부를 했고, 방학 때에는 틈틈이 국가 자격증 시험을 준비하면서 학원에서 실무적인 업무도 함께 배웠습니다. 대학교 4학년 때 의상 발표회를 앞두고 며칠 밤을 꼬박 새면서 마무리 손질을 하던 순간이 가장 행복했고 아직도 기억에 남아 있습니다. 대학 2학년 때에는 미국과 중국으로 20일간 배낭여행을 다녀왔습니다. 세계를 움직이는 대국(大國)들을 돌아보며 언젠가 이곳에서도 인정받는 디자이너가 되겠다는 다짐을 했습니다.

♣ 직업흥미 및 성격의 장단점

저의 직업흥미는 홀랜드 분류상 SA형(사회형, 예술형)으로 사람과의 관계와 예술적인 적성을 모두 갖고 있어 전공과 조화를 이루고 있습니다. 대학생활은 성적 우수 장학금을 두 번 받는 등 학업에 열중했고, 현재는 4학년으로 전공과목 및 중국어를 공부하며 취업을 준비하고 있습니다.

◇ 성격의 장점: 끈기와 유머

저는 매사에 끈기가 있고, 한곳에 몰두하는 타입입니다. 학과 공부와 아르바이트를 병행하는 것이 힘들었지만 인내심을 가지고 목표를 향해 달렸습니다. 그 결과, 배낭여행 밑천으로 500만 원도 모으고 성적 우수 장학금도 두 번 받았습니다. 패션쇼 스태프로 일할 때는 여러 가지 일이 한꺼번에 주어져서 정신이 없었습니다. 그러나 그런 급박한 상황들이 오히려 저에겐 도전으로 느껴져 흥분되기도 했습니다. 몸도 마음도 힘들었지만 우선순위를 정해서 즐거운 마음으로 일을 하니 행복을 느낄 수 있었습니다. 저의 웃는 모습과 유머에 다른 스태프들도 기분 좋게 일했던 기억이 납니다.

◆ 성격의 단점: 말솜씨

토론할 때 의견을 논리정연하게 제시하는 부분이 부족한 편입니다. 그래서 소리 내어 책을 읽거나 독서토론 동아리 활동 등을 통해 이 점을 보완하고자 계속 노력하고 있습니다.

♣ 특기사항 및 직장체험

현재 의류기사와 양장기능사 자격증을 갖고 있으며, 실제로 옷을 수선하고 디자인 할 수 있는 능력을 인정받아, 올 여름에는 ○○○ 패션쇼에 스태프로 참여하기도 했습니다. 저는 일찍부터 디자이너는 예술가이면서 동시에 의류기술자라고 생각합니다. 모든 사람에게 옷의 날개를 달아 주듯 자신에게 잘 맞은 옷을 가장 멋있게 입게 하는 것이 저의 목표입니다. 3학년 1학기 때 (주)○○○ 디자인에서 2개월간 인턴으로 직장체험을 하면서 저의 전공에 대해 배우고 직장생활의 여러 가지를 경험한 것이 기억에 남습니다. 항상 남들보다 먼저 출근하여 일을 시작했고, 솔선수범하여 사장님으로부터 여러 차례 칭찬을 받았습니다.

♣ 지원동기 및 포부

귀사에 입사하면 저의 전공인 패션디자인과 관련된 분야에서 디자인과 마케팅 업무를 해 보고 싶습니다. 여러 기업체 중에서 귀사를 선택하게 된 것은 귀사가 고객에 대해 펼치고 있는 'Before Service'에 감명을 받았기 때문입니다. 귀사의 경영방침인 '고객을 위한 무한봉사'에 걸맞게 고객의 입장에서 고객이 불편함을 호소하기 전에 미리 불편한 점을 해결해 주는 시스템을 보면서 이 직장이야말로 내가 꼭 근무해 보고 싶다는 욕심이 들었습니다. 저는 수시로 국내외 패션 관련 저널을 구독하면서 관심 분야에 대한 새로운 정보도 얻고, 앞으로 취업 후 하게 될 일들을 미리 준비하고 있습니다.

저는 패션디자인 분야에서 세계 최고가 될 준비가 되어 있습니다.
사업의 협력파트너를 구하는 심정으로 지원합니다. 귀사에서 인재를 원하신다
면 큰 꿈을 펼칠 수 있는 기회를 검증해 보지 않겠습니까?

20○○년 ○월 ○○일

미래의 세계적인 디자이너 최○○ (사인)

4) 면접준비

면접은 기업과 구직자가 처음으로 얼굴을 마주하고 직접 대화를 나누는 자리로
서 여러 기업에서 1~3차에 걸친 심도 있는 다양한 면접을 시행하고 있다. 서류전
형에서 3~5배수 내외로 선발하여 면접을 보는 경우가 일반적이며, 면접과정 역시
1차(실무자 중심), 2~3차(사장을 포함한 임원 중심, 외부전문가 참여) 면접으로 나누어
20분에서 2~5시간에 걸쳐 심층면접을 실시하고 있다. 외국계 기업의 경우 해외의
본사 또는 지사와의 면접까지 진행해 면접 횟수가 더 많은데, 이때에는 스카이프 등
영상통화를 활용해 면접이 진행된다.

(1) 심층면접과 능력평가

면접시험은 새로운 채용방식 중 가장 높은 비중을 차지하고 있다. 이는 면접이 창
의성, 성격, 추진력, 능동성, 사고력 등을 파악할 수 있는 가장 중요한 방법이기 때
문이다. 이제는 일부 예외적인 경우를 제외하고 기업에서 일반적인 기준(예: 학점
3.5, TOEIC 850점 등)을 충족하면, 실제 면접단계에서 출신학교나 학과, 성적 등은 평
가기준으로 그다지 큰 영향을 미치지 못한다. 그보다는 전공, 가정환경 등의 능력
외적인 요소를 배제한 블라인드 면접, 면접관과 함께 하루를 보내며 평가를 받는 다
차원 면접, 지원자들끼리 서로를 평가하는 동료평가 면접 등이 더욱 중요한 평가기
준으로 이용되기도 한다.

면접시험의 강화로 면접시험의 횟수와 시간은 크게 증가되고 있다. 2회에 걸쳐

평균 1시간, 특별한 경우에는 하루 종일 걸리는 경우도 있다. 면접위원의 구성에서도 기존의 사장, 임원 면접에서 초급 관리자 및 실무자(과장, 대리)가 참여하는 사원 면접관 제도가 확산되고 있다. 이 면접은 입사 후 같이 일하게 될 사람들의 능력을 파악하고 서로 간의 친밀감을 강화시키는 기회를 제공한다. 면접장소 역시 지원자의 총체적인 모습을 파악하기 위해 기존의 사무실이나 강당을 탈피하여 야외공원, 카페, 호프집 등 부담 없고 진솔한 모습을 볼 수 있는 장소가 이용되고 있다. 이런 경우 지원자들은 면접관과 많은 시간을 보내며 평가를 받게 된다.

(2) 성공적인 면접을 위한 전략

면접에는 왕도가 없지만 평소 준비를 통해 좋은 이미지를 형성한다면 충분히 취업 가능성을 높일 수 있다. 평소의 능력과 취업에 대한 열정을 정확하게 전달하는 것이 최선의 방법이다. 잘 오지 않는 단 한 번의 기회를 놓치지 않기 위해서는 평소부터 나름대로 시나리오를 준비해 두어야 한다. 면접준비의 일반적인 과정과 주의사항을 점검해 보면 다음과 같다.

① 면접 1일 전

평상시보다 조금 일찍 일어난다. 면접 볼 회사의 정보를 최대한 수집하고 예상 면접사항을 다시 한번 체크한 후 편안하게 마음의 안정을 찾는 것이 필요하다. 가급적 늦은 약속이나 술자리는 피하고 충분한 수면을 통해 다음 날 최상의 컨디션을 유지하도록 노력한다. 같은 직종이나 회사를 지원하는 인터넷 동호회 카페를 통해 최신 면접 경향이나 회사 정보를 다시 한번 점검하고 모범답안을 적어 연습해 본다. 면접 복장이나 넥타이, 구두, 액세서리 등은 미리 준비해서 잘 손질해 둔다. 새로 구입한 옷이나 구두는 처음 입거나 신으면 불편하고 다른 사람이 보기에 어색한 경우가 많으므로 최소한 두세 번은 사용하여 몸에 익숙하게 한다.

② 면접 당일 아침

일찍 일어나 우선 인터넷으로 경제 관련 뉴스부터 훑어봐야 한다. 면접관들은 가끔 최근의 뉴스나 정치적 · 사회적 이슈를 질문하는 경우가 있으므로 정치 · 경제 · 사회 면 중 눈에 띄는 기사를 유의해서 자세히 읽는다.

③ 면접 직전 대기시간

대기실에서는 긴장을 풀고, 침착하고 바른 자세로 기다린다. 회사에 따라서는 대기실에 CCTV 카메라를 설치하여 면접자의 준비 자세를 지켜보는 경우도 있다. 회사의 정문을 통과하는 순간부터 이미 면접이 시작되고 있음을 명심한다. 면접 순서가 다가오면 옷차림을 다시 가다듬은 후 긴장감으로 얼굴 표정이 굳어지지 않도록 심호흡을 한다. 대기하는 동안에는 옆 사람과 큰 소리로 말하거나, 다리를 꼬고 비스듬히 앉거나, 다리를 흔드는 등의 불필요한 행동은 삼간다. 화장실은 미리 다녀오도록 한다.

④ 면접 시작

자기 번호(이름)가 호명되면 '예' 하고 정확하게 대답하고 조용히 의자에서 일어나도록 한다. 면접시험장은 폐쇄되어 있는 것이 대부분으로, 면접실 문을 열고 들어간다. 보통 담당직원이 면접 자리까지 안내해 주는 경우가 많으므로 안내자의 지시에 따라 행동하면 된다. 안내자가 없을 경우에는 면접실 앞에 서서 가볍게 노크를 두 번 하고 들어오라는 말이 있으면 조용히 문을 열고 들어가 면접관의 2~3m 앞까지 다가선다.

⑤ 착석

면접실에 들어가 면접관이 자리를 권하면 정해진 자리에 정자세로 바르게 앉도록 한다. 시선은 정중앙을 바라보고 표정이 경직되지 않도록 유의하면서 질문을 기다린다.

⑥ 질의응답

음성이 면접관에게 분명히 들릴 수 있도록 크고 분명하고 정확하게 대답한다. 대답할 때는 자신감 있게 해야 한다. 면접관의 질문에 빨리 대답해야 한다는 생각에 엉뚱한 답을 하기보다는 침착하게 자기 의견을 잘 정리해서 2초 정도 시간을 두고 여유 있게 답변하는 것이 좋은 인상을 준다. 질문 내용을 잘 모를 때는 적당히 대답하지 말고 정확한 질문 내용을 확인하고 대답하는 용기를 갖도록 한다. 잘못 대답했다고 혀를 내밀거나, 머리를 긁거나, 생각이 나지 않는다고 바닥을 바라보는 등의 불필요한 행동은 돌이킬 수 없는 실수가 될 수 있다. 그리고 여러 명이 함께 면접을 볼 경우에는 다른 사람의 질문도 주의를 기울여 잘 듣는 자세를 가진다.

⑦ 면접 종료 후 퇴장

면접관이 면접시험이 끝났음을 알리면 정중하게 인사를 한 후에 조용히 의자에서 일어나 문을 열고 나간다. 보통 집단면접에서는 다른 사람의 질문이 끝날 때까지 자신의 면접 같은 기분으로 끝까지 경청하도록 한다. 아울러 면접이 끝나면 동시에 모두 일어나 인사를 하는 경우가 대부분이므로 함께 행동하는 것이 중요하다.

⑧ 다양한 이색면접

최근 면접의 경향을 살펴보면 면접질문에 대한 모범답안이 사라지고 급속하게 변화하는 경영환경에 보다 잘 적응할 수 있는 문제해결능력을 중요하게 생각하는 추세다. 과거의 면접은 형식에 그치기도 했으나 요즘은 주로 면접에서 당락이 결정되고 있다. 고용노동부에서 구인기업 835개사를 대상으로 신입사원 전형에서 가장 중요하다고 생각하는 사항을 조사한 결과, 전체 응답자 중 528개사(63.2%)가 면접을 꼽았다. 이러한 경향에 따라 지원자의 잠재된 역량을 평가하기 위한 다양한 이색

예상은 하고 있으나, 당락을 결정하는 단골 면접질문

- 1분 동안 자기소개를 해 보세요.
- 우리 회사(또는 직무)에 지원한 동기는 무엇인가요?
- 남들과 차별화할 수 있는 자신만의 경험을 이야기해 보세요.
- 대학 졸업 후(또는 휴학 후) 무엇을 했나요?
- 지원하는 직무에서 구체적으로 무슨 일을 하는지 알고 있나요?
- 희망 연봉을 이야기하고 그 이유를 설명해 보세요.
- 우리 회사의 미래 사업에 대한 대안은 무엇인가요?
- 우리 회사를 입사하여 10년을 다녔다고 가정하면 어느 위치에 있을지와 그렇게 생각하는 이유는 무엇인가요?
- 마지막으로 하고 싶은 말이 있다면?

면접이 실시되고 있기도 하다. 면접은 기업체마다 매년 변화가 심하고, 기업의 신규 전략이나 면접관에 따라 새로운 형식으로 진행되는 경우가 많으므로 평소에 관심 기업의 주요 동향과 업계의 면접 추세를 이해하는 것이 관건이다. 취업에서 날이 갈수록 면접의 비중이 증가하고 있으므로 친구들과 같이 팀을 구성하여 실전과 같은 면접연습을 하는 것이 긴장감을 줄이고 돌발질문에 대처하는 능력을 키울 수 있다.

요약　이 장에서는 취업에 필수적인 준비서류인 이력서와 자기소개서의 작성방법과 면접요령에 대해 살펴보았다. 이력서와 자기소개서는 입사를 위한 기본적인 서류이므로 평소에 꾸준한 수정이 필요하다. 대학교 1학년 때부터 미리 관심 기업과 직종을 선정하고 이력서와 자기소개서를 작성하다 보면 자신의 경력개발을 위해 필요한 내용을 미리 점검해 볼 수 있다. 면접은 개별 기업체마다 매년 변화가 심하고, 새로운 형식으로 진행되는 경우가 많으므로 평소에 관심기업의 주요 동향과 업계의 면접 트렌드를 이해하는 것이 관건이다. 날이 갈수록 면접의 비중이 증가하고 있으므로 동호회와 같이 팀을 만들어 실전과 같은 연습을 하는 것이 실수를 줄이고 표현력을 높일 수 있다.

■ 참고자료

1. 「2017년 고등교육기관 졸업자 취업통계」(교육부·한국교육개발원, 2019. 12. 27.)
2. 「제10차 경기종합지수 개편결과 및 최근의 기준 순환일 설정」(통계청, 2019. 9. 20.)
3. 「2019년 하반기 경제전망」(한국은행, 2019. 7. 18.)
4. 「2019년 5월 경제활동인구조사 청년층 부가조사 결과」(통계청, 2019. 7. 16.)
5. 「2017년 신입사원 채용실태 조사」(한국경영자총협회, 2017. 6. 19.)
6. 「기업의 채용 목적에 부합하는 취업지도 방안 연구: 취업준비생의 마음가짐, 자기소개서 작성 방법, 면접준비방법을 중심으로」(장재훈·부기철, 2016, 취업진로연구, 6(2), 45-69)

연습문제 11.1 **이력서 연습과 점검**

여러분의 이력서를 다음의 이력서 서식에 맞추어 작성해 보세요.

지원 분야: _____(가급적 자세하게 기록)

이 력 서

| 사진 | 성명: (한자 또는 영문)
생년월일: (만   세)
주소:

휴대 전화: –   –
긴급연락처: (   )   –
E-mail: @ |

업무수행목표:

학력사항

경력사항

자격 및 특기 사항

병역사항

기타사항

위의 내용이 사실임을 증명합니다.

.   .

작성자   (인) 또는 서명

---

1. 이력서 자가진단

이력서 작성이 완료되었으면, 다음 사항을 참고하여 자가진단을 해 보세요.

1) 사진은 최신 사진을 사용하여 부착했나요?(증명사진보다는 보다 자연스러운 반명함
   판 사진을 권장)
2) 연락처는 잘 기록했나요?
3) 학력이나 경력사항은 연월일과 발행청을 찾아 정확하게 기재했나요?
4) 자격증(면허증, 민간자격증 포함) 및 특기사항은 한 가지 이상 적었나요?
5) 병역사항과 마무리는 잘 기록했나요?
6) 작성자 다음의 (인)란에 도장을 찍거나 사인을 바르게 작성하였나요?
7) 전체적으로 여백이나 글자 크기, 서체 등을 잘 선택하여 조화롭게 작성되었나요?

스스로 이력서 점검이 끝났으면 이제 옆 사람과 이력서를 서로 교환하여 검토해 보세
요. 잘된 점과 보완이 필요한 사항을 기록해 봅시다. 옆 사람에게 자신의 이력서에 대한
평가를 부탁하여 다음에 적어 보세요. 잘된 점은 계속 잘 활용하고, 보완이 필요한 사항
은 교재를 참고하여 수정해 보세요.

2. 잘된 점

1) _____
2) _____
3) _____
4) _____
5) _____

3. 수정 및 보완이 필요한 사항

1) _____
2) _____
3) _____
4) _____
5) _____

연습문제 11.2 자기소개서 연습과 점검

여러분의 자기소개서를 다음 빈칸에 자유롭게 작성해 보세요.

자기소개서

1. 자기소개서 자가진단

자기소개서가 전부 다 작성되면 다음 사항을 참고하여 자가진단을 해 보세요.

1) 성장과정이나 성격의 장단점에서 지원 직종 분야와 관련성이 파악될 수 있도록 연관성 있게 기록했나요?(너무 길지 않으면서 흥미를 유발하도록 작성)

2) 자신의 성격의 장단점은 잘 소개했나요?

3) 지원 직종과 관련하여 학창시절의 아르바이트, 인턴경험 등 경력개발과 관련된 내용이 포함되었나요?

4) 동아리활동이나 특기사항을 한 가지 이상 적었나요?

5) 지원동기는 설득력 있게 적었나요?

6) 희망 직종과 전공이 일치하나요?(만일 일치하지 않는다면 왜 그 분야를 지원하게 되었는지 설명이 되고 있나요?)

7) 전체적으로 여백이나 글자 크기, 서체 등을 잘 선택하여 조화롭게 작성되었나요?

스스로 자기소개서 점검이 끝났으면 이제 옆 사람과 자기소개서를 서로 교환하여 검토해 보세요. 잘된 점과 보완이 필요한 사항을 기록해 봅시다. 옆 사람에게 자신의 자기소개서에 대한 평가를 부탁하여 다음에 적어 보세요. 잘된 점은 계속 잘 활용하고, 보완이 필요한 사항은 교재를 참고하여 수정해 보세요.

2. 잘된 점

1) _____

2) _____

3) _____

4) _____

5) _____

3. 수정 및 보완이 필요한 사항(앞으로 취업에 필요하다고 생각하는 관련 희망사항도 기재 가능)

1) _____

2) _____

3) _____

4) _____

5) _____

연습문제 11.3 면접연습과 평가

함께 공부하는 학우들과 5인 1조로 팀을 만들어 면접연습을 해 봅시다. 1팀은 면접관(3명), 구직자(1명), 관찰자(1명)로 구성됩니다(※ 필요시 3인 1조도 가능). 각 팀은 자율적으로 다른 강의실이나 조용한 공간에 가서 면접연습을 하고 돌아옵니다. 여러 팀 중에서 두세 팀 정도가 전체 앞에서 시범적으로 면접연습을 실시하고, 나머지 학생들은 잘 관찰합니다.

※ 미리 책상과 의자(3개)를 강의실 앞에 준비해 둡니다.

1. 면접연습 순서

먼저, 구직자는 면접관(3명)에게 이력서와 자기소개서를 복사하여 제출합니다. 그리고 실제 면접이라고 생각하고 면접에 임합니다. 면접은 구직자가 강의실 밖에 나가서 노크를 하고 들어오는 순간부터 시작됩니다. 자리에 앉으면 면접관은 돌아가면서 1인당 1~2개씩 질문(총 5개 내외)을 하고, 구직자는 성실하게 답변을 합니다. 관찰자는 면접관과 구직자의 모습을 모두 주의 깊게 관찰하고 기록하세요.

2. 면접관용 질문(예시)

1) 우리 회사에 ○○ 직종으로 지원한 동기는 무엇인가요?(3분 이내로 답변해 주세요.)
2) 자신의 성격에서 장점과 단점을 한번 말해 보세요.
3) 자기소개를 1분 이내에 한번 해 보세요.
4) 영어로 자기소개를 한번 해 보세요.
5) 우리 회사의 제품이나 기업문화 등에 대해 알고 있는 것이 있으면 말해 보세요.
6) 미·중 간의 통상갈등에 대한 기업의 대응전략에 대해 말해 보세요.
7) 기업경기실사지수(BSI)에 대해 말해 보세요.
8) 내년에 갑자기 통일이 된다면 준비해야 할 일이 무엇인지 설명해 보세요.

3. 면접연습 평가

면접이 끝났으면 이번에는 면접관과 구직자의 역할을 바꾸어 실시해 봅니다. 관찰자는 구직자의 면접을 보면서 잘된 점과 보완해야 할 사항을 기록하여 나중에 면접이 모두 끝난 후 팀별로 다시 모여 서로 이야기하는 시간을 가져 보세요.

4. 잘된 점

1) _____

2) _____

3) _____

4) _____

5) _____

5. 보완해야 할 사항

1) _____

2) _____

3) _____

4) _____

5) _____

변화와 혁신의 기회, 창업과 창직

1. 창업
2. 창직

개요

    오늘날 급변하는 사회에서 '변화와 혁신'은 숙명과도 같다. 이 장에서는 시대적 키워드가 된 변화와 혁신에서 중요한 역량인 창의성을 발휘하여 스스로 일자리를 창출하는 과정으로 창업과 창직에 대해 알아보고자 한다. 창업과 창직이라는 분야가 매우 광범위하지만 가장 핵심적인 내용들을 검토하여 창업과 창직이 다양한 진로 분야의 하나로 인식될 수 있도록 돕고자 한다. 이를 통해 대학생활 동안 실제 창업과 창직에 도전할 수 있는 혁신의 기회를 발견할 수 있기를 바란다.

제12장

변화와 혁신의 기회, 창업과 창직

1. 창업

1) 우리나라 창업의 흐름

창업이라는 단어의 본뜻은 '나라를 처음으로 세우는 것' '사업을 처음으로 시작하는 것, 곧 사업의 기초를 세우는 것'이다. 우리나라의 경우 IMF 외환위기 이후에 어쩔 수 없는 상황에서 사업을 시작한 사람들의 실패로 인하여 창업에 대한 부정적인 시각이 강하다. 하지만 피터 드러커는 대한민국이 세계에서 기업가 정신이 가장 뛰어난 나라라고 언급했다. 창업에 대한 교육이 제대로 이루어진다면 창업이 부정적인 시각으로만 볼 것은 아니며, 창업이 실패를 통해 성공하는 과정이라는 것을 통계로도 확인할 수 있다.

창업의 사회적 목적은 '창출과 효과' 두 부분으로 나눌 수 있는데, 신제품 출현, 고용 창출, 소비 창출, 부의 창출, 기타 사회 현상의 창출이 이루어지도록 하며, 그 효과로는 인간의 욕구 충족, 경제 성장, 국가와 세계 안정, 양극화, 실업, 불균형 등의 반사회 현상 해소 등이 있다. 개인적인 목적으로는 독립의 추구, 부의 축적, 가족 구성원의 부양, 자신만의 상품 제공 등이 있다.

우리나라의 창업을 시대적으로 살펴보면 [그림 12-1]과 같이 성장해 왔다. 기술의 변화와 시대적 배경에 따라 살펴보면 1980년대까지는 고도성장의 시대로 소상공

~1980년대	• 고도성장 시대 • 소상공인 안정 성장 시대
1987~1997년	• PC통신에서 웹 비즈니스 시대로 전환 • 온·오프라인 뉴비즈니스 창업 러시
1998~1999년	• IMF 외환위기로 내수경기 급랭 • 명예퇴직자 증가로 프랜차이즈 가맹 급증 • 인터넷 비즈니스 태동
2000~2003년	• 전자상거래 급성장 • 카드 대란으로 내수경기 다시 냉각 • 명예퇴직자의 지속적 증가로 자영업 포화 상태
2004~2008년	• 최근 2회에 걸친 경제위기로 소비심리 위축 • 미국발 금융위기로 3차 경제위기
2009~2015년	• 사회적 기업과 협동조합 지원 확대 • 저성장기 돌입
2016년~현재	• 4차 산업혁명 시대 돌입 • 빅데이터, 인공지능, 로봇공학, 사물인터넷, 무인운송수단, 3D 인쇄, 나노기술의 발전을 기반으로 한 스타트업 확대

[그림 12-1] 창업의 변화과정

인들이 안정적으로 성장하였으며, 1987년부터 1997년까지 PC통신에서 웹 비즈니스 시대로 전환되는 시기에는 온·오프라인 뉴비즈니스의 창업이 매우 활발하게 이루어졌다. 1997년 IMF 외환위기 이후 명예퇴직자의 증가로 프랜차이즈 가맹이 눈에 띄게 증가했는데, 우리나라는 IMF 외환위기 때 구조조정과 폐업의 확대, 실업자의 증가, 명예퇴직 및 조기 퇴직 등이 사회문제로 대두되었고, 이때부터 많은 사람이 창업에 뛰어들었다. 이 당시는 생계형 창업이 주를 이뤘다. 하지만 2013년 OECD 자료에 따르면 창업 3년 후 생존율은 2013년 기준 41%에 불과했다. 이는 OECD 국가 중 가장 낮은 수치로, 룩셈부르크(66.8%), 호주(62.8%), 미국(57.6%), 이스라엘(55.4%), 이탈리아(54.8%)보다 낮았다. 특히 벤처기업의 설립 후 10년 이상 사업을 지속하는 사업자는 오직 8.2%뿐이었다. 신규 사업자의 75.2%는 설립된 지 평균 5년 안에 폐업했다.

2000년 초기에는 전자상거래가 급성장했으며, 자영업이 포화 상태에 이르기도 했다. 이후 2회에 걸친 경제위기로 소비심리가 위축되었고, 미국발 금융위기로 3차 경제위기를 맞았다. 2009년 이후부터는 사회적 기업과 협동조합 지원이 눈에 띄게 확대되었고, 전체적으로 경제는 저성장기에 돌입했다. 2016년부터 정보통신기술의 융합으로 이루어 낸 4차 산업혁명 시대가 시작되었고, 빅데이터 분석, 인공지능, 로봇공학, 사물인터넷, 무인운송수단, 3D 인쇄, 나노기술과 같은 6대 분야에서 새로운 기술혁신이 이루어지고 있다.

2) 기업가 정신과 창업역량

(1) 기업가 정신

애플의 스티브 잡스(Steve Jobs), 마이크로소프트의 빌 게이츠(Bill Gates), 페이스북의 마크 주커버그(Mark Elliot Zuckerberg), 테슬라의 엘론 머스크(Elon Reeve Musk), 알리바바의 마윈(Ma Yun). 이들의 공통점은 사업을 처음으로 시작하는 것이라고 할 수 있다. 사업의 기초를 세우는 것이 창업이라면 창업을 시작하고 기초를 세우는 주체가 있어야 한다. 이 주체가 기업가이며, 기업가들이 가진 공통적인 특성이 기업가 정신이다.

기업가 정신은 새로운 것을 하거나 기존의 것을 새로운 방식으로 하는 등의 진보적이고 창조적인 역량의 총체를 의미하며, 제한된 자원과 불확실성, 위험에도 불구하고 진취적이고 혁신적인 사고로 새로운 가치를 창출하고자 하는 기업가의 의지 또는 태도 및 행동양식이다. 슘페터(J. Schumpeter)는 기업발전과 경제발전의 원동력은 내부로부터 기존의 방식을 쇄신하는 창조적 파괴의 과정이라고 주장했으며, 기업가 정신을 가진 기업가는 이러한 과정에서 핵심적인 역할을 주도적으로 수행한다고 주장했다. 종합해 보면, 기업가 정신은 창의성과 혁신성을 가지고 자원을 조달하고 조직을 결성하여 위험과 불확실성에도 불구하고 이윤을 창출하거나 증가시키는 과정을 이루어 가는 정신이라고 정의할 수 있다.

테슬라의 엘론 머스크는 기업가 정신을 가장 잘 설명할 수 있는 사례 중 하나다. 현재까지 그가 기업가 정신으로 이룬 성과는 매우 다양하다. 그는 어린 시절 애독가였으며 공상 과학 만화를 즐겨 봤다고 한다. 이 때문인지 그는 모험과 위험을 감수하며 공상 과학 만화에 나올 법한 이야기를 현실로 만들기 위해 기업을 인수하고 설립하고 있다. 그는 인터넷지불시스템을 개발한 페이팔을 창업하여 거액에 회사를 매각한 후 지구 환경을 위해 배기가스가 없는 전기차를 만들고자 테슬라에 투자자로 참여했다가 현재는 CEO를 맡고 있다. 이 외에도 우주로 가는 꿈을 실현하기 위한 민간우주 항공기업인 스페이스X를 설립했고, 태양광 발전 회사인 솔라시티를 인수했다. 특히 최근에는 인공지능기술이 독점화되면 인류에 큰 피해가 될 수 있다고 판단하여 인공지능이 인간에게 유익한 방향으로 개발되고 이용될 수 있게 하기 위한 목적을 가진 비영리 인공지능 연구 기업인 오픈 AI를 설립했다. 특히 테슬라와 스페이스X에서 공동으로 기획, 실행하고 있는 하이퍼루프는 친환경 교통수단으로 1300km/h로 움직일 수 있는 지하 터널이다. 이것이 현실화되면 우리나라의 경우 서울과 부산을 10분 만에 이동할 수 있다고 하니 놀라운 시도가 아닐 수 없다.

(2) 창업역량

역량이란 '어떤 특정 직무에서 높은 성과를 창출하는 행동 특성으로 지식, 기술, 태도, 가치의 상호작용에 따라 좋은 결과를 이끌어 내는 행동'이다. 쉽게 말해, 창업 과정에서 기업가가 갖춰야 할 적성이 창업역량이다. 많은 학자는 사업의 성공에 차별적 성격 요인이 존재한다는 사실을 주장해 왔다. 기업가로서 특성을 갖추었다고 해서 그 자질이 충분하다는 뜻은 아니다. 또한 기업가로서의 생활이 개인의 성격 또

| 표 12-1 | 성공적인 기업가 및 팀의 핵심 특성 |

1. 헌신/몰입과 결단성(Commitment and Determination)

- −결단성
- −규율/원칙성
- −끈기, 문제해결과정에서의 집요함
- −전적인 몰입, 자발적 희생

2. 용기(Courage)

- −도덕성
- −두려움 없는 실험정신
- −실패나 갈등을 두려워하지 않는 용기, 실패를 두려워하지 않는 담대함
- −위험 상황에서도 생기는 강한 호기심

3. 기회에 대한 집착(Opportunity Obsession)

- −기회파악능력
- −고객 욕구에 대한 지식
- −시장 지향성
- −가치 창조 및 확장에 대한 집착

4. 위험, 모호성, 불확실성의 수용(Tolerance of Risk/Ambiguity/Uncertainty)

- −계산된 위험감수, 위험 공유/분산/극소화
- −불확실성과 비체계적 구조에 대한 수용/적응
- −스트레스와 갈등의 수용
- −문제해결 및 대안조정 능력

5. 창의력, 자생력, 적응력(Creativity, Self-Reliance, and Ability to Adapt)

- −비전통적인 열린 사고, 수평적 사고, 혁신성
- −현 상태에 머물지 않고 끊임없는 변화 추구
- −적응력
- −개념화 능력과 꼼꼼함

6. 남보다 앞서려는 동기(Motivation to Excel)

- −목표/결과 지향성, 성취와 성장에 대한 강한 욕구
- −타인에게 경쟁자보다 지원자라는 인식을 주는 능력
- −자신의 강점/약점 파악 능력
- −자신의 주관과 유머감각

7. 리더십(Leadership)

- −솔선수범
- −내지론자(남의 탓을 하기보다 자신의 책임으로 생각하는 사람)
- −성실성과 정직성, 신뢰감, 인내력
- −팀을 구축하고, 구성원들에게 영감을 주며, 영웅을 만드는 능력

출처: Timmons & Spinelli (2009), p. 47.

는 행동방식과 잘 부합한다 하더라도 기업가로서의 '업무를 수행하는 데 필요한 요건'을 갖추고 있지 못하면 성공적인 기업가가 되기에는 부족하다.

〈표 12-1〉에 제시한 성공적인 기업가 및 팀의 핵심 특성을 살펴보면서 창업역량을 가늠해 보자. 또한 중소벤처기업부의 창업 포털 사이트인 K-startup(www.k-startup.go.kr)에서는 창업역량진단검사를, 고용노동부의 고용정보시스템인 워크넷(www.work.go.kr)에서는 창업적성검사를 무료로 실시할 수 있다.

3) 디자인 씽킹과 비즈니스 모델 구축

(1) 디자인 씽킹

'디자인 씽킹'은 '문제를 해결하고 혁신하는 데 있어서 디자이너들이 문제를 풀던 방식대로 사고하는 것'을 말한다. '문제를 해결하고 혁신하기 위해 설계를 바꿔 나가는 것'을 디자인이라고 볼 수 있으며, 디자인 씽킹은 이러한 사고방식을 전반적인 비즈니스의 문제해결과정에 도입하는 것을 일컫는다. 혁신방법론을 연구하는 스탠퍼드 대학교 디 스쿨(D-School)의 창립자 버나드 로스(Bernard Roth) 교수는 디자인 씽킹이 자신이 목표를 달성하는 것을 가로막는 장애물들을 돌아보고 이를 극복하기 위한 방안을 다시 설정하는 데 효율적이라고 말했다. 디자인 씽킹 과정은 공감하고, 문제를 정의하고, 이를 해결하기 위한 아이디어를 도출하고, 시제품을 제작하고, 사용자 테스트를 진행하는 단계를 거친다. 각 단계는 다음과 같이 진행된다.

- 공감: 깊이 공감한다. 타인의 열정이나 깊은 감정 속으로 들어가는 것, 최종 사용자인 고객의 페르소나를 파악하기 위해 공감이 필요하며 이를 하기 위해 관찰, 대화, 인터뷰 등을 진행한다.
- 문제정의: 문제를 제대로 정의한다. 공감단계에서 얻은 통찰력으로 문제가 무엇인지 알아내는 단계로, 우리가 해결해야 할 문제인지, 지향하는 바가 어디인지, 도움을 줄 대상은 누구인지, 고객에게 어떤 가치를 제공하는지 등에 관하여 정확하게 정의한다.
- 아이디어 도출: 끌리는 아이디어를 도출한다. 고객에게 적합한 해결방안을 제시하는 단계로, 아이디어는 많을수록 좋으며 효과적인 브레인스토밍을 통해

아이디어를 도출한다.

- 시제작: 프로토타입을 빨리 만든다. 아이디어를 시제품으로 만들어 보는 단계로, 단순하고 저렴한 비용으로 빠르게 아이디어를 형상화한다.
- 테스트: 테스트하고 반복한다. 프로토 타입의 피드백을 확인하는 단계로, 사용자로부터 배워 프로토타입을 개선해 나가야 한다.

※ 디자인 씽킹 사례
- 스탠퍼드 공과대학교 학생들이 미얀마 농부들의 물 공급 문제를 돕기 위해 현지를 방문했다.

공감	문제정의	아이디어 도출	시제작	테스트
농부들과 함께 생활하며 그들의 고민을 관찰하고 인터뷰한다.	농부들의 진짜 문제가 물이 아니라 조명이라는 것을 발견한다.	전기가 공급되지 않는 농촌에서 사용 가능한 조명 설치방법에 대해 아이디어를 도출한다.	태양열을 이용한 저전력 LED조명을 제작한다.	전 세계 42개국 농부들에게 제공한다.

(2) 비즈니스 모델

사업 모형 또는 비즈니스 모델은 기업 업무, 제품 및 서비스의 전달방법, 이윤을 창출하는 방법을 나타낸 모형이다. 기업이 지속적으로 이윤을 창출하기 위해 제품 및 서비스를 생산하고, 관리하며, 판매하는 방법을 표현한다. 비즈니스 모델은 동일시장에서 경쟁우위전략이 포함된 개념이다. 따라서 동일한 비즈니스 모델이라 하더라도 대상고객 특성, 보유자원 등 경쟁 상황에 따라 전략 내용이 달라지게 된다. 또한 수익 모델은 기업이 어떻게 수익을 창출할 것인가에 대한 설명으로, 수입의 원천, 비용구조 등의 내용을 포함하며 비즈니스 모델 안의 하위 개념으로 이해할 수 있다.

KP: 핵심 파트너십	KA: 핵심 활동	VP: 가치 제안	CR: 고객 관계	CS: 고객 세분화
-비경쟁자들 간의 전략적 파트너십 -경쟁자들 간의 전략적 파트너십 -조인트 벤처	-소프트웨어 개발 -생산과 유통 -문제해결	-기존 대비 우수한 성능 -기존 대비 혁신 및 창조 -기존 대비 디자인 -기존 대비 가격 경쟁력 -제공하지 못한 편익 -높은 브랜드 지위	-잠재고객→실제고객 -실제고객→우수고객 -실제고객→이탈고객 -개별 어시스트 방식 -고객별 전담인력 대응	-인구통계학적 -심리유형적 -구매패턴적 -가치추구적
	KR: 핵심 자원		**CH: 채널**	
	-물적 자원(공장, 기계) -인적 자원(마케터 등) -지적 자원(특허 등) -재무적 자원(현금, 신용한도, 스톡옵션 등)		-영업 팀 운영 -웹 사이트 운영 -직영 매장 -파트너 매장 -도매 등	

CS: 비용 구조	RS: 수익원
-원재료 -인건비 -광고선전비	-물품판매 -이용료 -가입비 -대여료/임대료 -라이센싱 -중개수수료 -광고

[그림 12-2] 비즈니스 모델 캔버스

출처: Osterwalder & Pigneur (2010), p. 50.

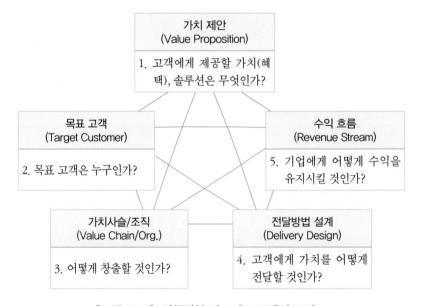

[그림 12-3] 성공적인 비즈니스 모델의 조건

출처: 김한수(2011), p. 2.

4) 창업의 단계별 절차

창업은 그 유형이 매우 다양하므로 창업의 단계별 절차를 하나로 규명할 수는 없지만, 이 장에서는 일반적인 창업의 단계를 제시했다. 또한 실제 창업을 어떻게 실행해 나갔는지 확인하기 위해 대학생 창업동아리가 창업을 실행하기까지의 실제 사례를 소개하고자 한다.

1단계	2단계	3단계	4단계	5단계	6단계	7단계
창업자 환경분석	창업행태 결정	업종 선택	사업계획 수립	입지 선정	자금계획	창업
가치관, 정체성 확인	창업자 환경분석에 따른 음식, 소매, 서비스 등의 행태 결정	창업자 행태를 기반으로 업종 선정	선택한 업종에 대한 사업계획서 작성	선택 업종에 적합한 대상상권분석 및 입지 결정 *입지 업종이 아닌 경우 생략	창업 및 경영에 필요한 자금 흐름 점검	개업 준비 및 실행

요즘 많은 대학에서는 대부분 창업교육센터 및 창업보육센터를 운영하고 있다. 교내 대학생들의 창업교육과 창업보육을 확대시키고자 많은 지원을 하고 있다. 대학 재학 중에 창업을 시도한 팀의 사례를 소개하고자 한다. 어릴 때부터 기업가가 되고 싶었던 찬호는 학과에서 창업을 함께할 팀원을 모아 교내에서 진행하는 창업동아리를 결성했다. 이들은 공강 시간이나 야간 및 주말에 동아리방에서 사업아이템에 대해서 회의하고 비즈니스 모델을 구축했다. 틈틈이 각종 교내외 창업 관련 아이디어 경진대회나 해커톤 등의 프로그램에 참가하여 수상하면서 사업계획서 작성, 제안서 발표 등의 경험이 쌓이자 중소벤처기업부에서 주관하여 진행하는 예비창업자 패키지 사업(최대 1억 원, 평균 4,000만 원 지원)에 참가하여 새로운 여행플랫폼 개발 사업 아이템으로 7,000만 원의 사업비를 받았다. 또한 문화산업진흥원 산하 콘텐츠코리아랩의 지원으로 각종 집기와 비품이 완비된 사무실에 무료로 입주하는 기회도 얻었다. 본 사업비로는 사업과 관련된 각종 비용과 본인들의 인건비도 배정할 수 있다. 이들은 사업을 하다가 실패해도 얻는 것이 더 많다는 것을 알고 있

다. 대학생 창업은 생계형 창업과는 달리 열정과 아이디어를 실행하는 데 있어 자산을 직접 투자하지 않고 도전해 볼 수 있는 좋은 기회가 될 수 있다.

2. 창직

각자의 분야에서 특별한 성과를 보이는 아웃라이어(outlier)가 되려면 최소 1만 시간 정도는 훈련을 해야 한다는 것은 이미 잘 알려져 있다. 이와 같이 최고가 되는 것은 매우 어렵다. 어떤 분야에서 최고보다 최초가 되어 보면 어떨까? 창직활동을 통해 스스로 자신의 직업을 만들어 보는 것이다. 창직은 자신의 재능과 아이디어를 적극적으로 현실화하여 경제적 · 예술적 · 사회적 가치를 창출해 냄으로써 창조적 일감과 일자리를 만들어 나가고, 자기주도적으로 직업과 일자리를 개척하는 활동이다. 창직이야말로 그 분야의 최초가 되는 길이다.

특히 청년층의 눈높이에 맞는 양질의 일자리 공급이 더딘 가운데 일자리를 구하는 청년층의 유입은 늘고 있으며, 자신이 좋아하는 일을 직업으로 삼으려는 청년층

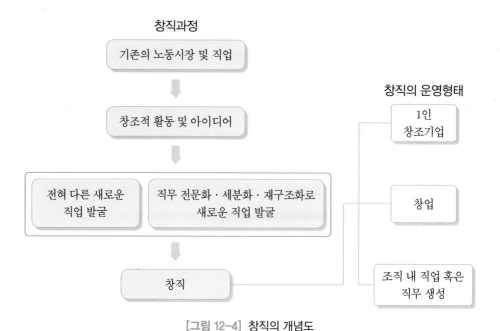

[그림 12-4] 창직의 개념도

출처: 박지연, 김륜형, 노일한(2011), p. 19.

또한 증가하고 있다. 또한 소비자의 욕구가 다변화하여 개인의 창의적인 아이디어와 활동을 통해 새로운 일자리 창출이 훨씬 용이해진 시대가 되었다.

창직은 창조적 아이디어를 기반으로 지속 가능한 새로운 직업을 발굴하는 것이고, 1인 창조기업, 창업 등은 창직활동을 통해 발굴된 직업이 노동시장에서 운영되는 형태라고 볼 수 있다. [그림 12-4]에 제시된 창직의 개념도와 같이 창직은 1인 창조기업, 창업 등과는 차별화되는 개념으로 창직이 보다 상위의 포괄적 개념이다.

창직의 판단기준을 살펴보면 다음과 같다. 첫째, 경제성, 지속성, 윤리성이라는 직업의 요건을 모두 갖추었는가, 둘째, 기존의 유사한 직업과 차별화되는 직무와 과업이 있는가, 셋째, 기존 유사한 직업에서 요구하는 지식, 기술, 능력 등과 차별화되는가, 넷째, 기존 유사한 직업과 차별화되는 교육 및 훈련, 자격 등이 요구되는가 등이다.

창직을 하는 데 명확한 방법이 있는 것은 아니나 통상 새로운 직업을 발굴하거나 개발하고자 한다면 직업세계의 변화와 해외 직업의 적용, 직업 간의 융합, 세분화 및 전문화를 통해 접근할 수 있다. 새로운 직업은 기술의 발전, 생활수준의 향상, 법이나 제도의 변화, 인구통계학적 요인, 경제나 정치 등의 변화에 따라 소멸하거나 신생된다. 웹툰 작가나 앱 개발자, 반려동물 관련 직업 등이 그 예라고 볼 수 있다. 또한 해외 직업에서도 창직 아이디어를 도출해 볼 수 있다.

국내에 없거나 국내에서 태동단계에 있는 해외 직업들을 탐색하는 것은 창직에 중요한 과정이 될 수 있다. 유품정리사나 바리스타 등은 해외에서 시작된 직업의 사례다. 또한 기존 학문이나 직업과의 융합을 통하여 새로운 직업을 만들 수 있다. 융합형 직업은 작게는 사람들이 가진 소질과 관심의 결합에서부터 크게는 기술과 지식 그리고 과학기술과 타 영역 간의 연결과정에서 발생할 수 있다. 또한 새로운 직업을 스스로 만드는 창직의 원동력이 되기도 한다. 예를 들어, 도시 사람들이 신선하고 건강한 음식을 공급받기 위해 선호하는 과수원과 농장에 직접 주문하여 생산하는 트렌드가 요리사와 결합하여 요리사 농부(agri-restaurateurs 또는 chef-farmers)를 탄생시켰다. 테크니컬 라이터(technical writer)는 일반 사용자들이 쉽게 이해할 수 있도록 기술 관련 제품의 사용자 설명서나 소프트웨어 도움말 기능 등을 만들고, 잡지에 기술에 대한 설명을 기고하는 사람으로, 기술에 대한 지식과 글쓰기 소질의 결합을 요하는 직업으로서 대표적인 융합형 직업이다.

창직은 새로운 시장을 창출하는 것으로 기존 인력들과 경쟁을 하지 않아도 된다는 매우 큰 장점이 있으며, 이를 통해 다른 구직자에게도 일자리를 제공해 줄 수 있다는 점에서 이타성이 있다는 점 또한 장점이라고 볼 수 있다.

요약

이 장에서는 진로의 한 선택지로서 창업과 창직에 대해 알아보았다. 창업과 창직은 스스로 자신의 일자리를 만든다는 점과 성장시켰을 때 고용창출효과까지 불러일으킬 수 있다는 점에서 공통점이 있다. 개인이 갖추어야 할 태도로 제시된 기업가 정신과 창업가 및 창업팀에 요구되는 역량에 대해서도 확인해 보았으며, 창업 아이디어를 발견하기 위한 과정으로 디자인 씽킹 사례, 사업화를 위한 비즈니스 모델 구축과 창업의 절차에 대해서도 핵심적인 내용을 제시해 보았다. 또한 창직의 판단기준 네 가지로, 경제성, 지속성, 윤리성이라는 직업의 요건을 갖추었는지, 기존의 유사한 직업과 차별화되는 직무와 과업이 있는지, 기존 유사한 직업에서 요구하는 지식, 기술, 능력 등과 차별화가 되는지, 기존 유사한 직업과 차별화되는 교육 및 훈련, 자격 등이 요구되는지에 대해서도 확인해 보았다. 무모한 도전으로서가 아니라 체계적이고 계획적인 준비와 교육을 통해 창업과 창직의 과정이 자신의 삶을 더욱 주도적으로 만들어 가는 방법의 하나가 되기를 바란다.

◼ 참고자료

1. 『2017 미래를 함께할 새로운 직업』(한국고용정보원, 2018)
2. 『[미래전략보고서] 10년 후 대한민국 미래 일자리의 길을 찾다』(미래창조과학부 미래준비위원회 · KISTEP · KAIST 공저, 지식공감, 2017)
3. 『2015년 우리들의 직업만들기』(한국고용정보원, 2015)
4. 『창직-직업만들기-해외 직업 분석』(한국고용정보원, 2015)
5. 『창직, 신직업 발굴 및 가이드라인 개발』(한국고용정보원, 2014)
6. 『성공적인 비즈니스 모델의 조건』(김한수 저, SERI 경영 노트, 제108호, 2011. 6. 23.)
7. 『[청년층 창직가이드] 우리들의 직업 만들기』(박지연 · 김륜형 · 노일한 공저, 2011, 한국고용정보원)
8. 『Business Model Generation: A Handbook for Visionaries, Game Changers, and Challengers』(Alexander Osterwalder · Yves Pigneur 공저, John Wiley & Sons, 2010)

9. 『New Venture Creation: Enterprenership for the 21st Century』(Jeffry A. Timmons · Stephen Spinelli 공저, McGraw-Hill/Irwin, 2009)

10. 디자인 씽킹 사례 동영상

    −무지개식판 https://www.youtube.com/watch?v=fvP0izeXJS4

    −IDEO 쇼핑카트 개발 https://openlearn.kr/m/743

11. 벤처인 http://www.venturein.or.kr

12. 은행권청년창업재단 디캠프 dcamp.kr/dreambank

13. 창업 포털 웹 사이트 www.k-startup.go.kr

14. 창조경제혁신센터 ccei.creativekorea.or.kr

연습문제 12.1 디자인 씽킹 적용

현재 자신이 가지고 있는 문제들 중에 가장 바꾸고 싶은 문제를 찾아 디자인 씽킹 방법을 적용해 봅시다.

1. 공감하기

1) 현재 내가 가장 바꾸고 싶은 나의 문제는 무엇인가?

_____

_____

2) 그 문제가 발생하는 이유는 무엇인가?

_____

_____

3) 그 문제 때문에 나의 마음은 어떠한가?

_____

_____

2. 문제정의하기

4) 진심으로 내가 원하는 것은 무엇인가?

_____

_____

5) 나의 문제는 내가 인식하고 있는 것과 같은가?

_____

_____

6) 최종적으로 발견한 문제는 무엇인가?

_____

_____

3. 아이디어 도출하기

7) 문제해결방법은 무엇이 있을까?

8) 문제해결방법들 중에 내가 할 수 있는 것을 골라 보자.

4. 시제작

9) 실행계획을 세운다.

5. 테스트

10) 실행계획을 실천하면서 테스트하고 피드백을 받는다.

11) 지속적으로 실행한다.

연습문제 12.2

〈연습문제 12.1〉에서 응답한 내용을 다음과 같이 정리해 봅시다.

1. 나의 디자인 씽킹 결과 요약

2. 스스로 성과 확인방법 및 타임라인 정하기

제13장

나의 생애계획과 목표 작성

1. 나는 어떤 삶을 살고 싶은가?
2. 나는 어떤 사람인가?
3. 나에게 잘 맞는다고 생각하는 직업은 어떤 특성을 가지고 있는가?
4. 내가 설정한 장기목표와 단기목표는 무엇인가?
5. 목표를 달성하기 위해 세운 세부계획의 내용은 무엇인가?
6. 앞으로 목표를 성취해 나가는 데 내가 겪게 될 어려움은 무엇일까?
   그리고 이 어려움을 어떻게 극복해 나갈 수 있을까?

개요

　　지금까지 이 책을 통해 학습한 내용과 연습한 내용을 바탕으로 자신의 생애계획을 세워 보는 시간을 갖도록 하자. 여러분이 작성한 제1장부터 제12장까지의 연습문제 답안 내용을 보면서 다음의 각 항에 답하면 '나의 생애계획'이 완성된다.

제13장

나의 생애계획과 목표 작성

1. 나는 어떤 삶을 살고 싶은가?

어느 날 잠을 자고 일어나 보니 기적이 일어나서 내가 원하는 모든 것이 성취되었다고 가정을 해 보자. 현재 내가 원하는 것을 모두 이루게 되었다면 이제는 더 바랄 것이 없이 행복할까? 아니면 그래도 더 이루어야 할 것이 남아 있을까? 이제 생각을 정리하고 적어 보자.

☞ 교수자 지침: 학생들의 생각이 다소 비현실적인 경우도 많이 있다. 그러나 그룹활동을 통해 다른 친구들은
어떤 생각을 갖고 있는지 토론하면서 생각을 완성해 나가도록 지도한다.

2. 나는 어떤 사람인가?

사람들은 나이가 들면서 다른 사람이 바라보는 나의 모습을 많이 의식하게 된다. 어린 시절에 다른 사람의 눈치를 보지 않고 마음이 가는 대로 행동했던 시절을 떠올려 본다. 그동안 나의 욕구는 무엇이었으며, 다른 사람이 모르는 나의 모습은 무엇인가? 이제 자신이 누구인가에 대한 생각을 정리하고 적어 보자.

☞ 교수자 지침: 이 질문에는 정답이 없다. 학생들이 어떠한 대답을 하더라도 정답을 찾기보다는 왜 그러한 생각을 하게 되었는지를 들어 볼 것을 권장한다.

3. 나에게 잘 맞는다고 생각하는 직업은 어떤 특성을 가지고 있는가?

직업생활은 취미와는 달라서 하고 싶지 않아도 해야 하는 사회적 약속이며 일종의 의무감이 있다. 단기적인 아르바이트[1]와는 다르게 오랜 기간 동안 어떤 일을 해야 한다면 내가 자발적으로 할 수 있는 일을 찾아야 하지 않을까? 이제 생각을 정리하고 적어 보자.

☞ 교수자 지침: 일반적으로 직업활동은 장기적인 성격을 갖는다. 오랜 기간 동안 일을 해야 한다는 점에 대해 생각하는 시간을 갖고, 만일 다른 생각을 가진 학생이 있다면 서로 토론해 보는 것도 좋다.

---

1) 2017년 7월 아르바이트 포털 '알바몬'에 따르면, 20세 이상 성인 아르바이트 종사자 1천53명을 대상으로 실시한 설문조사에서 전체의 56.0%가 자신을 프리터족이라고 답했다. 이는 2016년 6월에 실시한 같은 조사에서 집계된 응답 비율(31.8%)의 거의 2배에 달하는 수준이다. 자신을 프리터족으로 규정한 응답자(590명) 가운데 비자발적이라고 밝힌 비율이 55.8%(329명)에 달해 절반을 넘었다. 프리터족이 된 이유로는 '생계비 · 용돈을 벌기 위해서'라는 응답이 50.5%(이하 복수응답)로 가장 많았고, ▲취업이 어려워서(38.6%) ▲조직 · 사회 생활 없이 자유롭게 살고 싶어서(28.6%) ▲어학연수 · 대학원 진학 등 특정 목적을 이루기 위해서(16.4%) 등의 순이었다. 알바몬 관계자는 "프리터족은 평균 1.5개의 아르바이트를 하면서 월 평균 100만 원 정도를 버는 것으로 조사됐다."라고 말했다(출처: 디지털타임즈, 2017. 8. 23.).

4. 내가 설정한 장기목표와 단기목표는 무엇인가?

　장기목표는 직업생활을 이루고 싶은 최종적인 목표나 최소한 10~20년 뒤의 나의 모습을 말한다. 그러나 단기목표는 장기목표를 이루기 위해 거쳐야 하는 과정으로 1~3년 동안 이루고 싶은 목표를 말한다. 단기목표는 시행착오도 있을 수 있고 때로는 수정과 변경이 가능한 반면, 장기목표는 단기목표에 비해 환경의 영향으로 쉽게 바꾸기 어려운 경향을 가지고 있다. 이제 생각을 정리하고 적어 보자.

■ 장기목표

＿＿＿＿＿＿＿＿＿＿＿＿＿＿＿＿＿＿＿＿＿＿＿＿＿＿

■ 단기목표

① ＿＿＿＿＿＿＿＿＿＿＿＿＿＿＿＿＿＿＿＿＿＿＿＿＿
② ＿＿＿＿＿＿＿＿＿＿＿＿＿＿＿＿＿＿＿＿＿＿＿＿＿
③ ＿＿＿＿＿＿＿＿＿＿＿＿＿＿＿＿＿＿＿＿＿＿＿＿＿
④ ＿＿＿＿＿＿＿＿＿＿＿＿＿＿＿＿＿＿＿＿＿＿＿＿＿
⑤ ＿＿＿＿＿＿＿＿＿＿＿＿＿＿＿＿＿＿＿＿＿＿＿＿＿

◎ 만일 단기목표를 이루지 못한다면 이를 해결하기 위한 적절한 대안은 무엇인가?

① ＿＿＿＿＿＿＿＿＿＿＿＿＿＿＿＿＿＿＿＿＿＿＿＿＿
② ＿＿＿＿＿＿＿＿＿＿＿＿＿＿＿＿＿＿＿＿＿＿＿＿＿
③ ＿＿＿＿＿＿＿＿＿＿＿＿＿＿＿＿＿＿＿＿＿＿＿＿＿
④ ＿＿＿＿＿＿＿＿＿＿＿＿＿＿＿＿＿＿＿＿＿＿＿＿＿
⑤ ＿＿＿＿＿＿＿＿＿＿＿＿＿＿＿＿＿＿＿＿＿＿＿＿＿

☞ 교수자 지침: 목표수립에 대해 고민하는 학생이 있다면, 그룹활동을 통해 다른 친구들은 어떠한 목표를 세우는지 참고할 필요가 있다.

5. 목표를 달성하기 위해 세운 세부계획의 내용은 무엇인가?

행동목표, 행동점검표, 강화계획(실천할 경우 스스로에게 어떻게 보상을 줄 것인지, 실천하지 못할 경우 어떻게 대처할 것인지에 대한 계획) 등을 반드시 써야 한다. 행동점 검표는 일주일 동안 기록할 수 있는 기록표로 만들어 보기 바란다.

■ 단기목표: _____

◎ 이를 이루기 위한 행동목표(주간)

① _____

② _____

③ _____

④ _____

⑤ _____

◎ 행동목표를 이루기 위한 점검표

–이번 주에도 행동목표를 생각하면서 생활을 했나요?　　　Yes　　　No

–이번 주의 행동목표는 얼마나 달성되었나요?

① _____　달성률 (　%)

② _____　달성률 (　%)

③ _____　달성률 (　%)

④ _____　달성률 (　%)

⑤ _____　달성률 (　%)

◎ 강화계획

–행동목표를 달성했다면 나 자신에게 무엇을 해 줄 수 있을까요?

_____

_____

－나에게 가장 해 주고 싶은 보상과 그 이유는 무엇인가요?

① _____

이유: _____

_____

② _____

이유: _____

_____

③ _____

이유: _____

_____

◎ 실천하지 못한 목표에 대한 보완대책은 무엇인가요?

① _____

대책: _____

_____

② _____

대책: _____

_____

③ _____

대책: _____

_____

☞ 교수자 지침: 실천하지 못한 목표를 다음 주에도 반복하지 않기 위해 보완대책을 세우는 것이 중요하다.

6. 앞으로 목표를 성취해 나가는 데 내가 겪게 될 어려움은 무엇일까? 그리고 이 어려움을 어떻게 극복해 나갈 수 있을까?

　예상되는 어려움을 미리 생각하는 것은 실제로 그 일을 마주했을 때 당황하지 않고 대처할 수 있는 힘을 갖게 해 준다. 목표를 성취해 나가는 과정에서 경험하게 될 어려움을 예상해 보고, 또 이를 극복하기 위한 대안도 적어 보자.

■ 이루고자 하는 목표: _____

	내가 만나게 될 어려움(장애물)은?	이를 극복하기 위한 대안은?
①		
②		
③		
④		
⑤		
⑥		
⑦		
⑧		
⑨		
⑩		

☞ 교수자 지침: 목표달성과 관련된 어려움은 너무 거창하지 않아도 된다. 작은 어려움이라도 적도록 하며, 가급적 많이 적을수록 목표달성을 위한 생각을 많이 하게 되어 구체성이 높아진다. 그룹활동의 경우 그룹에서 공통적으로 나온 어려움을 찾아보고 토론해 보는 시간을 가지면 앞으로의 목표달성에 더욱 도움이 된다.

◪ 참고자료

1. 알바하는 성인 56%는 '프리터족' …월 수입은 얼마?(디지털타임스, 2017. 8. 23.)

저자 소개

황매향
서울대학교 대학원 석사(교육상담 전공)
서울대학교 대학원 박사(교육상담 전공)
전   서울대학교 학생생활연구소 상담연구원
      University of Missouri Career Center 초빙연구원
      한국기술교육대학교 교수
현   경인교육대학교 교육학과 교수

김연진
한국기술교육대학교 대학원 석사(진로 및 직업상담 전공)
단국대학교 대학원 박사(상담심리 전공)
경인교육대학교 강사
경인교육대학교 평생교육원 강사
전   서울시 대안교육센터 진로교사
현   심향심리상담연구소 소장
      MBTI 일반강사
      모래놀이상담사 1급

이승구

한국기술교육대학교 대학원 석사(진로 및 직업상담 전공)

한국기술교육대학교 인력개발전문대학원 박사(진로 및 직업상담 전공)

고용노동부 연구관

전 한국산업인력공단 직업상담사 시험출제 · 검토위원

　　한-베트남 직업상담협력위원

현 한국잡월드 팀장

　　직업상담사 1급

　　청소년지도사

전방연

한국기술교육대학교 대학원 석사(진로 및 직업상담 전공)

한국기술교육대학교 인력개발전문대학원 박사(진로 및 직업상담 전공)

나사렛대학교 취업지원팀

전 서울시교육연구원 진학진로정보센터 전문상담원

현 나사렛대학교 창업교육센터 팀장

　　창업보육전문매니저

　　창업교육지도사 2급

　　창업지도사

진로탐색과 생애설계(3판)
-꿈을 찾아가는 포트폴리오-

2005년 9월 5일 1판 1쇄 발행
2010년 8월 20일 1판 11쇄 발행
2011년 2월 17일 2판 1쇄 발행
2019년 2월 19일 2판 12쇄 발행
2020년 2월 28일 3판 1쇄 발행
2022년 1월 20일 3판 4쇄 발행

지은이 • 황매향 · 김연진 · 이승구 · 전방연
펴낸이 • 김진환
펴낸곳 • (주)**학지사**
　　　　04031 서울특별시 마포구 양화로 15길 20 마인드월드빌딩
대표전화 • 02-330-5114　　팩스 • 02-324-2345
등록번호 • 제313-2006-000265호

홈페이지 • http://www.hakjisa.co.kr
페이스북 • https://www.facebook.com/hakjisa

ISBN 978-89-997-2042-0 93370

정가 15,000원

이 도서의 국립중앙도서관 출판시도서목록(CIP)은 서지정보유통지
원시스템 홈페이지(http://seoji.nl.go.kr)와 국가자료공동목록시스템
(http://www.nl.go.kr/kolisnet)에서 이용하실 수 있습니다.
(CIP 제어번호: CIP2020005606)

출판 · 교육 · 미디어기업 **학지사**

간호보건의학출판 **학지사메디컬** www.hakjisamd.co.kr
심리검사연구소 **인싸이트** www.inpsyt.co.kr
학술논문서비스 **뉴논문** www.newnonmun.com
교육연수원 **카운피아** www.counpia.com